THÉOLOGIE HINDOUE

LE KAMA SOUTRA

RÈGLES DE L'AMOUR

DE VATSYAYANA

(MORALE DES BRAHMANES)

Traduit par E. LAMAIRESSE

ANCIEN INGÉNIEUR EN CHEF DES ÉTABLISSEMENTS FRANÇAIS DANS L'INDE

Traducteur de la Morale du Divin Pariah

PARIS
GEORGES CARRÉ, ÉDITEUR
58, RUE SAINT-ANDRÉ-DES-ARTS, 58

1891

LE
KAMA SOUTRA
RÈGLES DE L'AMOUR
DE VATSYAYANA

THÉOLOGIE HINDOUE

LE

KAMA SOUTRA

RÈGLES DE L'AMOUR

DE VATSYAYANA

(MORALE DES BRAHMANES)

Traduit par E. LAMAIRESSE

ANCIEN INGÉNIEUR EN CHEF DES ÉTABLISSEMENTS FRANÇAIS DANS L'INDE

Traducteur de la Morale du Divin Pariah

PARIS
GEORGES CARRÉ, ÉDITEUR
58, RUE SAINT-ANDRÉ-DES-ARTS, 58

1891

INTRODUCTION

Les principes sur le juste et l'injuste sont les mêmes en tout temps et en tout lieu, ils constituent la morale absolue; mais les principes sur les mœurs varient avec les âges et les pays. Depuis la promiscuité sans limites des tribus sauvages jusqu'à la prohibition absolue de l'œuvre de chair en dehors du mariage, que de degrés divers dans la liberté accordée aux rapports sexuels par l'opinion publique et par la loi sociale et religieuse! A l'exception des Iraniens et des Juifs, toute l'antiquité a considéré l'acte charnel comme permis, toutes les fois qu'il ne blesse pas le droit d'autrui, comme par exemple le commerce avec une veuve ou toute autre femme complètement maîtresse de sa personne. Toutefois la Chine, la Grèce et Rome ont honoré les vierges, et l'Inde les ascètes voués à la continence à titre de sacrifice.

Au point de vue de la raison seule et d'une conscience égoïste, la tolérance des Indiens et des païens paraît naturelle et la règle sévère des Iraniens semble dictée par l'intérêt social ou politique; aussi cette règle n'a-t-elle été imposée qu'au nom d'une révélation par Zoroastre et par Moïse.

De là deux grandes divisions entre les peuples sous le rapport des mœurs; chez les uns la monogamie est obligatoire, chez les autres la polygamie est permise sous toutes les formes qu'elle peut revêtir, y compris le concubinage et la fornication passagère. Dans l'antiquité on doit, entre les peuples qui n'admettent pas de révélation, distinguer sous le rapport des mœurs: d'une part, les Ariahs de l'Inde chez lesquels la religion et la superstition se mêlent intimement et activement à tout ce qui concerne les mœurs, dans un intérêt politique, avec absence de génie artistique; et d'autre part, les Ariahs d'Occident, c'est-à-dire les Grecs et les Romains chez lesquels ce culte a été seulement la manifestation extérieure des mœurs, sans direction ni action marquée sur elles, et où le génie artistique a tout idéalisé et tout dominé.

Ainsi le naturalisme des Brahmes, l'antiquité payenne et les principes de l'Iran ou d'Israël, dont a hérité le Christianisme, forment trois sujets d'études de mœurs à rapprocher et à faire ressortir par leurs contrastes. La matière se trouve: pour le premier sujet, dans les scholiastes et les poètes du brahmanisme; pour le second, dans la littérature classique, principalement dans les poètes latins sous les douze Césars; pour le troisième, dans les auteurs modernes sur les mœurs, savants et théologiens. Ces auteurs sont universellement connus et il suffira d'en citer quelques extraits. Mais il est nécessaire de donner, dans cette introduction, d'abord des renseignements sommaires sur les Iraniens, puis des détails plus complets sur les Brahmes.

LES IRANIENS. — Il paraît établi que le Mazdéisme est postérieur au XIXe siècle avant Jésus-Christ, époque où commence l'ère védique, et antérieur au VIIIe siècle avant Jésus-Christ; d'où l'on conclut que l'auteur de l'Avesta a précédé la loi de Manou et n'a pu être contemporain de Pythagore comme l'affirment quelques historiens grecs. Peut-être d'ailleurs Zoroastre est-il un nom générique (comme l'ont été probablement ceux de Manou et de Bouddha) qui désigne une série de législateurs dont le dernier serait celui que Pythagore aurait connu à Babylone et à Balk où il tenait école.

L'antique Iran était à l'est du grand désert salé de Khaver, autrefois mer intérieure; son centre était Merv et Balk. Tout près était, sinon le berceau de la race Aryenne, au moins sa dernière station, avant la séparation de ses deux branches asiatiques.

On s'accorde à reconnaître dans Zoroastre un réformateur qui voulut relever son pays succombant à l'exploitation des Mages (magiciens) et à l'inertie, et le régénérer par le travail, surtout agricole, et par le développement de la population fondé sur le mariage, les bonnes mœurs et les idées de pureté. Voici ses deux préceptes essentiels que nous retrouvons dans la loi de Moïse:

Eviter et purifier les souillures physiques et morales; avoir des mœurs pures pour augmenter la population. Zoroastre recommande l'art de guérir et proscrit la magie, son code n'est qu'une thérapeutique morale et physique.

Il peut, ainsi que quelques-uns le prétendent de Moïse, avoir emprunté à l'Égypte une grande partie de ses préceptes sur les souillures et les purifications.

Ce qui domine dans la morale de Zoroastre, c'est l'horreur du mensonge; ce trait ne se trouve dans aucune des religions de l'Orient ni dans le caractère d'aucune de ses races, sauf les Iraniens et les Bod (anciens Scythes).

Comme principe, il paraît dériver de la quasi-adoration de la lumière, qui fait le fond du Mazdéisme. On doit certainement aussi en faire honneur à la droiture et à l'élévation de caractère de son fondateur.

Les aspirations morales du Mazdéen, sa conception de la vie, du devoir et de la destinée humaine, sont exprimées dans la prière suivante:

« Je vous demanderai, ô Ozmuzd, les plaisirs, la pureté, la sainteté. Accordez-moi une vie longue et bien remplie. Donnez aux hommes des plaisirs purs et saints, qu'ils soient *toujours engendrant, toujours dans les plaisirs*. »

« Défendez le sincère et le véridique contre le menteur et *versez la lumière*. »

Après le mensonge, le plus grand des crimes, aux yeux de Zoroastre, est le libertinage, tant sous la forme d'onanisme ou d'amour stérile que sous celle d'amour illégitime et désordonné.

La perte des germes fécondants est la plus grande faute aux yeux de la société et de Dieu.

L'Iranien sans femme est dit « *au dessous de tout.* »

Le père dispose de sa fille et le frère de sa sœur.

La jeune fille doit être vierge. Le prêtre dit au père: « Vous donnez cette vierge pour la réjouissance de la terre et du ciel, pour être maîtresse de maison et gouverner un lieu. »

L'acte conjugal doit être sanctifié par une prière: « Je vous confie cette semence, ô Sapondamad » (la fille d'Ozmuzd).

Chaque matin, le mari doit invoquer Oschen (qui donne abondamment les germes).

Si l'amant se dérobe, la femme qu'il a rendue mère a le droit de le tuer.

L'infanticide et le concubinage sont punis de mort, mais la loi n'édicte rien contre les femmes « publiquement amoureuses, gaies et contentes, qui se tiennent par les chemins et se nourrissent au hasard de ce qu'on leur donne. » Cette tolérance est une sorte de soupape ouverte aux passions pour empêcher le concubinage et l'adultère.

Zoroastre recommande aussi l'accouplement des bestiaux.

Il prescrit de traiter les chiens presque aussi bien que les hommes; sera damné celui qui frappera une chienne mère. Dans tout l'Orient on ne retrouve qu'au Thibet ce soin presque pieux pour les chiens. Outre les préceptes sur le mariage et les souillures, il y a beaucoup d'autres points de ressemblance entre l'Avesta et la Bible. M. Renan en a conclu qu'il y a eu certainement un croisement entre le développement iranien et le développement juif. M. de Bunsen a publié un livre pour démontrer que le Christianisme n'est autre chose que la doctrine de Zoroastre, transmise par un certain nombre d'intermédiaires jusqu'à saint Jean dont l'évangile est, selon quelques uns, l'expression de la doctrine secrète de Jésus, de sa métaphysique. Il soutient que la formule « je crois au père, au fils et à l'esprit » à laquelle se réduisait, d'après M. Michel Nicolas, le *Credo* des premiers chrétiens, n'est pas juive, mais qu'elle vient de Zoroastre.

Il n'est point surprenant qu'un homme d'imagination identifie ainsi deux doctrines qui se rapprochent beaucoup par leur pureté.

M. Emile Burnouf, de son côté, pense que ce *Credo* était aussi celui des Ariahs dans l'Ariavarta, ce qui peut se concilier avec la thèse de M\u207f de Bunsen.

Le même auteur fait dériver la symbolique chrétienne du culte primitif des Ariahs.

Ce sont là de brillants aperçus plutôt que des faits rigoureusement acquis à la science. Ce qui n'est point contesté, c'est l'identité presque parfaite des règles sur les mœurs chez les Iraniens et chez les juifs, et par suite chez les chrétiens. Pour qu'on en soit frappé, il suffit de rappeler :

1° Les préceptes du Décalogue : VI\u1d49 « Tu ne forniqueras point »; « IX\u1d49 Tu ne désireras pas la femme de ton prochain »; ou bien le 6\u1d49 commandement de Dieu : « L'œuvre de chair tu ne feras, qu'en mariage seulement », et le 9\u1d49 « Luxurieux point ne seras, de corps ni de consentement. »

2° La doctrine de l'Eglise sur l'Onanisme (Père Gury, théologie morale).

« La pollution consiste à répandre sa semence sans avoir commerce avec un autre; la pollution directe parfaitement volontaire est toujours un péché mortel. »

« Toute effusion de semence, faite de propos délibéré, si faible qu'elle soit, est une pollution et par suite un péché mortel. »

« DE L'ONANISME EN PARTICULIER »

« L'onanisme tire son nom d'Onam, second fils du patriarche Juda, qui après la mort de son frère Her, fut forcé, selon la coutume, d'épouser sa sœur Thamar pour donner une postérité à son frère. Mais, s'approchant de l'épouse de son frère, il répandait sa semence à terre pour que des enfants ne naquissent pas sous le nom de son frère. Aussi le Seigneur le frappa parce qu'il faisait une chose abominable (Genèse XXXVIII, 9 et 10).

« 922. — L'onanisme volontaire est toujours un péché mortel en tant que contraire à la nature; aussi il ne peut jamais être permis aux époux, parce que :

1º Il est contraire à la fin principale du mariage et tend en principe à l'extinction de la société et par conséquent renverse l'ordre naturel;

2º Parce qu'il a été défendu strictement par le législateur suprême et créateur, comme il résulte du texte précité de la Genèse. »

L'Inde. — Dans l'Inde la morale se confond avec la religion, et la religion avec les Brahmes. Ce sont trois termes qu'on ne peut séparer dans un exposé. Nous nous étendrons donc quelque peu sur les Brahmes.

Les mœurs des Ariahs paraissent avoir été pures dans l'Aria-Varta, berceau commun des Ariahs asiatiques, et dans le Septa Sindou leur première conquête dans l'Inde, entre la vallée délicieuse de Caboul et la Serasvati.

L'épouse était une compagne aussi respectée que dévouée.

Le culte était privé, le père de famille pouvait, même sans le poète ou barde de la tribu, consommer le sacrifice; mais bientôt le poète imposa sa présence et il devint prêtre.

Dans le principe rien ne distinguait les prêtres du corps des Ariahs ou Vishas, pasteurs; ils étaient, comme les autres membres de la tribu, pasteurs, agriculteurs, guerriers, souvent les trois à la fois.

A la fin de la seconde période védique (la seconde série des hymnes), le sacerdoce s'établit avec le culte public.

On adore Indra soleil, qu'on agrandit pour en faire Vichnou soleil.

Des hymnes font de Roudra un dieu en deux personnes.

C'est le souffle impur lorsqu'il vient des marais sub-himmalayens, le dieu purificateur quand il chasse l'air empesté des bas-fonds et des jungles.

Quand la conquête embrasse tout le pays entre la Sérasvati et la

Jumma, l'aristocratie guerrière se forme en même temps que la caste sacerdotale.

Les Ariahs ont à combattre les *Daysous noirs* habitants des montagnes et les *Daysous jaunes* (sans doute de la race mongole) qui occupent les plaines ; ces derniers sont avancés dans la civilisation, combattent sur des chars, ont des villes avec enceintes. Quand ils sont assujettis, les Brahmes leur empruntent le culte des génies qui était leur religion.

Dans la vallée du Gange, les Ariahs se civilisent et se corrompent ; les Brahmes favorisent l'établissement de petites monarchies pour tenir en bride les guerriers (Kchattrias) et parmi les compétiteurs ils appuient ceux qui les soutiennent.

Quelques-uns sont guerriers et rois.

Ils se font les gourous (directeurs de conscience) et les pourohitas (officiants) des rajahs.

Pour acquérir un grand prestige, ils établissent le noviciat des jeunes Brahmes et l'ascétisme des vieillards.

Jouissant de la paix par la protection des Radjas (princes guerriers), les Brahmes se divisent en deux camps ; les uns n'admettent comme efficaces pour le salut que la foi et la prière (la backti), les autres proclament la souveraineté de la boddhi (σοφια des Grecs, la connaissance).

A la période védique succède la période héroïque, l'Inde des Kchattrias, qui dure plusieurs siècles pendant lesquels les Ariahs s'emparent : d'abord du cours inférieur du Gange, puis du reste de la péninsule.

Pendant que les guerriers achèvent la conquête, les trois classes se distinguent et se séparent de plus en plus, les Brahmes s'emparent de tous les pouvoirs civils et judiciaires.

Les Brahmes et les Kchattrias se disputent le pouvoir ; les premiers, pour flatter la foule, adoptent ses superstitions et ses dieux, ils font appel aux races non aryennes et principalement aux peuplades guerrières à peine soumises ; avec leur aide et celle de quelques rois qui se déclarent pour eux, ils exterminent les Kchattrias dans le sud et ne leur laissent ailleurs qu'un rôle subordonné.

Ils composent alors une série d'ouvrages théologiques qui change la religion et qui leur donne la possession exclusive de tout ce qui touche au culte. Le couronnement de l'œuvre est la loi de Manou qui consacre leur suprématie sur tous et en toute chose et achève l'abaissement physique et moral des classes serviles vouées, même à leurs propres yeux, par la doctrine de la métempsycose, à une déchéance irrémédiable.

C'est ainsi que les Pariahs se croient eux-mêmes inférieurs à beaucoup d'animaux. Par la peur, par la corruption, par le dogme de l'obéissance aveugle à la coutume immuable, l'institution de Manou a vécu plus qu'aucune autre et on ne saurait en prévoir la fin. Jamais et nulle part on n'a poussé aussi loin que les Brahmes l'habileté théocratique pour l'asservissement.

Ce qui était resté des Kchattrias et la caste entière des Vessiahs (Vishas) supportaient avec impatience l'arrogance et les privilèges exorbitants des Brahmes.

Les théosophes et les ascètes, en dehors de leur caste, les combattaient dans le champ de la spéculation.

Tous ces adversaires se réunirent dans le Bouddhisme; il eut une telle faveur que tout ce qui avait une certaine valeur morale entrait dans les couvents bouddhiques: les Brahmes délaissés et réduits à leurs propres ressources vécurent de leurs biens et des métiers que Manou leur permet en temps de détresse. Mais ils n'abandonnèrent point la partie. Tandis que le célibat bouddhique dévorait les hautes castes qui leur étaient opposées et ne laissait rien pour le recrutement du corps religieux, les brahmes se maintenaient par l'esprit de famille, et à force de persévérance, de talents, d'habileté et d'astuce, ils parvenaient à supprimer le bouddhisme.

Par une série de transformations, les Brahmes ont fait de la divinisation de la vie et de la génération, l'essence même de la religion. Aujoud'hui les Hindous se divisent en deux grandes sectes : — les adorateurs de Siva, autrefois Roudra, qui portent au bras gauche un anneau dans lequel est renfermé le lingam-yoni, sorte d'amulette figurant l'accouplement des organes des deux sexes, (verenda utriusque sexus in actu copulationis), — et ceux de Vishnou qui portent au front le Nahman. C'est une sorte de trident tracé à partir de l'origine du nez. La ligne verticale du milieu est rouge et représente le flux menstruel ; les lignes droites latérales sont d'un gris cendré et figurent la semence virile.

En introduisant la sensualité dans tout ce qui touche à la religion, les Brahmes avaient eu deux objectifs.

Arracher au Bouddhisme et captiver par des images de leur goût grossier lés Hindous, surtout ceux de la caste servile incapables d'atteindre aux délicateses du sentiment et de l'idéal. C'était avec la représentation sculpturale des scènes mythologiques qui avait un certain mérite, non de forme, mais de mouvement, le moyen le plus facile et peut-être unique de plaire aux yeux ; c'était aussi une concession aux cultes locaux antérieurs à la conquête, qui purent ainsi se continuer dans le sein du Panthéisme.

Le second objectif des Brahmes, celui-là fondamental et non point seulement une arme et un expédient de circonstance, nous est indiqué par la prescription de Manou: « chacun doit acquitter la dette des ancêtres » (avoir au moins un fils pour lui fermer les yeux).

Le but était d'empêcher la diminution numérique et par suite l'effacement de la race des Ariahs, aujourd'hui représentée uniquement par les Brahmes, et aussi de développer la population servile dont le travail était la source principale de la richesse publique. Le législateur pensait sans doute qu'il fallait exciter les passions chez un peuple physiquement assez faible, d'un tempérament lymphatique, disposé à l'anémie par l'insuffisance d'une alimentation exclusivement végétale et par l'accablement du climat.

La religion naturaliste ou érotique de l'Inde a commencé par l'adoration de Siva, confondu d'abord avec le fétiche du membre viril, le linga. Le linga, qu'on rencontre partout dans l'Inde, sur les routes, aux carrefours et places publiques, dans les champs n'est point ce qu'était dans l'antiquité payenne le phallus, une image obscène et quelquefois un objet d'art. Si on n'était point averti, on le prendrait pour une borne presque cylindrique, c'est-à-dire un peu plus large à la base qu'au sommet, laquelle se termine par une calotte sphérique fort aplatie et ne présentant aucune saillie sur le fût. Celui que j'ai rapporté de l'Inde avait une hauteur d'un mètre, un diamètre moyen de $0^m,25$ à $0^m,30$ et reposait sur une base également en granit d'un mètre et demi de côté, dans laquelle était creusée au pied du fût une sorte de rainure circulaire représentant le pli du yoni (partie sexuelle de la femme) figuré par la base, ainsi que cela a lieu généralement.

Ainsi, même aujourd'hui, après trente siècles peut-être, le linga et l'yoni ne sont point des images qui parlent aux sens, ce sont des corps géométriques servant de symboles, des fétiches.

Comme il ne s'est trouvé aucune trace de fétichisme chez les Ariahs de l'époque védique, ni aucun autre fétiche dans le culte brahmanique postérieur, il faut penser que le linga est le fétiche probablement très ancien d'une race assujettie, peut-être les Daysous noirs, et que les Brahmes, pour s'attacher cette race, adoptèrent Siva et le linga, en confondant à dessein Siva avec Roudra, le dieu védique qui s'en rapprochait le plus par ses attributs : Siva était sans doute le dieu national d'une partie notable de l'Inde avant la conquête Aryenne; car, dès le commencement, il a reçu la qualification d'Issouara, l'être suprême.

Le linga n'avait point pénétré dans la religion védique, où il n'y a point de culte du phallus. Stevenson et Lassen lui attribuent, avec beaucoup de preuves à l'appui de leur opinion, une origine dravidienne (la langue dravinienne, aujourd'hui le tamoul, est en usage dans tout le sud de la péninsule).

Le linga apparaît dans la religion des Brahmes en même temps que le Sivaïsme, et celui-ci s'y montre immédiatement après la période des hymnes ; quelques morceaux du yagur-véda (véda du cérémonial) supposent un état déjà avancé de la religion sivaïste.

Le temple d'Issouara (Siva, être suprême) à Benarès paraît avoir été très ancien; il était dans toute sa splendeur lors de la visite du pélerin chinois Fa-Hien.

Encore aujourd'hui, c'est le sivaïsme qui domine à Benarès, la ville sainte et savante par excellence.

Plusieurs passages du Mahabarata ont trait au culte de Siva et du linga; les Epopées, bien que Vichnouvistes, supposent une prépondérance antérieure du culte de Mahadèva (le grand dieu, Siva, l'être existant par lui-même).

Dans les premières légendes bouddhistes, le Lalita-Vistara, par exemple, Siva vient immédiatement après Brahma et Çakra (Indra). On sait qu'il y a toujours eu grande sympathie et nombreux rapprochements entre le bouddhisme et le sivaïsme, sans doute parce que ce dernier était très rationnaliste et presque monothéiste, tandis que le vishnouvisme représentait le panthéisme et l'idolâtrie. Le sivaïsme est resté longtemps la religion professionnelle des Brahmes lettrés.

Il y a maintenant dans le sud de l'Inde une secte spiritualiste qui prétend professer le sivaïsme primitif. Elle a eu pour interprète Senathi Radja dans son livre: « le sivaïsme dans l'Inde méridionale. »

Le sivaïsme, dit l'auteur, paraît être la plus ancienne des religions; l'ancienne littérature dravidienne est entièrement sivaïste. Agastia est le premier sage qui a enseigné le monothéisme sivaïste, bien avant les six systèmes de philosophie hindoue, en le fondant à la fois sur les Vedas et sur les Agamas, écrits qui n'ont jamais été traduits dans aucune langue européenne. Voici le résumé de la doctrine monothéiste:

« Tout est compris dans les trois termes: Dieu, l'âme, la matière.

Issouara ou Slva ou Dieu est la cause efficiente de l'univers, son créateur et sa providence.

Siva est immuable, omnipotent, omniscient et miséricordieux, il remplit l'univers et pourtant il en diffère.

Il est en union intime avec l'âme humaine immortelle, mais il se distingue des âmes individuelles qui sont inférieures d'un degré à son essence. Son union avec une âme devient manifeste quand celle-ci s'affranchit du joug des sens, ce qu'elle ne peut faire sans la grâce dont Siva est le dispensateur.

La matière est éternelle et passive, c'est Siva qui la meut; il est l'époux de la nature entière qu'il féconde par son action universelle.

Il n'y a qu'un dieu, ceux qui disent qu'il y a plusieurs dieux seront voués au feu infernal.

La révélation de Dieu est une, la destinée finale est une, la voie morale pour l'humanité tout entière est une. »

Delà vient sans doute le renseignement suivant, donné par l'abbé Dubois : chaque Brahmane dirait à son fils au moment de l'initiation : « Souviens-toi qu'il n'y a qu'un seul Dieu; mais c'est un dogme qu'il ne faut point révéler parce qu'il ne serait point compris. »

Siva est le dieu de l'Inde qui a le plus de sanctuaires et le linga est le symbole le plus répandu. On le trouve à profusion au Cambodge où, tous les ans, à la fête du renouveau, on promène dans les rues en procession un immense linga creux dans lequel se tient un jeune garçon qui en forme la tête épanouie.

Chose curieuse! Le linga est la matière d'un ex-voto très commun pour les ascètes au Cambodge. Voici, un peu abrégée, la dédicace d'un linga par l'un d'eux (*Journal de la Société asiatique*).

Om, adoration à Siva.

1°. — 2°. — 3°. — Formules préliminaires d'adoration à Siva.

4°. Le linga érigé par l'ascète Djana-Priga dans le temps de l'ère Çaka exprimée par le chiffre 6, les nuages 7 et les ouvertures du corps 9, soit le nombre 976; respectez-le, habitants des cavernes (ermites ascètes) voués à la méditation de Siva qui a résidé en lui.

5°. Refugié auprès de tous ceux qui ont pour occupation la science du maître des maîtres du monde (Siva), il l'a donné (le linga) à tous pour protéger le sattra (le soma offert en sacrifice comme symbole de la semence divine de Siva) de ces ascètes aux mérites excellents, l'ayant tiré des entrailles de son corps.

6°. C'est le Seigneur en personne (le linga est Siva lui-même), se disaient tous ceux qui ont des mérites excellents (les ascètes). Aussi vouèrent-ils une affection éternelle à ce yoghi aspirant à la délivrance (celui qui avait donné le linga).

7°. Pour lui, abattus par des haches telles que celles de Maïtri. et précipités dans cet océan qu'on appelle la qualité de bonté (la qualité de bonté embrassait tout ce qui est excellent et saint), *les arbres qu'on appelle les six ennemis* (les six sens) ne porteront plus aucun fruit.

8°. Sorti d'une race pure, il a accompli les œuvres viriles qu'il avait à accomplir. Et maintenant, son âme purifiée a en partage la béatitude suprême (même avant la mort dans sa retraite, etc.).

9°. On voit par cette dédicace que le vœu ou la consécration d'un linga était un acte d'austérité et que le linga, comme Siva, avait un culte plutôt sévère qu'aimable.

Le culte de Priape, en Grèce, paraît avoir eu à peu près le même caractère. C'était une divinité rurale dont le délicieux roman de Daphnis et Chloé nous donne une idée respectable et sympathique, nullement licencieuse. Ce caractère paraît avoir changé à Rome par l'effet du progrès de l'érotisme dans toutes les religions de l'Inde. D'après Richard Payne, auteur du *Culte de Priape*, Priape y avait un temple, des prêtres, des oies sacrées. On lui amenait pour victimes de belles filles qui venaient de perdre leur virginité.

La haute antiquité du culte du linga dans l'Inde et la certitude aujourd'hui acquise d'une expansion ou éruption de l'hindouïsme vers l'Occident, antérieur aux sept sages de la Grèce, rendent très probable l'opinion que c'est de l'Inde qu'est venu le culte phallique; d'abord associé sans doute à celui des divinités assyriennes et phéniciennes dont l'une a pu représenter Siva, il s'établit ensuite avec éclat dans l'île de Chypre qui lui fut consacrée tout entière. Il passa de là dans l'Asie Mineure, en Grèce et en Italie.

Rien de surprenant que, dans ces contrées où l'art était tout, le linga, encore fétiche à Paphos, se soit transformé en une image que les idées des anciens sur les nudités, absolument différentes des nôtres, ne faisaient point considérer comme obscène et que la sculpture s'efforçât de rendre aussi belle et aussi gracieuse qu'aucune autre partie du corps humain. C'est ce que l'on voit dans la statue de l'Hercule phallophore qui porte une corne d'abondance remplie de phallus, et dans un grand nombre de camées antiques. Sans doute on mit beaucoup de lingas ou priapes pour servir de délimitation ou de repère dans les champs et les jardins. De là l'origine du dieu champêtre Priape. C'est la prédominance primitive de l'énergie mâle qui se continua dans la Grèce, tandis que, peu à peu, dans l'Inde, l'énergie femelle prenait le dessus. Chez les poètes anciens jusqu'à Lucrèce, Vénus est la déesse de la beauté, de la volupté, des amours faciles, des jeux et des ris plutôt que de la fécondité. Junon avait pour les épouses ce dernier caractère plus peut-être que Vénus; et une autre déesse, Lucine, présidait aux accouchements. Ce fut probablement par l'effet de la pénétration des idées indiennes transformées, au sujet des énergies femelles, et peut-être aussi par un progrès naturel, que les poètes philosophes tels que Lucrèce célébrèrent Vénus comme la *mère universelle* : *Venus omnium parens*.

Le culte de Vénus dans l'île de Chypre réunit beaucoup de traits du culte naturaliste de l'Inde à la prostitution sacrée des religions assyriennes et phéniciennes, le tout relevé par l'arc grec.

Le temple de Paphos dessinait un rectangle (forme des temples indiens et grecs) de dix-huit mètres de longueur sur neuf mètres de largeur. Sous le péristyle, un phallus d'un mètre de hauteur, érigé sur un piédestal, annonçait l'objet du culte. Au milieu du temple se dressait un cône d'un mètre de hauteur (forme du linga), symbole de l'organe générateur.

Tout autour du cône étaient rangées de nombreuses déesses dans des poses appropriées au culte du temple (comme les gopies autour du dieu Krishna).

La statue de la déesse placée dans le sanctuaire a l'index de la main droite dirigé vers le pubis (Latchoumy, la déesse de la fécondité, figure dans les bas-reliefs des pagodes avec un doigt placé immédiatement au-dessous du pubis).

Le bras gauche s'arrondit à la hauteur de la poitrine et l'index de la main gauche est dirigé vers le mamelon du sein droit; on se demande si c'est un appel à la volupté ou l'indication de l'allaitement.

Cette statue, œuvre admirable de Praxitèle, est surtout gracieuse et délicate; c'est la volupté idéalisée (voir à ce sujet le chapitre des amours de Lucien).

L'aphrodite phénicienne est au contraire un type réaliste ; elle a les formes massives, les flancs larges et robustes, la poitrine rebondie, les hanches et le bassin largement développés ; tout en elle respire la luxure.

A l'entrée de tous les temples naturalistes de Chypre, de la Phénicie, se dressent des colonnes de formes diverses, symboles de l'organe mâle. Il y avait toujours deux de ces symboles, colonnes ou obélisques, devant les temples construits par les Phéniciens, y compris celui de Jérusalem.

Des érudits attribuent cette origine, comme emprunt fait au temple de Jérusalem, aux deux tours ou flèches de nos cathédrales gothiques ; l'auteur du *Génie du christianisme* ne s'en doutait guère! Et cependant les menhirs de la Basse-Bretagne, tout à fait semblables à ceux d'une grande région du Décan, paraissent avoir appartenu au même culte naturaliste (*a*).

Remarquons que les Sivaïstes et les Phéniciens, ceux-ci comme Sémites, avaient, outre les mêmes symboles, les mêmes croyances monothéistes.

Ce qu'on adorait à Paphos et dans les autres temples naturalistes, c'était la volupté souveraine par l'union des sexes, l'amour uni-

---

(*a*) Mgr Laouénan. — Les monuments celtiques sont très communs dans l'Inde ; dans les plaines rocheuses qui s'étendent parmi les massifs des gates orientales jusqu'à la Nerbudda et aux monts Vindhyas, on rencontre à chaque pas pour ainsi dire des constructions identiques à celles qui existent au nord et à l'ouest de l'Europe. D'après la tradition locale ou l'opinion des habitants intelligents, les menhirs représentent le linga. Les étymologies appuient cette opinion.

versel dans le monde, la force productrice chez les êtres animés.

Dans les fêtes d'Adonis dont la légende est un mythe solaire, on célébrait le retour du soleil et de l'amour universel par des transports de joie, des chants et des danses orgiaques (comme dans le culte de Krishna, incarnation de Vishnou-Soleil).

Alors avaient lieu les prostitutions sacrées considérées comme des sacrifices (elles ont de l'analogie avec les Sakty pudja, sacrifices de la Sackty, que nous verrons plus loin s'établir dans le Sivaïsme).

« Sous de légers berceaux de myrthe et de laurier, sous des tentes enguirlandées de fleurs, se tenaient les Hériodules, prêtresses de la déesse, jeunes et belles esclaves grecques ou syriennes ; elles étaient couvertes de bijoux, vêtues de riches étoffes, coiffées d'une mitre enrichie de pierreries, de laquelle s'échappaient les longues tresses de leurs noires chevelures entremêlées de guirlandes de fleurs dans lesquelles se jouait une écharpe écarlate. Sur leurs poitrines aux seins fermes et arrondis, que protégeait une gaze légère, pendaient des colliers d'or, d'ambre et de perles ou de verre chatoyant, comme insignes de leur office religieux ; elles tenaient à la main un rameau de myrthe et la colombe, l'oiseau de Vénus. »

Ainsi parées, elles attendaient souriantes et toujours prêtes à célébrer le doux sacrifice en l'honneur de la déesse avec tous ceux qui les en priaient.

Partout où domine le culte du Linga ou de ses équivalents, on est obligé de voir une émanation du Sivaïsme primitif, divinisation du pouvoir rénovateur, avec un rôle secondaire pour la déesse de la beauté (dans l'Inde, Parvati, la femme de Siva).

Dans cette période reculée, Siva est la cause efficiente qui, par son énergie ou sa sakti comme instrument, produit ou détruit le monde qui a pour matrice la prakrite ou la matière universelle (voir, pour la définition de la prakriti, le sankya commenté par M. Barthélemy de Saint-Hilaire). La sakty d'un dieu forme avec lui un seul être à double face. Peu à peu, par la prédominance de la sakty, le rôle de l'élément mâle diminua, puis s'effaça, mais ce fut assez tard. La prédominance de la sakty de Siva ne s'affirme que dans les derniers Pouranas et dans la littérature des Tantras qui commence au IV° siècle de notre ère.

Le culte des saktis, tel qu'il est décrit dans les *Tantras*, forme une religion à part, celle des Saktas, qui se divise en plusieurs branches et qui a sa mythologie spéciale. La divinité dominante est Mahadeva (Siva). Selon le Vayou Pourana, non-seulement Siva avait une double nature mâle et femelle, mais sa nature femelle se divisa en deux moitiés, l'une blanche et l'autre noire, cette dernière sans doute imaginée pour la satisfaction des castes des Soudras (noirs). A la nature blanche, ou qualité de bonté, on rattacha les Saktys ou déesses bienfaisantes, telles que Latchoumy, Seravasti, épouses de Vischnou et de Brahma ; à la nature noire Dourga, Candi, Cananda, toutes les saktys ou déesses redoutées. Mahadévi ou la sakty de Siva, qu'on suppose une transformation de Maya, le principe féminin des Vedas, se développa dans une infinité de manifestations ou de personnifications de toutes les forces physiques, physiologiques, morales et intellectuelles, qui eurent chacune leurs dévots et leur culte. Comme plusieurs de ces déesses sont notoirement des divinités aborigènes, il est vraisemblable que l'ensemble fut constitué par le groupement des divinités femelles des cultes aborigènes pour former une sorte de polythéisme féminin que les Brahmes acceptèrent comme une religion populaire en y introduisant au dernier degré les femmes mortelles, depuis les Brahmines.

Pour creuser une séparation plus profonde entre le Bouddhisme et la religion populaire, les Brahmes avaient développé jusqu'à la fausser la Bakti, l'ancienne doctrine du salut par la foi et la dévotion ou la grâce, opposée à celle du salut par la boddhi (la connaissance), doctrine de l'ancienne théosophie, du sankia, du bouddhisme et de l'orthodoxie brahmanique moderne formulée par Çançara, le résurrecteur du Brahmanisme presque tué par le Bouddhisme. La backti s'adresse, dans chaque secte, à la manifestation du dieu la plus rapprochée, par exemple, chez les Vichnouvistes, non à Vishnou, mais à Krishna, le dieu fait homme ; il y répond par sa grâce. La dévotion au dieu de la secte suppléait à tout, à la morale, aux œuvres, à l'ascétisme, à la contemplation. Cette doctrine est pleinement développée dans le chant du *Bien Heureux* et systématisée par Sandilya dans ses *Sutras de la Bakti*, d'où Nagardjuna les a introduits dans le grand véhicule bouddhiste. Par elle la religion, jusque-là dérobée aux masses dans son essence, devient un fait de sentiment que le sensualisme hindou change bien vite en un fait de passion.

En resserrant la dévotion sectaire sur une divinité très précise, la bakti a poussé à l'idolâtrie ; elle a confondu d'abord le dieu avec son image, puis distingué entre les sanctuaires d'un même dieu. De là une subdivision à l'infini des sectes et des cultes.

La Bakti embrasse tout le vichnouvisme et une partie seulement du sivaïsme.

Les bakta ou sectateurs de la Bakti se divisèrent en : *main droite*, qui s'en tient aux Pouranas et à la dévotion pour leurs dieux et déesses mythologiques (les Pouranas sont la mythologie populaire recueillie officiellement par les Brahmes), et *main gauche*, qui fait du Kaulo Upanishad et des Tantras une sorte de veda particulier, adressant de préférence sa dévotion aux énergies et divinités femelles et principalement à l'union des sexes et aux pouvoirs magiques. Les Tantras sont des livres d'érotisme et de magie.

Les rites de la main gauche unissent les deux sexes en supprimant toute distinction de caste. Dans des réunions qui ne sont point publiques, les affiliés, gorgés de viandes et de spiritueux, adorent la sakti sous la forme d'une femme, le plus souvent celle de l'un d'eux ; elle est placée toute nue sur une sorte de piédestal et un initié consomme le sacrifice par l'acte charnel. La cérémonie se termine par l'accouplement général de tous, chaque couple représentant Siva et sa Sakty et devenant identique avec eux. C'est absorbé dans la pensée de la divinité et sans chercher la satisfaction des sens que le fidèle doit accomplir ces actes. Les catéchismes qui enseignent ces pratiques sont remplis de hautes théories morales et même d'ascétisme, mais en réalité, les membres de ces réunions ne sont que des libertins hypocrites. On prétend que beaucoup de brahmes en font secrètement partie bien que publiquement ils affectent de les blâmer, parce que toutes ces pratiques sont contraires aux règles sur les castes et les souillures.

Ce fait n'est qu'une application particulière de la politique générale des Brahmes qui partout ont flatté les passions et semé la corruption, pour détacher du bouddhisme les populations qu'il avait d'abord conquises.

C'est dans cette même pensée qu'ils ont constitué la grande secte essentiellement panthéiste de Vichnou, et principalement le culte de Krichna. Bien mieux encore que le Sivaïsme, le Vischnouvisme, par sa théorie des incarnations et de l'action continue de Vischnou pour la conversion du monde et par la divination de la vie dans toutes ses manifestations, se prêtait à l'adoption de toutes les divinités, de tous les cultes, de toutes les superstitions aborigènes. Actuellement l'Inde compte plus de 20,000 dieux, la plupart anciennes divinités locales qui sont adorées par les vishnouvistes, en même temps que Vichnou dans ses principales incarnations de Rama et de Krischna et dans ses attributs essentiels de dieu soleil, tel que le conçoivent une grande partie des Hindous, surtout les plus instruits.

Krishna fut un prince ou chef indigène (le mot krishna veut dire noir), guerrier habile et heureux, qui rendit aux Brahmes des services signalés dans le cours de leurs luttes contre les Kchattrias, et dont les premiers, en récompense, firent une incarnation de Vichnou. Son culte et ses légendes, notamment celles de ses amours avec Radha, furent, dès l'origine, très licencieux, et Krishna fut sans doute tout d'abord le dieu du plaisir. Le *Lalita-Vistara* (vie poétique de Bouddha) confond Krishna avec Marah, le tentateur, le dieu de la concupiscence. Pour les besoins de leur lutte contre le bouddhisme, les Brahmes relevèrent le culte de Krishna, fort goûté du sensualisme hindou; ils lui laissèrent probablement toute la licence de ses pratiques pour le bas peuple, mais en même temps ils s'efforcèrent de l'entourer aux yeux des classes élevées d'une auréole de mysticisme. Krishna s'élève à une grande hauteur de philosophie religieuse dans le chant du *Bien Heureux*; soit rencontre fortuite, soit emprunt du philosophe grec, la théorie des divinités secondaires, ministres du dieu principal, est la même dans Platon et dans le poète hindou. On a commenté les amours de Krishna avec Rhada, comme une allégorie figurant le commerce de l'âme avec Dieu. Mais, de même que nous l'avons vu tout à l'heure pour les Tantras et les catéchismes de la Sakty, il faut penser que ce prétendu amour divin n'existait que pour des ascètes, et que, au fond, c'était pour les Brahmes une manière de couvrir d'une apparence de piété l'érotisme du culte.

A mesure que la Bakti s'accentue dans le vichnouvisme et que les mérites de la dévotion sont de plus en plus considérés comme dispensant de tous les autres, la religion de Krishna plonge de plus en plus dans l'érotisme et fait parler davantage à l'amour divin le langage de la passion. Cette tendance se montre avec un éclat incomparable dans le Baghavata pourana et avec plus d'intensité encore dans les remaniements populaires de cet ouvrage répandus dans toute l'Inde, notamment dans le Premsagar Indi (l'Océan d'amour).

Le Baghavata Pourana donne des descriptions très lascives des amours de Krishna avec les gopies (bergères).

Le poëme lyrique de *Gita Govinda* (le Chant du pâtre, Krishna) rappelle le Cantique des Cantiques et Lassen ne l'a traduit qu'en latin. Il n'a été dépassé en verve érotique que par l'ode à Priape de Piron. L'érotisme a infecté tous le vichnouvisme; M. Théodore Pavie a vu à Ceylan des scènes répugnantes jusqu'au dégoût. Dans la province de Bombay et au Bengale, les dévots de Krishna, surtout dans les campagnes, ont des réunions de nuit où, en imitation des jeux de Krishna et des Gopies, ils s'exaltent en commun jusqu'à un paroxysme frénétique et une licence sans bornes.

Krishna est le véritable dieu de l'amour pour les Hindous. Quant au dieu Kama, le Cupidon indien, c'est évidemment un emprunt fait aux Grecs. Le mot Kama signifie le plaisir charnel et il est employé dans ce sens par les plus anciens auteurs, en même temps que le Darma (devoir religieux) et l'Artha (la science de la richesse). Ces trois mots forment la trilogie hindoue des mobiles de nos actions. Comme les Hindous sont fort imitateurs, ils ont adopté le Cupidon des Grecs, après l'établissement de ceux-ci dans une partie du Punjab, et lui ont donné le nom déjà bien ancien de Kama. Il figure seulement dans une légende sans doute relativement récente des Pouranas (a).

Les bayadères ne sont pas, comme on pourrait le croire, consacrées au dieu Kama; elles sont les épouses de Soubramaniar, le dieu de la guerre.

Après avoir reçu du paganisme Cupidon, sous le nom de Kama, l'Inde, à son tour, semble lui avoir donné, comme imitation ou importation de ses pratiques de plus en plus corrompues, surtout de celles des saktis de la main gauche, le culte de plus en plus corrompu de Priape, dont le chevalier Richard Payne nous a donné une histoire. En voici quelques traits essentiels.

Avant la célébration d'un mariage, on plaçait la fiancée sur la statue du dieu, le phallus, pour qu'elle fût rendue féconde par le principe divin. Dans un poème ancien sur Priape (*Priapi Carmen*) on voit une dame présentant au dieu les peintures d'Éléphantis et lui demandant gravement de jouir des plaisirs auxquels il préside, dans toutes les attitudes décrites par ce traité.

Lorsqu'une femme avait rempli le rôle de victime dans le sacrifice à Priape, elle exprimait sa gratitude par des présents déposés sur l'autel, des phallus en nombre égal à celui des officiants du sacrifice. Quelquefois ce nombre était grand et prouvait que la victime n'avait pas été négligée.

Ces sacrifices se faisaient dans des fêtes de nuit, aussi bien que

---

(a) Le baron d'Ekstein dit : « Les Ariahs ont emprunté aux Cephenès, leurs prédécesseurs dans l'Inde, le dieu Kama, *pareil à l'Eros des Grecs*; ils l'ont embelli, *bien qu'il n'appartienne pas dans son principe à leur pensée cosmologique* et ils l'ont *postérieurement* reproduit dans le Véda comme il est décrit par Hosunl.

tous ceux offerts aux divinités qui présidaient à la génération. Les dévots à ces divinités s'enfermaient dans les temples et y vivaient dans la promiscuité. Il y avait aussi des initiées dont Pétrone a peint les mœurs dans quelques pages que nous avons résumées.

A Corinthe et à Ereix, ville de Sicile, il y avait des temples consacrés à la prostitution.

Selon l'érudit Larcher, Vénus était la déesse qui possédait le plus grand nombre de temples dans les deux Grèces ; on en comptait une centaine. Plusieurs villes de la Grèce, mais surtout Athènes et Corinthe, célébraient ses fêtes avec un nombre de belles femmes qu'on ne pourrait réunir aujourd'hui. Elle était encore plus en honneur à Rome dont elle était considérée comme la mère. Jamais peuple ne porta la sensualité plus loin que les Romains ; hommes et femmes de toute condition et de tout rang se livraient avec fureur à tous les débordements.

LITTÉRATURE EROTIQUE DE L'INDE. — SON RÔLE RELIGIEUX ET POLITIQUE. — LE KAMA-SOUTRA OU L'ART D'AIMER DE VATSYAYANA. — PLAN DE CET OUVRAGE.

Nous avons vu les Brahmes introduire l'érotisme le plus réaliste dans le culte, dans la religion et dans les livres qui en font partie intégrante, comme les Pouranas, les Tantras, les catéchismes des Saktis, etc. Ils s'en étaient servi, bien avant la venue de Bouddha, pour captiver les populations sujettes et les rallier à leur cause dans leurs luttes contre les Kchattrias. Le bouddhisme conquit l'Inde si complètement que les Brahmes presque partout furent délaissés ; la plupart durent, pour vivre, recourir à tous les métiers que Manou leur permet *dans les temps de détresse*. Mais ils avaient la persistance et l'habileté des aristocraties héréditaires. Gens essentiellement pratiques et aptes aux affaires, juristes, financiers, administrateurs, diplomates, au besoin soldats et généraux, dialecticiens vigoureux, subtils, polémistes sans scrupules, poètes élégants, ingénieux et quelquefois pleins d'éclat et de génie, ils se rendirent indispensables aux princes et aux grands par les services qu'eux seuls savaient leur rendre, et gagnèrent leur faveur par l'agrément de leur esprit et de leurs talents et par la souplesse de leur caractère. En même temps qu'ils développaient dans les masses le vichnouvisme ou plutôt la religion de Krishna que le Bouddha avait condamnée, ils produisaient beaucoup d'œuvres remarquables. Ils ennoblissaient par de grandes épopées et popularisaient par des légendes écrites les dieux et les héros. Restés les seuls héritiers du genre Aryen dans l'Inde et possédant dans la langue sanscrite un admirable instrument pour la poésie et la philosophie (a), ils renouvelèrent tout : hymnes, poèmes épiques, systèmes théosophiques, codes de lois. Ce fut une véritable renaissance. Des rois, amis de l'ancienne littérature, tinrent à leur cour des Académies de poètes aimables et de beaux esprits qu'ils payaient fort cher. On y improvisait des vers et jusqu'à des madrigaux et des épigrammes. Parmi ces poètes, on cite Kalidaça, l'auteur du drame si admiré de Çahountala. Commencé avant l'ère chrétienne, ce mouvement littéraire se continua jusqu'à la conquête musulmane. Cette littérature des Brahmes plaisait beaucoup plus que la soporifique et nuageuse métaphysique des Bouddhistes. La faveur des princes les aidait à écraser leurs adversaires. Ils achevèrent de se la concilier en ayant pour leur usage et pour celui de ce qu'on appellerait aujourd'hui la haute société et la bonne compagnie et pour eux-mêmes, en ce qui concerne les plaisirs charnels, une morale des plus faciles. Les règles ont été tracées par Vatsyayana dans le *Kama-Soutra* ou traité de l'amour (art d'aimer), qui est considéré comme le chef-d'œuvre et le code sur la matière.

Ce livre doit être rattaché à la renaissance brahmanique ; il a été écrit pendant la lutte entre les brahmes et les bouddhistes, puisqu'il défend aux épouses de fréquenter les *mendiantes bouddhistes* (on sait que les religieuses bouddhistes étaient mendiantes).

(a) Ce mouvement extraordinaire suivit de près l'invention et l'adoption de l'écriture sanscrite qui servirent à la fois au Bouddhisme et à la renaissance brahmanique, de même que la découverte de l'imprimerie favorisa le développement de le Réforme et de la Renaissance.

L'Inde a plusieurs autres livres érotiques fort répandus, la plupart postérieurs au *Kama-Soutra*. On se procure facilement les suivants, écrits en sanscrit :

1° Le *Ratira hasya*, ou les Secrets de l'Amour, par le poète Koka. Il a été traduit dans tous les dialectes de l'Inde et est fort répandu sous le nom de *Koka-Shastra*; il se compose de 800 vers, formant dix chapitres appelés Pachivédas. Il paraît postérieur au *Kama-Soutra* et contient la définition des quatre classes de emmes : Padmini, Chitrini, Hastini et Sankini (voir l'appendice du chapitre II du titre I).

Il indique les jours et les heures auxquels chacun de ces types féminins est plus particulièrement porté à l'amour. L'auteur cite des écrits qu'il a consultés et qui ne sont point parvenus jusqu'à nous.

2° *Les Cinq flèches de l'Amour*, par Djyotiricha, grand poète et grand musicien; 600 vers, formant cinq chapitres dont chacun porte le nom d'une fleur qui forme la flèche.

3° *Le Flambeau de l'Amour*, par le fameux poète Djayadéva, qui se vante d'avoir écrit sur tout.

4° *La Poupée de l'Amour*, par le poète Thamoudatta, brahmane; trois chapitres.

5° *L'Anourga Rounga*, ou le Théâtre de l'Amour, appelé encore : *Le Navire sur l'Océan de l'Amour*, composé par le poète Koullianmoull, vers la fin du XV° siècle. Il traite trente-trois sujets différents et donne 130 recettes ou prescriptions *ad hoc*. Voici les principales :

1re Recette pour hâter le spasme de la femme;

2e Pour retarder celui de l'homme;

3e Les aphrodisiaques;

4e Moyens pour rétrécir le yoni, pour le parfumer;

7e L'art d'épiler le corps et les parties sexuelles;

8e Recette pour faciliter l'écoulement mensuel de la femme;

9° Pour empêcher les hémorragies;

10° Pour purifier et assainir la matrice;

11° Pour assurer l'enfantement et protéger la grossesse ;
12° Pour prévenir les avortements ;
13° Pour rendre l'accouchement facile et la délivrance prompte ;
14° Pour limiter le nombre des enfants ;
21° Pour faire grossir les seins ;
22° Pour les affermir et les relever ;
23°, 24°, 25° Pour parfumer le corps ; faire disparaître l'odeur forte de la transpiration ; oindre le corps après le bain ;
26° Parfumer l'haleine, en faire disparaître la mauvaise odeur ;
27° Pour provoquer, charmer, fasciner, subjuguer les femmes et les hommes ;
28° Moyens pour gagner et conserver le cœur de son mari ;
29° Collyre magique pour assurer l'amour et l'amitié ;
30° Moyen pour triompher d'un rival ;
31° Filtres et autres moyens de captiver ;
32° Encens pour fasciner, fumigations excitant la génésique ;
33° Vers magiques qui fascinent.
Etc. etc.

Il est évident que ce livre fourmille d'erreurs ; selon toute probabilité, il ne dit rien qui ne soit acquis à la science moderne.

L'Art d'Aimer, de Vatsyayana, se distingue de tous ces écrits par son caractère et sa forme exclusivement didactiques. Chacune de ses parties forme un catéchisme : catéchisme des rapports sexuels sous toutes les formes et du fleurtage pour les deux sexes ; catéchisme des épouses et du harem ; de la séduction et du courtage d'amour ; et enfin catéchisme des courtisanes. C'est un document historique précieux, car il nous initie de la manière la plus intime aux mœurs de la haute société hindoue de l'époque (il y a environ 2,000 ans) et aux conseils de plaisir et de duplicité des Brahmes.

La curiosité qu'éveille le fonds ne suffirait peut être pas à faire supporter la sécheresse de la forme, si le lecteur était strictement limité aux leçons de Vatsyayana ; pour éviter cet écueil on a mis à la suite de chacune d'elles, dans un appendice au chapitre qui la contient, les équivalents ou les correspondants de la morale payenne qui se trouvent dans les poètes, les seuls docteurs ès-mœurs de l'antiquité payenne ; on a cité aussi quelques poètes hindous et deux morceaux concernant les Chinois. On a complété chaque appendice par la morale Iranienne, soit la morale chrétienne empruntée à la *Théologie morale* du père Gury, en se bornant à un petit nombre d'articles accompagnés quelquefois de renseignements physiologiques.

Ce rapprochement des textes divers se rapportant respectivement à chaque sujet, permet au lecteur de se faire une idée relative très exacte des trois morales sur chaque point traité.

Celle que notre raison préfère est évidemment la morale Iranienne socialement le plus recommandable, source des plaisirs les plus purs et, par cela même, peut-être les plus grands, parce que le cœur y entre pour une forte part.

La morale du Paganisme nous séduit par sa facilité, par l'art et la poésie qui l'accompagnent; mais, à la réflexion, nous sommes frappés d'une supériorité de *l'Art d'Aimer* de Vatsyayana sur celui des poètes latins. Ceux-ci ne chantent que la volupté, le plaisir égoïste, et souvent le libertinage grossier d'une jeunesse habituée à la brutalité des camps. Vatsyayana donne pour but aux efforts de l'homme la satisfaction de la femme. C'est déjà, indépendamment même de la procréation, un point de vue altruiste par comparaison avec celui auquel se plaçaient les rudes enfants de Romulus, tels que nous les ont dépeints Catulle, Tibulle et Juvénal. On sait que ce dernier commence sa satyre sur les femmes de son temps par le conseil de prendre un mignon plutôt qu'une épouse pour laquelle il faudrait se fatiguer les flancs. La philopédie (φιλοπαιδία) était plus en honneur à Rome que le mariage ; elle était inconnue à l'Inde brahmanique; Vatsyayana n'en fait même pas mention.

Un autre avantage des Indiens sur les Romains, c'était la décence extérieure dans les rapports entre les deux sexes. Les bonnes castes de l'Inde n'ont jamais rien connu qui ressemble à l'orgie romaine sous les Césars et au cynisme de Caligula.

Dans l'antiquité, une intrigue amoureuse n'était point une affaire de cœur. Pas plus chez les Indiens que chez les Romains, on ne trouve dans l'amour ce que nous appelons la tendresse ; c'est là un sentiment tout moderne et qui prête à nos poètes élégiaques, tels que Parny, André Chénier, etc., un charme que n'ont point les Latins. Properce est le seul qui approche de la délicatesse moderne.

Mais la dureté romaine se retrouvait jusque dans la galanterie. Les jeunes Romains maltraitaient leurs maîtresses. Au cirque, on représentait des scènes mythologiques où le meurtre, non point simulé, mais bien réel, se mêlait à l'amour quelquefois bestial, et où souvent ont figuré Tibère et Néron.

Au contraire, l'Inde obéit à ce précepte : « Ne frappez point une femme, même avec une fleur. »

Nous rappellerons enfin que, dans l'Inde, l'amour est au service de la religion, tandis qu'à Rome la religion (le culte de Vénus par exemple) était au service de l'amour comme de la politique.

L'érotisme joue un grand rôle dans toutes les fêtes religieuses des Hindous, il en est pour eux le principal attrait.

Tels sont les contrastes que notre travail fait ressortir, et ils ne sont pas sans intérêt pour la science des religions.

L'ART D'AIMER

TITRE I

GÉNÉRALITÉS

CHAPITRE I

Invocation.

Au commencement, le Seigneur des créatures (*a*) donna aux hommes et aux femmes, dans cent mille chapitres, les règles à suivre pour leur existence, en ce qui concerne :

Le Dharma ou devoir religieux (*b*) ;

L'Artha ou la richesse ;

Le Kama ou l'amour.

La durée de la vie humaine, quand elle n'est point abrégée par des accidents, est d'un siècle.

On doit la partager entre le Dharma, l'Artha et le Kama, de telle sorte qu'ils n'empiètent point l'un sur l'autre ; l'enfance doit être consacrée à l'étude ; la jeunesse et l'âge mûr, à l'Artha et au Kama ; la vieillesse, au Dharma qui procure à l'homme la délivrance finale, c'est-à-dire la fin des transmigrations.

Le Dharma est l'accomplissement de certains actes, comme les

(*a*) Le Seigneur des créatures est une qualification souvent donnée à Siva. Vatsyayana était donc Sivaïste comme tous les brahmes de son temps.

(*b*) Pour les Brahmes, le Dharma est le rite religieux, le sacrifice, l'offrande, le culte, l'obéissance à la coutume.

Pour les Bouddhistes, c'est la règle morale, le devoir philosophique.

sacrifices qu'on omet parce qu'on n'en aperçoit pas le résultat dans ce monde, et l'abstention de certains autres, comme de manger de la viande, que l'on accomplit parce qu'on en éprouve un bon effet.

L'Artha comprend l'industrie, l'agriculture, le commerce, les relations sociales et de famille ; c'est l'économie politique que doivent apprendre les fonctionnaires et les négociants.

Le Kama est la jouissance, au moyen des cinq sens ; il est enseigné par le Kama Soutra et la pratique.

Quand le Dharma, l'Artha et le Kama se présentent en concurrence, le Dharma est généralement préféré à l'Artha et l'Artha au Kama. Mais pour le roi, l'Artha occupe le premier rang, parce qu'il assure les moyens de subsistance.

Toute une école, très nombreuse, fait passer l'Artha avant tout, parce que, avant tout, il faut assurer les besoins de la vie.

En pratique, toutes les classes qui vivent de leur travail, et tous les hommes qui convoitent la richesse, suivent le sentiment de cette école.

Les Lokayatikas prétendent qu'il n'y a pas lieu d'observer le Dharma, parce qu'il n'a en vue que la vie future dans laquelle on ignore s'il portera ou non son fruit.

Selon eux, c'est sottise que de remettre en d'autres mains ce que l'on tient. En outre, il vaut mieux avoir un pigeon aujourd'hui qu'un coq de paon demain, et une pièce de cuivre que l'on donne vaut mieux qu'une pièce d'or que l'on promet. »

Réponse à l'objection :

« 1° Le livre saint qui prescrit les pratiques du Dharma ne laisse place à aucun doute.

2° Nous voyons par expérience que les sacrifices offerts pour obtenir la destruction de nos ennemis ou la chute de la pluie portent leur fruit.

3° Le soleil, la lune, les étoiles et les autres corps célestes paraissent travailler avec intérêt pour le bien du monde.

4° Le monde ne se maintient que par l'observance des règles

concernant les quatre castes et les quatre périodes de la vie.

5° On sème dans l'espérance de récolter. »

On ne doit point sacrifier le Kama à l'Artha parce que le plaisir est aussi nécessaire que la nourriture. Modéré et prudent, il s'associe au Dharma et à l'Artha. Celui qui pratique les trois est heureux dans cette vie et dans la vie future. Tout acte qui se lie à la fois aux trois ou seulement à deux ou même à un seul des trois peut être accompli. Tout acte qui, pour satisfaire l'un des trois, sacrifie les deux autres, *doit être évité* (par exemple, un homme qui se ruine par la dévotion ou le libertinage est insensé et coupable) (*a*).

Une partie des cent mille commandements, particulièrement ceux qui se rapportent au Dharma, forment la loi de Svayambha. Ceux relatifs à l'Artha ont été compilés par Brihaspati, et ceux qui concernent le Kama ou l'amour ont été exposés dans mille chapitres par Nandi, de la secte de Mahadéva ou Civa (*b*).

Les Kama Shastras (codes de l'amour) de Nandi furent successivement abrégés par divers auteurs, puis répartis entre six traités composés par des auteurs différents, dont l'un, Dattaka, écrivit le sien à la requête des femmes publiques de Pataliputra; c'est le Shastra ou Catéchisme des courtisanes (*c*).

(*a*) Au temps de Vatsyayana, la philosophie Sankia et le Bouddhisme avaient complètement discrédité, au moins dans les hautes castes, les pratiques du Dharma brahmanique; ce n'était plus guère qu'une superstition populaire. On s'en aperçoit à la pauvreté des arguments que Vatsyayana oppose aux Lokayatikas.

On voit que le Dharma, l'Artha et le Kama avaient chacun des partisans exclusifs dont les préférences dépendaient de leur situation : quelques-uns choisissaient seulement deux de ces trois termes. Barthriari dit (*Amour*, stance 53) : « Les hommes ont à choisir ici-bas entre deux cultes : celui des belles qui n'aspirent qu'à jeux et plaisirs toujours renouvelés, ou celui qu'on rend dans la forêt à l'Etre absolu. »

(*b*) Vatsyayana, on le voit par les mots en italique, prétend qu'il se borne à reproduire des préceptes édictés par la divinité depuis l'origine des choses et par conséquent obligatoires.

(*c*) De même que le Shastra des courtisanes de l'Inde a été écrit à leur requête, le 3ᵉ livre de l'*Art d'aimer* a été composé par Ovide, à la demande des femmes galantes de Rome : « Voici que les jeunes beautés, à leur tour, me prient de leur donner des leçons. Je vais apprendre aux femmes comment elles se feront aimer. L'homme trompe souvent, la femme est bien moins trompeuse. La déesse de

Après avoir lu et *médité* les écrits de Babhravya et d'autres auteurs anciens, et avoir étudié les motifs des règles qu'ils ont tracées, Vatsyayana, pendant qu'il était étudiant en religion (comme en Europe étudiant en théologie), entièrement livré à la contemplation de la divinité, a composé le Kama-Sutra, résumé des six Shastra susdits, conformément aux préceptes du saint Livre, pour le bien du monde. Cet écrit n'est point destiné uniquement à servir nos désirs charnels. Celui qui possède les principes de la science du Kama et qui, en même temps, observe le Dharma et l'Artha, est sûr de maîtriser ses sens.

Cythère m'a apparu et m'a dit : « Qu'ont donc fait les malheureuses femmes pour
« être livrées sans défense comme de faibles troupeaux à des hommes bien armés.
« Deux chants de tes poésies ont rendu ceux-ci habiles aux combats de l'amour. Il
« faut aussi que tu donnes des leçons à l'autre sexe. Tes belles écolières, comme
« leurs jeunes amants, inscriront sur leurs trophées : « Ovide fut notre maître. »

APPENDICE AU CHAPITRE I

Si, au lieu d'être simplement un casuiste, Vatsyayana avait eu le génie lyrique, il aurait commencé par un hymne au dieu Kama, tel que celui ci-après (traduction de M. Chezy).

HYMNE A KAMA

Quelle est cette divinité puissante qui, des bocages situés à l'Orient d'Agra, s'élance dans les airs où se répand la lumière la plus pure, tandis que de toute part les tiges languissantes des fleurs, ranimées aux premiers rayons du soleil, s'entrelacent en berceaux, doux asiles de l'harmonie, et que les zéphirs légers leur dérobent, en se jouant, les plus ravissants parfums ?

Salut, puissance inconnue !... Car au seul signe de ta tête gracieuse, les vallées et les bois s'empressent de parer leurs seins odorants, et chaque fleur épanouie suspend, en souriant, à ses tresses de musc, les perles éclatantes de la rosée.

Je sens, oui, je sens ton feu divin pénétrer mon cœur, je t'adore et je baise, avec transport, tes autels.

Et pourrais-tu me méconnaître ?

Non, fils de Mayâ, non, je connais tes flèches armées de fleurs, la canne redoutable qui compose ton arc, ton étendard où brillent les écailles nacrées, tes armes mystérieuses.

J'ai ressenti toutes tes peines, j'ai savouré tous tes plaisirs.

Tout-puissant Kâmâ, ou, si tu le préfères, éclatant Smara, Ananya majestueux !

Quel que soit le siège de ta gloire, sous tel nom que l'on t'invoque, les mers, la terre et l'air proclament ta puissance; tous t'apportent leur tribut, tous reconnaissent en toi le roi de l'Univers.

Ta jeune compagne, la Volupté, sourit à ton côté. Elle est à peine voilée de sa robe éclatante.

A sa suite, douze jeunes filles, à la taille charmante, élancée, s'avancent avec grâce; leurs doigts délicats se promènent avec légèreté sur des cordes d'or, et leurs bras arrondis s'entrelacent dans une danse voluptueuse.

Sur leurs cous élégants, elles disposent des perles plus brillantes que les pleurs de l'aurore.

Ton étendard de pourpre, ondoyant devant elles, fait étinceler dans la voûte azurée des cieux des astres nouveaux (a).

Dieu aux flèches fleuries, à l'arc plein de douceur, délices de la terre et des cieux ! Ton compagnon inséparable, nommé Vasanta chez les Dieux, aimable printemps sur la terre, étend sous tes pieds délicats un doux et tendre tapis de verdure, élève sur ta tête enfantine des arceaux impénétrables aux feux brûlants du midi. C'est lui qui, pour te rafraîchir, fait descendre des nuages une rosée de parfums, qui remplit de flèches nouvelles ton carquois rendu plus redoutable, présent bien cher d'un ami plus cher encore.

A son ordre, doux et caressant, mille oiseaux amoureux, par le charme ravissant de leurs tendres modulations, arrachent à ses liens la fleur encore captive.

Sa main amicale courbe avec adresse la canne savoureuse, y dispose, pour corde, une guirlande d'abeilles dont le miel parfumé est si doux, mais dont l'aiguillon, hélas ! cause de si vives douleurs.

C'est encore lui qui arme la pointe acérée de tes traits qui jamais ne reposent et blessent par tous les sens le cœur et y portent le délire de cinq fleurs :

Le Tchampaca pénétrant, semblable à l'or parfumé ;

Le chaud Amra rempli d'une ambroisie céleste ;

Le desséchant Késsara au feuillage argenté ;

Le brûlant Kétaça qui jette le trouble dans les sens ;

L'éclatant Bilva qui verse dans les veines une ardeur dévorante.

Quel mortel, Dieu puissant, pourrait résister à ton pouvoir, lorsque Krischna lui-même est ton esclave ? Krischna qui, sans cesse énivré de délices dans les

---

(a) Allusion aux écailles brillantes du poisson qui couronne l'étendard de l'amour indien.

plaines fortunées de Mathoura, fait résonner sous ses doigts divins la flûte pastorale, et aux accords mélodieux d'une céleste harmonie, forme avec le chœur des Gopis éprises de ses charmes, des danses voluptueuses à la douce clarté de Lunus, le mystérieux flambeau des nuits.

O toi, Dieu charmant! dont la naissance a précédé la création et dont la jeunesse est éternelle! Que le chant de ton brahmane asservi à tes lois puisse, à jamais, retentir sur les bords sacrés du Gange! Et à l'heure où ton oiseau favori, déployant ses ailes d'émeraude, te fait franchir l'espace dans son vol rapide, lorsqu'au milieu de la nuit silencieuse, les rayons tremblants de Ma (la lune) glissent sur la retraite mystérieuse des amants favorisés ou malheureux, que la plus douce influence soit le partage de ton chantre dévoué, et que, sans le consumer, ton feu divin échauffe voluptueusement son cœur!

Il est intéressant de rapprocher de cette invocation celle de Lucrèce à Vénus.

INVOCATION

Douce et sainte Vénus, mère de nos Romains,
Suprême volupté des Dieux et des humains
Qui, sous la voûte immense où dorment les étoiles,
Peuples les champs féconds, l'onde où courent les voiles ;
Par toi tout vit, respire, éclos sous ton amour
Et monte, heureux de naître, aux rivages du jour.
Aussi, devant tes pas, le vent fuit ; les nuages,
A ta divine approche, emportent les orages ;
Pour toi, la terre épand ses parfums et ses fleurs ;
Le ciel s'épanouit et se fond en lumière.
Car sitôt qu'il revêt sa splendeur printanière,
Et que, par les hivers, le zéphir arrêté
Reprend enfin sa course et sa fécondité,
Les oiseaux, les premiers frappés par ta puissance,
O charmante Déesse, annoncent ta présence ;
Le lourd troupeau bondit dans les prés renaissants,
Et, plein de toi, se jette à travers les torrents :
Sensibles à tes feux, séduites par tes grâces
Ainsi des animaux les innombrables races,
Dans le transport errant des amoureux ébats,
Où tu veux les mener s'élancent sur tes pas.
Enfin, au fond des mers, sur les rudes montagnes,
Dans les fleuves fougueux, dans les jeunes campagnes,
Dans les nids des oiseaux et leurs asiles verts,
Soumis à ton pouvoir, tous les êtres divers,
Le cœur blessé d'amour, frissonnants de caresses,
Brûlent de propager leur race et leurs espèces.

L'invocation qui nous paraît avoir le plus de charme est celle de l'*Art d'aimer* d'Ovide.

Romains, s'il est quelqu'un parmi vous à qui l'art d'aimer soit inconnu, qu'il lise mes vers, qu'il s'instruise et qu'il aime! N'est-ce pas l'art qui fait voguer les vaisseaux rapides à l'aide de la voile et de la rame ? qui guide dans la course les chars légers? L'art doit aussi gouverner l'amour.

Loin d'ici, bandelettes légères, ornement de la pudeur et vous longues robes qui descendez jusqu'aux pieds ! Je chanterai les ruses et les larcins innocents d'un amour qui ne craint rien, et mes vers n'offriront rien de répréhensible.

L'auteur de la *Callipédie,* poème latin du moyen âge, s'est inspiré d'Ovide dans l'invocation qui suit :

O vous, Grâces, modèles divins, et toi, Vénus, mère des amours et de tout ce qui nous charme, toi que Pâris, sur le mont Ida, a justement proclamée la plus belle, inspirez moi des chants dignes des sanctuaires d'Idalie, afin que ma muse ne dépare point un si beau sujet et apprenne à tout le genre humain un art sans prix.

CHAPITRE II

De la possession des soixante-quatre arts libéraux.

Il y a soixante-quatre arts libéraux qu'il convient d'apprendre en même temps que ceux enseignés dans le Kama Soutra.

Leur liste comprend, outre les talents d'agrément, les arts utiles tels que l'architecture, les armes, la stratégie, la cuisine, le moyen de s'approprier le bien d'autrui par des mantras (prières) et des incantations, etc. ; en un mot, tous les arts libéraux de l'époque.

Une courtisane qui a en partage l'esprit, la beauté et les autres attraits et qui, en outre, connaît les soixante-quatre arts libéraux, obtient le titre de Ganika ou courtisane de haut rang, et occupe une place d'honneur dans les réunions d'hommes. Les respects du roi et les louanges des savants lui sont acquis ; tous recherchent sa faveur et lui rendent des hommages.

Si la fille d'un roi ou d'un ministre possède ces talents, elle est toujours la favorite, la première épouse, quand bien même son mari aurait des milliers d'autres femmes (*a*).

Une femme séparée de son mari ou tombée dans le dénument, peut vivre de ces talents, même en pays étranger.

Leur possession seule donne beaucoup d'attraits à une femme, lors même que les circonstances ne lui permettent point de les appliquer. Un homme qui en est muni et qui en même temps est élo-

---

(*a*) On voit par ce qui précède que les courtisanes et les filles des grands étaient les seules femmes auxquelles il fut permis d'acquérir ces talents.

quent et galant, fait de rapides conquêtes. En voici la nomenclature :

1. Le chant.
2. La musique instrumentale.
3. La danse.
4. L'union des trois arts précédents.
5. L'écriture et le dessin.
6. Le tatouement.
7. L'art d'habiller une idole et de l'orner avec du riz et des fleurs.
8. Étendre et arranger des lits ou couches de fleurs ou bien répandre des fleurs sur le sol.
9. Application de couleurs aux dents, aux habits, aux cheveux, aux ongles et au corps, c'est-à-dire y faire des mouchetures et des dessins, les teindre et les peindre.
10. Fixer les verres coloriés dans un parquet.
11. La confection des lits, des tapis et des coussins de repos.
12. Faire une musique avec des verres remplis d'eau.
13. Amasser de l'eau dans des aqueducs, des citernes et des réservoirs.
14. La peinture, l'ornementation et la décoration des coffres et des coffrets.
15. La confection des chapelets, des colliers, des guirlandes et des tresses.
16. L'arrangement des turbans, des couronnes, des aigrettes et des tresses de fleurs au sommet de la tête.
17. Les représentations théâtrales, le jeu scénique.
18. L'art de faire des ornements d'oreilles.
19. La préparation des odeurs et des parfums.
20. L'art de placer les bijoux et les ornements dans l'habillement.
21. La magie et la sorcellerie.
22. L'adresse des mains.
23. La cuisine.
24. La préparation des boissons acidulées, parfumées, des limonades, des sorbets et des extraits liquoreux et spiritueux agréables au goût et à la vue.
25. La couture et la taille des vêtements.
26. La tapisserie, la broderie en laine ou en fil, des perroquets, des fleurs ; faire des aigrettes, des glands, des panaches, des bouquets, des boutons, des broderies en relief.
27. Résoudre des énigmes, des phrases à double sens, des jeux de mots et des charades.
28. Le jeu des vers ; ainsi, une personne dit des vers, la suivante les continue par d'autres, qui doivent commencer par la dernière lettre du dernier vers récité ; si la personne qui donne la réplique ne réussit pas, elle paie une amende ou donne un gage.
29. La mimique ou l'imitation.
30. La déclamation et la récitation.
31. La prononciation des phrases difficiles ; c'est un jeu entre femmes ou enfants ; quand les phrases sont répétées vite, il y a souvent des mots tronqués, transposés, mal commencés, qui prêtent à l'équivoque et au rire.
32. L'escrime aux armes, au bâton ; l'exercice de l'arc en lançant des flèches sur un but mobile et immobile.
33. La dialectique.
34. L'architecture.
35. La charpente.
36. La connaissance des titres de l'or et de l'argent, des marques sur les bijoux et les pierres précieuses.

37. La chimie et la minéralogie.
38. La coloration des bijoux, des pierres précieuses et des perles.
39. L'exploitation des mines et des carrières.
40. Le jardinage, le traitement des maladies des arbres et des plantes, leur entretien et la détermination de leur âge.
41. Les combats de coqs, de cailles et de pigeons.
42. L'art d'apprendre à parler aux perroquets et aux sansonnets.
43. L'art de parfumer le corps et les cheveux, de tresser et arranger ceux-ci.
44. L'art de déchiffrer les écritures où les mots sont disposés d'une certaine manière particulière.
45. L'art de parler en changeant la forme des mots; les uns changent le commencement et la fin des mots; d'autres introduisent des lettres particulières entre les syllabes, etc.
46. Connaissance des langues et des patois.
47. L'art de faire des voitures avec des fleurs.
48. La composition des diagrammes mystiques, des sorts et des charmes, l'art d'attacher des anneaux.
49. Jeux d'esprit: comme compléter des vers et des stances inachevées ou remplir par des vers des intervalles laissés entre d'autres vers qui ne sont liés par aucun sens, de manière à donner un sens à l'ensemble; ou bien arranger les lettres d'un mot qu'on a mal écrit à dessein, en séparant les voyelles des consonnes, ou mettant ensemble toutes les voyelles; mettre en vers ou en prose des stances représentées par des lignes ou des symboles (logogriphes); et autres jeux semblables.
50. La composition des poèmes (*b*).
51. La composition des dictionnaires, lexiques, vocabulaires.
52. L'art de se déguiser et de déguiser les autres.
53. L'art de changer les apparences des objets, par exemple donner au carton l'apparence de la soie, faire paraître belles et précieuses des choses communes et grossières.
54. Les jeux d'argent.
55. L'art de s'emparer du bien d'autrui par des mantras et des incantations, l'insensibilisation et l'enchantement.
56. L'habileté dans les jeux et exercices d'adresse (pour les jeunes gens).
57. La connaissance du monde, des respects, égards et compliments dus à chacun selon son rang, son âge.
58. L'art de la guerre, la stratégie, le maniement des armes.
59. La gymnastique du corps.
60. L'art de reconnaître le caractère des personnes à l'inspection de leur physionomie.
61. La versification.
62. L'arithmétique et la résolution des problèmes.
63. L'art de faire des fleurs artificielles.
64. L'art de faire avec de l'argile des figures en relief, des statues (céramique).

(*b*) A cette époque la poésie était fort en honneur à la cour des rois indiens. On payait des sommes considérables un sonnet ou épigramme qui avait plu. (Théodore Pavie, la Renaissance du Brahmanisme. *R. des Deux-Mondes*). Ces épigrammes devaient surtout être fines, telle que celle adressée à Baour de Lormian, par un académicien qu'il avait raillé lourdement sur sa florissante santé :

> De gloire Baour se nourit
> Aussi voyez comme il maigrit !

(Baour était toujours sifflé au théâtre).

APPENDICE AU CHAPITRE II

N° 1. — **Liste des talents exigés d'un homme d'après le Lalita-Vistara.**

Telle est la liste officielle des soixante-quatre arts libéraux que devait posséder toute personne éminente dans la civilisation brahmanique. Ils sont mentionnés dans beaucoup de livres religieux de l'Inde, comme obligatoires pour les grands, les Gourous et pour tous les savants, notamment les Brahmanes de distinction. C'est pourquoi nous avons dû en reproduire la liste, un peu fastidieuse à cause de sa longueur, mais certainement intéressante comme document historique.

Le Lalita-Vistara donne, à l'occasion des épreuves et examens subis par le Bouddha-Gautama, pour épouser la belle Gopa, une liste semblable mais non identique.

En réunissant ces deux listes, on a une nomenclature complète de tous les arts et métiers de cette époque; chacun d'eux était l'objet de traités spéciaux.

Inutile d'ajouter que personne ne possédait sérieusement toutes ces connaissances, bien qu'elles fussent considérées comme obligatoires.

Liste d'après la traduction de M. Foucault.

Le saut, la science de l'écriture, des sceaux, du calcul, de l'arithmétique, de la lutte, de l'arc, de la course, la natation, l'art de lancer les flèches, de conduire un éléphant en montant sur son cou, l'équitation, l'art de conduire les chars; la fermeté, la force, le courage, l'effort des bras dans la conduite de l'éléphant avec le crochet, avec le lien; dans l'action de se lever, de sortir, de descendre; dans la ligature des poings, des pieds, des mèches de cheveux; dans l'action de couper, de fendre, de traverser, de secouer, de percer ce qui n'est pas entamé, de percer le joint, de percer ce qui résonne, dans l'action de frapper fortement.

L'habileté au jeu de dés, dans la poésie, la grammaire, la composition des livres, la peinture, le drame, l'action dramatique, la lecture attentive, l'entretien du feu sacré, l'art de jouer de la Vinâ, la musique instrumentale, la danse, le chant, la lecture, la déclamation, l'écriture, la plaisanterie, l'union de la danse et de la musique, la danse théâtrale, la mimique, la disposition des guirlandes, dans l'action de rafraîchir avec l'éventail, dans la teinture des pierres précieuses, la teinture des vêtements, dans l'œuvre de la magie, l'explication des songes, celle du langage des oiseaux; l'art de connaître les signes des femmes, les signes des éléphants, des chevaux, des taureaux, des chèvres, des béliers, des chiens.

La composition des vocabulaires, l'écriture sainte, les Pouranas, les Itihâsas, le Véda, la grammaire, le Niroukta, l'art de prononcer la poésie, les rites du sacrifice.

Dans l'astronomie, le yoga, les cérémonies religieuses, la méthode des Vaïcéchikas, la connaissance des richesses, la morale, l'état de précepteur, l'état Asoura, le langage des oiseaux et des animaux.

La science des causes, l'arrangement des filets, les ouvrages de cire, la couture, la ciselure, la découpure des feuilles, le mélange des parfums. Dans ces arts et tous ceux qui sont pratiqués dans ce monde, le Bouddha excellait.

N° 2 — Quatre classes de femmes, qualités qui leur sont propres.

On peut considérer comme rentrant, mieux que les arts libéraux, dans le sujet traité par Vatsyayana, la description des qualités qui distinguent les femmes entre elles.

En général, les auteurs indiens divisent les femmes en quatre classes d'après leurs caractères physiques et moraux.

Le type parfait est la Padmini, ou la femme Lotus; il n'est sorte d'avantages qu'on ne lui attribue. En voici le résumé.

Elle est belle comme un bouton de Lotus, comme Rathi (la volupté). Sa taille svelte contraste heureusement avec l'amplitude de ses flancs; elle a le port du cygne, elle marche doucement et avec grâce.

Son corps souple et élégant a le parfum du sandal; il est naturellement droit et élancé comme l'arbre de Ciricha, lustré comme la tige du Mirobolam.

Sa peau lisse, tendre, est douce au toucher comme la trompe d'un jeune éléphant. Elle a la couleur de l'or et elle étincelle comme l'éclair.

Sa voix est le chant du Kokila mâle captivant sa femelle; sa parole est de l'ambroisie.

Sa sueur a l'odeur du musc. Elle exhale naturellement plus de parfums qu'aucune autre femme; l'abeille la suit comme une fleur au doux parfum de miel.

Ses cheveux soyeux, longs et bouclés, odorants par eux-mêmes, noirs comme les abeilles, encadrent délicieusement son visage semblable au disque de la pleine lune et retombent en torsades de jais sur ses riches épaules.

Son front est pur: ses sourcils bien arqués sont deux croissants; légèrement agités par l'émotion, ils l'emportent sur l'arc de Kama.

Ses yeux bien fendus sont brillants, doux et timides comme ceux de la gazelle et rouges aux coins. Aussi noirs que la nuit au fond de leurs orbites, leurs prunelles étincellent comme des étoiles dans un ciel sombre. Ses cils longs et soyeux donnent à son regard une douceur qui fascine.

Son nez pareil au bouton du sezame est droit, puis s'arrondit comme un bec de perroquet.

Ses lèvres voluptueuses sont roses comme un bouton de fleur qui s'épanouit ou rouges comme les fruits du bimba et le corail.

Ses dents blanches comme le jasmin d'Arabie ont l'éclat poli de l'ivoire; quand elle sourit, elles se montrent comme un chapelet de perles montées sur corail.

Son cou rond et poli ressemble à une tour d'or pur. Ses épaules s'y joignent par de fines attaches, ainsi qu'à ses bras bien modelés, semblables à la tige du manguier et qui se terminent par deux mains délicates pareilles chacune à un rameau de l'arbre Açoka.

Ses seins amples et fermes ressemblent aux fruits du Vilva ; ils se dressent comme deux coupes d'or renversées et surmontées du bouton de la fleur du grenadier.

Ses reins bien cambrés ont la souplesse du serpent ; ils se fondent harmonieusement avec ses fesses et ses larges hanches qui ressemblent au corsage de la colombe verte.

Son jadgana, pur et délicatement arrondi, laisse apercevoir un ombilic profond et luisant comme une baie mure. Trois plis gracieux s'accusent à sa taille comme une ceinture au-dessus de ses hanches.

Ses fesses sont merveilleuses ; c'est une Nitambini (Callipige, Sakountala était une Nitambini).

Comme le Lotus épanoui à l'ombre d'une tendre motte d'herbe Kusha (herbe sacrée par excellence), son yoni petit s'ouvre mystérieusement sous le pubis ombragé par un voile velu large de six pouces.

Sa semence d'amour est parfumée comme le lys qui vient d'éclore, ses cuisses rondes, fermes, potelées, ressemblent à la tige polie d'un jeune bananier.

Ses pieds petits et mignons se joignent finement à ses jambes, on dirait deux Lotus.

Quand elle se baigne dans un étang sacré, par toutes sortes de jeux elle réveille l'amour, les dieux se troubleraient à la voir se jouer dans l'eau.

Des perles tremblent à ses oreilles ; sur son sein repose un collier de pierres précieuses ; elle a, mais en petit nombre, des ornements aux bras et au bas des jambes.

Elle aime les vêtements blancs, les blanches fleurs, les beaux bijoux et les riches costumes. Elle porte un triple vêtement de mousseline rayée.

Délicate comme la feuille du béthel, elle aime les aliments doux, purs, légers ; elle mange peu et dort d'un sommeil léger.

Elle connaît bien les trente-deux modes musicaux de Radha ; aussi bien que l'amante de Krishna, elle chante harmonieusement en s'accompagnant de la vina qu'elle touche avec grâce de ses doigts effilés et agiles.

Quand elle danse, ses bras aux mouvements souples et harmonieux s'arrondissent en courbes gracieuses et semblent parfois vouloir dérober aux regards ses merveilleux appâts, car sa pudeur est extrême (dans l'Inde une femme danse toujours seule).

Elle a une conversation agréable, son sourire repand la béatitude ; elle est espiègle et folâtre, pleine d'enjouement dans les plaisirs.

Elle excelle dans les œuvres qui lui sont propres.

Elle fuit la société des malhonnêtes gens et accomplit scrupuleusement ses devoirs ; le mensonge lui est inconnu.

Incessamment, elle vénère et adore les brahmanes, son père et les dieux ; elle recherche la société et la conversation des brahmanes ; elle est libérale envers eux et charitable aux pauvres. Pour ceux-ci elle épuiserait le trésor de son mari.

Elle se plaît avec son époux et sait exciter ses désirs par des caresses.

Le dieu d'amour trouverait un superbe plaisir à reposer près d'elle.

Son affection pour son époux est extrême et elle n'aura pour aucun autre une pareille tendresse. Elle est affectueuse dans toutes ses paroles et absolument dévouée à son mari. Elle est parfaite en tout point.

Ajoutez à ce portrait déjà si flatteur une foule d'exclamations que les poëtes poussent en l'honneur de la Padmini.

Trésor d'amour! tendresse sans bornes! femme qui aime et qui n'éprouve aucun désir! femme dont le bonheur est manifeste; femme pareille à Rathi (la volupté), épouse d'Ananya (l'amour), qui plies sous le poids de tes seins fermes et arrondis! femme dont l'amour enivre!

Après la Padmini, vient la Chitrini ou la femme habile.

La Chitrini a l'esprit mobile, l'humeur légère et essentiellement folâtre! son œil ressemble au Lotus, sa gorge est ferme : ses cheveux tressés en une seule natte retombent sur ses riches épaules comme de noirs serpents; sa voix a la douceur de l'ambroisie; ses hanches sont minces, ses cuisses douces et polies ont la rondeur de la tige du bananier; sa démarche est celle d'un éléphant en gaité; elle aime le plaisir, sait le faire naître et le varier.

La Hastini (nom de la femelle de l'éléphant) occupe le troisième rang.

La Hastini a une abondante chevelure qui brille et se déroule en longues boucles soyeuses, son regard troublerait le dieu d'amour et ferait rougir les bergeronettes. Le corps de cette femme gracieuse ressemble à une liane d'or, ses pendants d'oreilles sont garnis de pierreries et ses vêtements sont chargés de fleurs. Ses seins fermes et rebondis ressemblent à un couple de vases d'or.

Le dernier type est la Sankhini (la truie).

Ses cheveux sont nattés et roulés sur sa tête; sa face qui exprime la passion est difforme; son corps ressemble à celui d'un porc. On la dirait toujours en colère, toujours elle gronde et grogne.

Ses seins et son ventre exhalent l'odeur du poisson.

Elle est malpropre de sa personne; elle mange de tout et dort à l'excès. Ses yeux ternes sont toujours chassieux.

On a mis en regard les traits distinctifs des quatre classes dans le tableau suivant:

DÉSIGNATION	FIGURE	ODEUR	CHEVELURE	VOIX	GOUT DOMINANT
Padmini .	comme la lune	du lotus	fine et soyeuse	harmonieuse comme un luth	le béthel
Chitrini. .	parfaite	des fleurs	longue et flottante	du kokila	les dons
Hastini . .	de lotus	du vin	bouclant naturellement	bramement de l'éléphant	les plaisirs variés
Sankhini.	d'oie	du poisson	comme des soies de sanglier	croassement du corbeau	les querelles

Quatre sortes d'hommes correspondent comme amants ou époux à ces quatre sortes de femmes.

A la Padmini, l'homme *lièvre*, c'est-à-dire actif, vif et éveillé.

A la Chitrini, l'homme *cerf*, celui qui recherche l'affection dans le commerce amoureux.

A la Hastini, l'homme *taureau*, c'est-à-dire qui a la force et le tempérament de cet animal.

A la Sankhini, l'homme *cheval*, celui qui a la vigueur et la fougue de l'étalon.

Il existe, disent les poëtes, une Padmini sur dix millions de femmes, une Chitrini sur dix mille, une Hastini sur mille ; la Sankhini se trouve partout.

Cette proportion n'est point flatteuse pour le beau sexe dans l'Inde ; heureusement, elle n'est point exacte. En général les Hindous, hommes et femmes, même dans les castes serviles, ont de très grands soins de propreté. La femme malpropre, la Sankhini, ne se trouve que dans la classe infime et hors caste, et chez les Pariahs des campagnes.

CHAPITRE III

De la possession des soixante-quatre talents ou arts de volupté enseignés par le Kama Soutra

L'homme doit étudier le Kama Soutra après le Dharma et l'Artha, et la jeune fille elle-même doit en apprendre les pratiques; d'abord avant son mariage, et, ensuite, après, avec la permission de son mari (a).

On objecte à cela que les femmes, n'ayant point à étudier les sciences, ne doivent point non plus étudier le Kama Soutra.

A cela, Vatsyayana répond : Que les femmes peuvent, sans étudier le traité et ses explications, en connaître la pratique, puisqu'elle est tirée du Kama-Schastra (ou les Règles de l'Amour) qu'on apprend expérimentalement, soit par soi-même, soit par des intimes. C'est ainsi que le Kama-Schastra est familier à un certain nombre de femmes, telles que les filles des princes et de leurs ministres.

Il convient donc qu'une jeune fille soit initiée aux principes du Kama Soutra par une femme mariée, par exemple sa sœur de lait, ou bien une amie de la maison éprouvée sous tous les rapports, ou une tante, une vieille servante, ou une mendiante qui a vécu autrefois dans la famille, ou une sœur (voir Appendice, n°s 1 et 2).

(a) Dans les pays musulmans, les femmes sont éduquées en vue d'exciter les sens par la danse et la mimique, etc.

Ces pratiques du Kama-Soutra sont empruntées à la partie du Kama-Shastra qui a rapport à l'union sexuelle, et que Babhravia intitule aussi les soixante-quatre arts, comme les soixante-quatre arts libéraux dont la nomenclature a été donnée ci-dessus.

Pour arriver à ce nombre de (soixante-quatre), on a divisé ce qui a rapport au rapprochement des sexes, c'est-à-dire le Kama-Shastra, en huit parties ou sujets ; et dans chaque partie on a fait huit subdivisions principales. Il en a été de même dans le Kama-Soutra (a).

L'homme auquel sont familiers les (soixante-quatre) moyens de plaisir indiqués par Babhravya, atteint le but de son désir, et possède la femme la plus enviable.

Celui qui parle bien sur les autres sujets, mais ne connaît pas les (soixante-quatre) voluptés du Kama-Soutra, n'est point écouté avec faveur dans une réunion de savants.

Celui qui, au contraire, les possède toutes, quoique n'ayant pas d'autre science, prend la tête de la conversation dans toutes les sociétés d'hommes et de femmes.

En raison de leur prestige et de leur charme, les Acharyas, ou auteurs anciens, les plus recommandables, qualifient de *chers aux femmes* les soixante-quatre talents voluptueux.

L'homme, en effet, qui y est exercé, gagne le cœur de sa propre femme et celui des femmes des autres hommes et des courtisanes.

(a) Évidemment, pour les divisions, le chiffre de soixante-quatre est cher aux écrivains de l'époque ; selon les anciens commentateurs, il est consacré par les Védas.

APPENDICE AU CHAPITRE III

N° 1. — Il y a dans le Kama-Soutra mille choses qui peuvent dépraver une jeune fille, et que, conséquemment, elle doit ignorer, lors même qu'elle est mariée aussitôt qu'elle a atteint l'âge de puberté, comme il est d'usage dans l'Inde.

Dans cette contrée, tout est fait pour provoquer les désirs charnels, même chez les jeunes enfants des deux sexes.

Les chars sacrés sur lesquels on promène les images des Dieux, dans les grandes fêtes publiques, sont chargés de peintures et de sculptures d'une obscénité indescriptible, publiquement exposées à tous les regards, sans que personne songe à en éloigner les enfants.

A la jeune fille indienne s'appliquent pleinement les vers d'Horace :

« . . . . Incestos amores
A tenero meditatur ungui. »

Dès la plus tendre enfance, elle rêve d'impudiques amours.

N° 2. — Sauf quelques sculptures d'un naturalisme naïf dans des cathédrales du moyen âge et quelques pratiques équivoques, restes du paganisme qui lui ont survécu, on ne trouve rien de pareil chez les chrétiens d'aucune confession.

On lit dans le P. Gury (traduction P. Bert) :

« 417. — Les regards jetés sans raison sur des choses honteuses constituent des péchés graves ou légers, suivant l'intention de la personne, le degré de turpitude et le danger de consentement à la débauche.

« En pratique, on excuserait difficilement d'un péché mortel un homme qui regarderait les parties honteuses d'une femme peinte, parce qu'il ne pourrait guère éviter d'y prendre un plaisir.

« 420. — 1° *C'est un péché grave, en général, de parler, même par légèreté, de l'acte conjugal, de ce qui est permis ou défendu entre époux*, des moyens d'empêcher la conception, de procurer la pollution ; surtout, si c'est entre jeunes gens de sexes différents.

« 2° Il y a grave péché à dire des choses honteuses par le seul plaisir qu'on trouve à y penser.

« Le confesseur ne recommande à de jeunes époux que l'abstention de ce qui pourrait aller contre le but du mariage, la procréation. »

Ainsi, la morale chrétienne est très sévère pour tout ce qui concerne la pureté.

N° 3. — L'éducation des belles par Ovide.

Les listes des (soixante-quatre) arts libéraux et des (soixante-quatre) talents de voluptés, avec les portraits de la Padmini et de la Citrini, nous donnent l'idée de l'éducation féminine dans l'Inde à l'époque de Vatsyayana ; il est très intéressant de la rapprocher de celle qu'Ovide trace pour les Romaines dans son *Art d'aimer*, livre III.

« O femmes ! ne négligez aucun soin de votre personne !

« La figure s'embellit si on la soigne ; sans soins, le plus beau visage perd sa fraîcheur, fût-il comparable à celui de la déesse du mont Ida.

« Ne chargez point vos oreilles de perles de grand prix, et votre corps de vêtements tout pesants d'or. Une élégante propreté nous charme bien davantage. Choisissez la manière d'arranger votre chevelure qui vous sied le mieux. Un visage un peu allongé demande de simples bandeaux ; une figure arrondie un nœud léger sur le sommet de la tête et qui laisse les oreilles découvertes.

« Celle-ci laissera flotter ses cheveux sur ses deux épaules ; celle-là les relèvera à la manière de Diane chasseresse.

« Tandis que vous travaillez à votre toilette, laissez croire que vous êtes encore au lit ; vous paraîtrez avec plus d'avantages quand vous y aurez mis la dernière main. Vous pouvez toutefois faire peigner vos cheveux devant nous.

« Apprenez à rire avec grâce. Ouvrez modérément la bouche ; formez sur l'une et l'autre joue deux petites fossettes et couvrez avec la lèvre inférieure l'extrémité des dents supérieures. Ne vous fatiguez point les flancs par des éclats continuels, que votre rire ait quelque chose de doux et d'agréable à l'oreille.

« Les femmes apprennent aussi à pleurer d'une manière à la fois gracieuse et intéressante ; elles pleurent quand elles veulent.

« Apprenez également à marcher, la démarche séduit ou fait fuir un homme qui ne vous connaît pas.

« Il est des femmes qui, par un mouvement de hanches étudié, font flotter leur robe au gré des vents ; elles s'avancent fièrement d'un pas majestueux. D'autres marchent à grands pas et d'un air effronté. Evitez que la première de ces démarches soit prétentieuse et que la dernière soit rustique. Cependant, laissez à découvert l'avant-bras depuis le coude jusqu'au poignet, si vous avez la peau d'une blancheur sans tache. Combien de fois j'ai été tenté de baiser un bras d'albâtre !

« Que les jeunes filles apprennent à chanter. Plusieurs ont trouvé dans leur voix un dédommagement à leur figure.

« La femme qui veut plaire doit s'appliquer à manier l'archet de la main droite et à pincer de la harpe de la main gauche.

« *Apprenez par cœur Sapho ; rien de plus voluptueux que ses vers ;* lisez les poésies du tendre Properce et celles de mon cher Tibulle, l'Enéïde et *même mes Amours.*

« Je voudrais encore qu'une belle sût danser (on ne dansait à Rome qu'au théâtre), qu'elle fût habile aussi aux jeux des osselets, des dés et des échecs. Apprenez mille jeux ; souvent, à la faveur du jeu, l'amour se glisse dans les cœurs.

Qu'une belle s'occupe de tout ce qui peut augmenter ses charmes ; qu'elle se donne en spectacle à la foule ; que partout elle soit empressée de plaire ; qu'elle ait toujours l'hameçon prêt ; dans l'endroit qu'elle soupçonne le moins, elle trouvera du poisson qui viendra y mordre.

« Les funérailles d'un époux sont souvent une occasion d'en trouver un autre. Il convient alors de paraître échevelée et de donner un libre cours à vos pleurs.

« Pour garder la pureté de vos traits, évitez la colère, partage farouche des bêtes féroces; elle enfle le visage et fait noircir les veines où le sang s'accumule.

« Évitez aussi un air de fierté. Un regard doux et gracieux captive l'amour. Nous haïssons aussi la tristesse; c'est la gaieté qui nous charme dans une femme.

« Ne venez aux festins que tard, lorsque les flambeaux sont allumés, vous paraîtrez toujours belle aux yeux troublés par le vin et la nuit voilera vos imperfections.

« Prenez les mets du bout des doigts (les Romains d'alors, comme aujourd'hui encore les Indiens, mangeaient avec les doigts); n'allez pas porter à votre bouche une main mal assurée; ne vous gorgez pas de mets pour les vomir chez vous (usage des Romains), et mangez un peu moins que votre appétit. Il sied mieux qu'une jeune belle se permette quelques excès dans le boire. Toutefois ne vous laissez point à table aller à l'ivresse ou au sommeil, qui vous livreraient sans défense à toutes les entreprises des pires débauchés. »

TITRE II

LA VIE ÉLÉGANTE. — DIVERSES SORTES D'UNIONS SEXUELLES L'AMOUR PERMIS ET L'AMOUR DÉFENDU

CHAPITRE I

La vie élégante ou d'un homme fortuné.

SECTION 1. — INTÉRIEUR (*at home*).

L'habitation doit être bien située, au bord d'une eau pure, dans une ville ou une bourgade, ou un lieu de plaisir.

Les appartements intérieurs sont sur les derrières, ceux de réception sur le devant, tous sont meublés confortablement et ornés avec goût.

SOINS D'HYGIÈNE. — Chaque jour le bain et le frottement du corps avec de l'huile ; tous les trois jours, application de laque à tout le corps ; tous les quatre jours, raser la tête entière ; et tous les cinq ou dix jours, tout le corps.

EMPLOI DU TEMPS. — Trois repas par jour, le matin, à midi et la nuit ; le bain, la sieste ; des vêtements blancs et élégants ; des fleurs, une volière ; le matin, quelques jeux et divertissements avec des parasites, et après midi avec des amis.

Après le déjeuner, leçon pour parler donnée aux perroquets et autres oiseaux, puis combats de coqs, de cailles et de pigeons.

Dans la soirée, le chant ; ensuite le maître de maison, avec ses amis, attend, dans la salle de réception bien ornée et parfumée d'essences, l'arrivée de sa maîtresse ; celle-ci, quand elle se présente, est reçue avec les compliments d'usage ; elle tient avec tous une conversation aimable et tendre.

Lorsqu'elle doit passer toute la nuit chez son amant, elle y vient baignée, parfumée et parée ; son amant lui offre des rafraîchissements ; il la fait asseoir à sa gauche, lui prend les cheveux entre ses mains, touche aussi le bout et le nœud de son vêtement du bas et l'entoure doucement de son bras droit. Alors s'engage une conversation légère et variée ; on tient des propos lestes et joyeux ; on traite des sujets graveleux ou galants. Puis on chante avec ou sans gestes ; on fait de la musique, on boit en s'excitant à boire.

Enfin, quand la femme, échauffée par ces provocations à l'amour, trahit ses désirs, le maître congédie tous ceux qui sont près de lui en leur donnant des fleurs, des bouquets et des feuilles de béthel (*a*).

Les deux amants restent seuls. Après avoir goûté le plaisir à leur gré, ils se lèvent pudiquement et, sans se regarder, s'en vont, séparément, au cabinet de toilette qui est, dans l'Inde, la salle du bain.

Ils reviennent ensuite s'asseoir l'un près de l'autre et mâchent quelques feuilles de béthel. Puis l'homme, de sa propre main, frotte le corps de la femme avec un onguent de pur bois de sandal, ou une autre essence odorante ; ensuite il l'enlace dans son bras gauche, et tout en lui tenant de doux propos, il lui fait boire, dans une coupe qu'il tient de la main droite, une boisson excitante et

---

(*a*) Dans les usages de l'Inde, c'est le maître de maison, celui auquel on fait visite, qui donne le signal du départ au visiteur.

parfumée; ils mangent ensemble des gâteaux et des sucreries, prennent des consommés et de la soupe de gruau, boivent du lait de coco frais, des sorbets, du jus de mangues et de citron sucré; enfin, ils savourent ainsi, dans l'intimité, tout ce que le pays produit d'agréable, de doux et de pur.

Souvent aussi, les deux amants montent sur la terrasse de la maison pour jouir du clair de lune et causer agréablement. A ce moment, pendant que la femme est sur ses genoux la face tournée vers la lune, l'amant lui désigne de la main les diverses planètes, l'étoile du matin, l'étoile polaire, les constellations (a).

(a) Les magnifiques nuits de l'Inde donnent à ce passe temps un grand charme.

APPENDICE

A LA PREMIÈRE SECTION DU CHAPITRE I

Complétons par des emprunts aux poètes les indications trop sommaires de Vatsyayana.

N° 1. — Barthriari a décrit l'amour selon les saisons (trad. Regnaud).

(St. 39). — Bouquets odorants, couronnes dont l'aspect réjouit le cœur, zéphir qu'agite l'éventail, rayon de la lune, parfum des fleurs, lac frais, poudre de sandal, vin clair, terrasse bien blanche, vêtements très légers, femmes aux yeux de lotus, tels sont les agréments que les heureux ont ici en partage, l'été.
En hiver, les heureux reposent voluptueusement dans une chambre, couverts de vêtements rouges, enlaçant dans leurs bras leurs bien-aimées aux seins opulents, mâchant à pleine bouche des feuilles et des noix de béthel.
(St. 44). — Les éclairs serpentent dans le Ciel pareils à des lianes, le tonnerre éclate au sein des nuages amoncelés; on entend les cris confus des paons qui se livrent à leurs jeux; les averses tombent comme des torrents; la belle, aux yeux allongés, qui tremble d'effroi, se serre étroitement dans les bras du bien-aimé dont elle ne peut quitter la maison; puis s'élèvent des vents chargés de pluie glaciale qui renouvellent la vigueur des amants.

(St. 49 et 50.) — Ils embrassent les fossettes de leurs joues; ils font entrechoquer bruyamment leurs lèvres en jouant dans les boucles qui encadrent leur visage; ils mettent en désordre leur chevelure et leur font cligner les yeux; ils chiffonnent avec violence leurs vêtements, arrachent de leur poitrine leur corset et bouleversent leurs seins; ils font grelotter leurs cuisses et détachent le pagne qui ceint leurs larges hanches.

On connaît le distique de Catulle :

« Quam juvat immites ventos audire cubantem
Et dominam tenero detinuisse sinu »

Quel plaisir d'entendre, de sa couche, rugir la tempête, en pressant sa maîtresse sur son sein.

N° 2. — Visite de Corine à Ovide.

Il est intéressant de rapprocher la visite d'une maîtresse indienne à son amant de celle de Corine à Ovide (*Les Amours*, liv. 1er, élégie 5).

« Vers midi, lorsque j'étais sur mon lit pour me reposer dans un demi-jour mystérieux, Corine entra dans ma chambre, la tunique relevée, les cheveux tombant sur sa gorge nue, plus blanche que la neige, semblable à la charmante Laïs quand elle recevait ses amants.

« Je lui ôtai d'abord sa tunique dont le tissu transparent était à peine un obstacle. Elle faisait quelque résistance à paraître nue ; mais on voyait bien qu'elle ne voulait pas vaincre.

« Quand elle fut devant moi sans vêtement, je ne vis pas une tache sur tout son corps. O quelles épaules, ô quels bras j'eus le plaisir de voir et de toucher ! Que sa gorge était faite à souhait ! Quelle peau douce et unie ! Quelle taille superbe et quelles cuisses fermes !

« Mais pourquoi entrer dans ces détails? Je n'ai vu que des choses parfaites, et il n'y avait point de voile entre ce beau corps et le mien !

« Le reste est facile à deviner. Enfin, après une fatigue mutuelle, nous reposâmes tous deux. »

Ce petit morceau nous charme autant, mais d'une autre manière que les poètes Hindous.

Ce qu'Ovide laisse à deviner, Properce le dit dans l'Élégie v du livre II.

Une nuit de Cynthée donnée à Properce.

« O nuit fortunée ! Que de mots échangés à la clarté de la lampe ! Et la lumière éteinte, quels ébats !

« Tantôt elle lutte contre moi, le sein découvert; tantôt à mon ardeur elle opposait sa tunique. Puis, quand le soleil eut vaincu mes paupières, c'est elle qui me réveilla en les pressant de ses lèvres.

« Est-ce donc ainsi, me dit-elle, que tu dors nonchalamment?

« Comme nos bras s'enlaçaient en mille nœuds divers!

« Mais l'obscurité nuit aux jeux de l'amour.

« Les yeux sont les guides de nos transports.

« Endymion, par sa nudité, charme la chaste Diane qui vient, nue, reposer près d'un mortel.

« Cesse de voiler tes attraits sur ta couche ou bien je déchirerai ce lin odieux ; et même, si la colère m'emporte, ta mère en verra les traces sur tes bras.

« Livre-moi ces globes charmants qui se soutiennent d'eux-mêmes ; que mes yeux se rassasient tandis que les destins le permettent. Vivant ou mort, c'est à toi que j'appartiens pour toujours.

« Si tu m'accordes encore de semblables nuits, une année sera pour moi plus qu'une vie.

« Prodigue-les-moi, ces nuits, et je deviens immortel dans tes bras.

« Une seule nuit de toi peut, du dernier des hommes, faire un dieu. »

SECTION II. — L'EXTÉRIEUR.

§ I. — *Fêtes religieuses*.

A certains jours propices (fastes) une société d'amateurs s'assemble dans le temple de la déesse Sarasvati (déesse des beaux-arts).

Là, on essaie les chanteurs récemment arrivés dans la localité. Le lendemain on leur donne quelque gratification et l'on retient ceux qui ont plu

Les membres de cette société agissent ainsi dans les temps de détresse comme dans ceux qui sont prospères.

Ils exercent l'hospitalité envers les étrangers qui sont venus à la réunion.

Ils agissent de même lors des autres fêtes en l'honneur de quelque divinité.

§ 2. — *Promenades aux jardins et aux bains publics.*

Les hommes s'y rendent élégamment vêtus en compagnie de courtisanes et avec une suite nombreuse de serviteurs.

Trois sortes d'hommes, dans ces circonstances, prêtent leurs bons offices aux personnes riches et aux courtisanes, ce sont :

1° Le Pithamarda, qui ne possède rien que son talent à tout faire et à tout montrer (magister).

2° Le Vita est celui qui, ayant perdu sa fortune, est, à cause de cela, de son ancienne éducation et de ses anciennes relations d'amitié dans la localité, admis chez les riches et les courtisanes et vit de ce qu'il en peut tirer.

C'est le parasite officieux.

3° Le Vidashka est une sorte de bouffon, d'utilité, toujours un brahmane, que tout le monde accueille pour sa bonne humeur et ses spirituelles saillies (*a*).

Ces trois sortes de personnages sont ordinairement employées pour opérer les réconciliations entre les hommes riches et les courtisanes.

On emploie également les femmes mendiantes, celles qui ont la tête rasée (les veuves) et les anciennes courtisanes qui possèdent des talents appropriés.

SECTION III

§ 3. — *Réunions de sociétés.*

Des hommes de même âge, de mêmes goûts, de même éducation, se réunissent en société, soit chez des courtisanes en renom et en leur compagnie, soit dans la demeure de l'un d'eux, pour converser, composer des vers et se les communiquer.

(*a*) C'est le fou du moyen âge dont Walter Scott nous a donné le type dans le personnage de Wamba (roman d'*Ivanhoé*).

Dans ce dernier cas, les femmes distinguées par leur beauté, et qui ont des goûts et des talents semblables, peuvent être admises et recevoir des hommages.

Souvent les conversations étaient une joûte d'improvisations poétiques et de citations opposées de divers poètes.

Pour en donner une idée, nous avons arrangé le dialogue suivant avec des citations de poètes :

Un Brahmane savant. — Par qui a été fabriqué ce dédale d'incertitude, ce temple d'immodesties, ce réceptacle de fautes, ce champ semé de mille fourberies, cette barrière de la porte du Ciel, cette bouche de la cité infernale, cette corbeille remplie de tous les artifices, ce poison qui ressemble à l'ambroisie, cette corde qui attache les mortels au monde d'ici-bas, la femme en un mot?

Une Courtisane. — Le faux sage qui médit des femmes trompe lui-même et les autres ; car le fruit de la pénitence est le *Ciel* et le Ciel offre les Apsaras à ceux qui l'obtiennent.

Le Brahmane. — Les femmes ont du miel dans leurs paroles et du poison dans le cœur, aussi leur suce-t-on les lèvres, tandis qu'on leur frappe la poitrine avec le revers de la main (*a*).

La Courtisane. — Les fous qui fuient les femmes n'obtiennent que des fruits amers ; leur sottise et le dieu d'amour les châtient cruellement. Le jour où des hommes honorables parviendront à maîtriser leurs sens, les monts Vindhyas traverseront l'Océan à la nage.

Le Brahmane. — Il n'est ici-bas qu'un jardin rempli de fleurs pernicieuses, c'est la jeunesse ; elle est le foyer de la passion, la cause de peines plus cuisantes que n'en feraient endurer cent enfers, le germe de la folie, le rideau de nuages qui couvre la lumière de la science, la seule arme du Dieu de l'amour, la chaîne de fautes de toute nature.

(*a*) Pétrone a dit :

« Toute femme, en soi, cache un venin corrupteur,
Le miel est sur sa lèvre, et le fiel dans son cœur. »

La Courtisane. — Un vieux chien borgne, boîteux, galeux, n'ayant que la peau et les os et dont la gueule est déchirée par les tessons qu'il ronge, poursuit encore les chiennes; le Dieu de l'amour tourmente jusqu'aux mourants. Quand l'arbre Açoka est touché du pied d'une belle, ses fleurs s'épanouissent de suite (a).

Les femmes voluptueuses enflamment tous les cœurs de leurs grâces lascives; elles babillent avec l'un, envoient à un autre des œillades provocatrices, un troisième occupe leur cœur.

Le Brahmane. — Celui qui, maîtrisant ses sens, a confondu son intelligence dans l'âme-suprême, qu'a-t-il à faire des causeries des bien-aimées, du miel de leurs lèvres, de la lune de leur visage, des jeux d'amour accompagnés de soupirs dans lesquels on presse leurs seins arrondis?

La Courtisane. — Les Docteurs ayant sans cesse à la bouche les saints écrits, sont les seuls qui parlent, et seulement du bout des lèvres, de renoncer à l'amour.

Qui pourrait fuir les hanches des belles jeunes filles ornées de ceintures bruyantes, auxquelles pendent des perles rouges?

Ce que femme entreprend dans sa passion, Brahma lui-même n'a pas le courage d'y mettre obstacle (b).

Un homme mur. — L'homme n'est sûr de son honneur, de sa vertu, de sa sagesse, que quand son cœur et ses fermes résolutions ont résisté victorieusement à la corruption par les femmes.

Combien ont succombé par elles, que tout l'or du monde n'aurait pu acheter!

Un jeune homme. — Quel est le plus beau des spectacles?
Le visage respirant l'amour d'une fille.
Quel est le plus suave des parfums? Son haleine douce.
Quel est le plus agréable des sons? la voix de la bien-aimée.

(a) Jolie légende indienne.
(b) Nous disons dans le même sens : Ce que femme veut, Dieu le veut.

Quelle est la plus exquise des saveurs? La rosée qui humecte ses lèvres.

Quel est le plus doux des contacts?

Celui de son corps.

Quelle est l'image la plus agréable sur laquelle la pensée puisse s'arrêter? Ses charmes.

Tout dans la jeune fille aimée est plein d'attraits.

Un jeune poète. — La jeune vierge est semblable au tendre bouton de la rose non encore épanouie; dans toute sa pureté, elle croît en paix à l'ombre du bosquet tutélaire, à l'abri de tout outrage; mais lorsque son sein dévoilé s'est prêté aux baisers du rossignol séducteur, bientôt séparée de sa tige maternelle et indignement associée à l'herbe que foule un pied vulgaire, on l'expose aux passants sur la place publique, et flétrie alors par mille baisers impurs on chercherait en vain sa fraîcheur virginale (voir l'Appendice).

Autre jeune homme. — Léger sourire sur les lèvres, regards à la fois hardis et timides, babil enjoué, fuite, retour précipité, amusements folâtres et continuels, tout n'est-il pas ravissant chez les jeunes femmes aux yeux de gazelle?

Quand elles sont absentes, nous aspirons à les voir.

Quand nous les voyons nous n'avons qu'un désir, jouir de leur étreinte.

Quand nous sommes dans leurs bras, nous ne pouvons plus nous en arracher.

Le jeune poète. — A quel mortel est destinée cette beauté ravissante semblable dans sa fraîcheur à une fleur dont on n'a pas encore respiré le parfum, touché le fin duvet; à un tendre bourgeon qu'un ongle profane n'a point osé séparer de sa tige, à une perle encore pure au sein de la nacre protectrice où elle a pris naissance?

APPENDICE

A LA IIIᵉ SECTION DU CHAPITRE I.

Le poète Catulle a exprimé la même pensée que le jeune poète indien dans les beaux vers que nous traduisons :

« La fleur que la haie d'un jardin protège contre les troupeaux et le tranchant du soc, croît mystérieusement caressée par le zéphyr, colorée par le soleil, nourrie par la pluie, recherchée des jeunes beautés et des amants ; mais sitôt qu'un ongle léger l'a cueillie, elle n'inspire plus que le dédain. De même une vierge reste chère à tous tant qu'elle reste pure ; mais si elle perd sa fleur d'innocence, les jeunes gens lui retirent leur amour et les jeunes filles leur amitié. »

L'Arioste a presque traduit Catulle dans la plainte de Sacripant contre Angélique (*Rolland furieux*).

« La Verginella è simile alla rosa ;
Che in bel jardin sulla nativa spina
Mentre sola et sicura si reposa,
Ne grege ne pastor de le avvicina ;
L'aura suave e l'alba rugiadosa
L'Aqua, la terra al suo amor s'inchina,
Giovani vaghi e donne innamorate
Amano averne i seni e le tempie ornate.
Ma non si tosto dal materno stelo
Rimossa viene dal suo ceppo verde,
Che quanto avea dagli uomini e dal cielo
Favor grazia e bellezza, tutto perde.
La vergine che il fior di che piu zelo
Che degli occhi et della vita aver dei
Lascia altrui corre, il pregio che aveva innanzi
Perde nel cor di tutti gli altri amanti. »

La vierge est comme la rose sur sa tige naissante dans un beau jardin ; tant qu'elle reste dans la solitude et la paix, elle n'a rien à craindre du troupeau ni du berger.

Le doux zéphir, l'aube humide de rosée, la terre et l'onde lui prodiguent leurs caresses et leurs trésors ; les jeunes gens qui soupirent et les belles enamourées se plaisent à orner de ses boutons leurs cheveux et leurs seins.

A peine séparée de la branche maternelle, de ses vertes épines, elle perd et la faveur des hommes et les dons du ciel, la grâce et la beauté.

Ainsi quand une jeune fille a laissé cueillir la fleur qu'elle devait défendre plus que ses yeux et que sa vie, elle est avilie aux yeux de tous les autres amants.

Nos naïvetés gauloises sont plus brèves et presque aussi expressives :

> La pucelle est comme la rose
> Dans sa primeur à peine éclose ;
> Chacun s'empresse à les cueillir.
> Vienne la rose à se flétrir,
> Vienne la fille à se donner,
> Plus un ne veut les ramasser.

CHAPITRE II

Différentes sortes d'unions sexuelles.

Il y a sept sortes d'unions :

L'Union spontanée. — Deux personnes s'aiment et s'unissent par sympathie et par goût mutuel. Cette union a lieu entre deux amants de même naissance.

Les jeux d'amour avec une femme de bonne naissance, dit Barthriari, sont remplis de charme. D'abord, l'amante dit : non, non ! et semble dédaigner les caresses ; puis les désirs naissent, sans que la pudeur disparaisse ; ensuite, la résistance se relâche et la fermeté est abandonnée ; enfin, elle ressent vivement le secret plaisir des ardeurs amoureuses ; laissant alors de côté toute retenue, elle goûte un bonheur inexprimable qui lui fait crisper les membres.

L'Union de l'amour ardent. — L'homme et la femme s'aiment depuis quelque temps, et ont eu beaucoup de peine à se réunir ; ou bien, l'un d'eux revient de voyage, ou bien, deux amants se réconcilient après s'être querellés.

Dans ces cas, les deux amants brûlent de s'unir et se donnent mutuellement une complète satisfaction.

L'Union pour l'amour a venir — Entre deux personnes dont l'amour n'est encore qu'en germe.

L'Union de l'amour artificiel. — L'homme n'opère la connexion qu'en s'excitant par les moyens accessoires qu'indique le Kama Soutra, les baisers, les embrassements, ou bien l'homme et la femme s'unissent sans amour, le cœur de chacun d'eux étant ailleurs. Dans ce cas, il faut qu'ils emploient tous les moyens d'excitation enseignés par le Kama Shastra (Appendice, n° 1).

L'Union de l'amour transmis — L'un des deux acteurs, pendant toute la durée de la connexion, s'imagine qu'il est dans les bras d'une autre personne qu'il aime réellement (Appendice, n° 2).

L'Union dite des eunuques. — La femme est une porteuse d'eau (a) ou une domestique de caste inférieure à celle de l'homme; la conjonction dure seulement le temps nécessaire pour éteindre le désir de l'homme. Dans ce cas, il n'y a point d'actes accessoires ou préliminaires.

L'Union trompeuse. — Entre une courtisane et un paysan, ou entre un homme de bonne éducation et une paysanne; elle se borne à un acte brutal, à moins que la femme ne soit très belle.

(a) La porteuse d'eau est ordinairement attachée à une maison et y fait le service de propreté.

APPENDICE AU CHAPITRE II

N° 1. — L'Union artificielle est blâmée par les poètes.
Bhartrihari (stance 29 *l'Amour*) dit: En ce monde, l'amour a pour effet d'unir deux cœurs en une même pensée.
Quand les sentiments des amants ne sont pas confondus, c'est comme l'union de deux cadavres.

Le mariage sans l'amour est un corps sans âme, dit Tirouvallouvao (le divin Pariah).

N° 2. — Le Père Gury, *Théologie morale* (908). L'usage du mariage est gravement illicite s'il a lieu dans un esprit d'adultère, de telle sorte qu'en approchant de son épouse, on se figure que c'est une autre femme.

Cet avis est évidemment celui de tous les théologiens.

G. Sand, dans *Mademoiselle de la Quintinie*, décrit une union de ce genre.

CHAPITRE III

Des cas ou le Kama est permis ou défendu

Le Kama, quand il est pratiqué dans le mariage contracté selon les règles tracées par Manou, entre personnes de même caste, donne une progéniture légitime et la considération générale.

Il est défendu avec des femmes de caste supérieure ou bien de même caste, mais ayant déjà appartenu à d'autres.

Le Kama n'est ni ordonné ni défendu avec des femmes de castes inférieures ou déchues de leur caste, avec les courtisanes et avec les femmes divorcées.

Avec toutes ces femmes, la pratique du Kama n'a pas d'autre but que le plaisir.

On appelle Nayikas les femmes auxquelles on peut s'unir sans péché; telles sont les filles qui ne dépendent de personne, les courtisanes et les femmes qui ont été mariées deux fois (N° 1 Appendice).

Vatsyayana rattache à ces trois catégories les veuves, les filles des courtisanes, les servantes qui sont encore vierges, et même toute femme de caste qui a dépassé l'âge de puberté, sans se marier.

Ganikapati pense qu'il existe des circonstances ou des considérations particulières qui autorisent la connexion avec les femmes des autres. Par exemple, on peut se faire, selon les cas, les raisonnements suivants;

— Cette femme veut se donner à moi, et déjà s'est livrée à beaucoup d'autres auparavant; quoi qu'elle soit d'une caste supérieure, elle est dans la circulation comme une courtisane; je puis donc m'unir à elle sans pécher.

— Cette femme exerce un grand empire sur son mari qui est un homme puissant et ami de mon ennemi. En devenant son amant, j'enlèverai à mon ennemi l'appui de son mari.

— J'ai un ennemi qui peut me nuire beaucoup; si sa femme devient ma maîtresse, elle changera ses dispositions malveillantes à mon égard.

— Avec l'aide de telle femme, si je suis son amant, j'assurerai le triomphe de mon ami ou la ruine de mon ennemi, ou la réussite de quelqu'autre entreprise fort difficile.

— En m'unissant à telle femme, je pourrai tuer son mari et m'approprier ses biens.

— Je suis sans ressources et sans moyens d'en acquérir, l'union avec telle femme me procurera la richesse sans me faire courir aucun danger.

— Telle femme m'aime ardemment et connaît tous mes secrets, toutes mes faiblesses et, à cause de cela, peut me nuire infiniment, si je ne suis point son amant.

— Un mari a séduit ma femme, je dois le payer de retour (peine du talion).

— Devenu l'amant de telle femme, je tuerai un ennemi du roi, proscrit par celui-ci et auquel elle a donné asile.

— J'aime une femme placée sous la surveillance d'une autre; par celle-ci j'arriverai à posséder celle que j'aime.

— C'est par cette femme seulement que je puis épouser une jeune fille riche et belle que je recherche; si je deviens son amant, elle me fera atteindre mon but.

Pour ces motifs et d'autres semblables, il est permis d'avoir des rapports avec des femmes mariées; mais il est bien entendu que c'est seulement dans un but particulier, et jamais en vue du seul plaisir, autrement il y aurait faute et péché (*a*).

(*a*) Il est à peine besoin de faire remarquer que cette morale n'est admise que par les brahmanes; on n'en trouve trace nulle part ailleurs que dans leurs écrits, quelle qu'ait pu être la subtilité des casuistes.

L'école de Babhravya professe qu'il est permis de jouir de toute femme qui a eu cinq amants ; mais Ganakipoutra pense que, même dans ce cas, il doit y avoir des exceptions pour les femmes d'un parent, d'un brahmane savant et du roi. Vatsyayana dit que peu de femmes résistent à un homme bien secondé (N° 2, Appendice).

Il est défendu de s'unir aux femmes énumérées ci-après :

Lépreuses, lunatiques, rejetées de la caste, ne sachant pas garder les secrets, exprimant publiquement leur désir charnel, (N° 3, Appendice), atteintes d'albinisme (elles sont impures), et celles dont la peau, d'un noir intense, a mauvaise odeur.

Femmes amies (a), Femmes de la parenté (N° 4, Appendice) ; femmes ascètes avec lesquelles l'union sexuelle est interdite.

Sont réputées femmes amies avec lesquelles l'union sexuelle est interdite :

Celles avec lesquelles nous avons joué dans la poussière (amies d'enfance), auxquelles nous sommes liés d'obligation pour services rendus.

Celles qui ont nos goûts et notre humeur.

Celles qui ont été nos compagnes d'études.

Celles qui connaissent nos secrets et nos défauts comme nous connaissons les leurs.

Nos sœurs de lait et les jeunes filles élevées avec nous ; les amies héréditaires, c'est-à-dire appartenant à des familles unies par une amitié héréditaire.

Ces amies doivent posséder les qualités suivantes : la sincérité, la constance, le dévouement, la fermeté, l'exemption de convoitise, l'incorruptibilité, une fidélité à toute épreuve pour garder nos secrets.

(a) Ce respect pour les amies dont la liste est assez longue ainsi que celle de leurs qualités, honore les Hindous. Nous ne retrouvons pas ce scrupule louable au même dégré en Europe où beaucoup de gens ont peine à croire à une amitié platonique entre personnes de sexes différents.

APPENDICE AU CHAPITRE III

N° 1. — Sans doute les femmes mariées qui ont un amant, celles qui sont séparées de leur mari et les veuves. Celles-ci, en grand nombre dans l'Inde, et dans la force de l'âge, sont obligées d'avoir recours à l'avortement pour cacher les conséquences de leur inconduite qui, si elle était connue, serait punie par l'exclusion de la caste.

Toutes connaissent les drogues qui font avorter.

Quand la potion n'a pas produit l'effet voulu, quelques-unes ont recours à des moyens mécaniques qui, souvent, mettent leurs jours en danger.

Ce fait nous a été révélé par des médecins européens qui, dans des cas pareils, avaient été appelés par des femmes indigènes.

Lorsqu'aucun des moyens n'a réussi, les veuves enceintes prétextent un voyage ou un pélerinage et s'en vont au loin faire leurs couches.

L'avortement était une pratique usuelle chez les femmes galantes de Rome, au temps d'Ovide. Ce poète consacre la 14° Elégie du Livre II *des Amours* à reprocher ce crime à sa maîtresse, Corine.

« Quoi, dit-il, de peur que les rides de ton ventre ne t'accusent, il faudra porter le ravage sur le triste champ où tu livras le combat! Femmes, pourquoi portez-vous dans vos entrailles des engins homicides? Les tigresses ne sont pas si cruelles dans les antres de l'Hircanie, et jamais la lionne n'osa se faire avorter; et ce sont de faibles et tendres beautés qui commettent ce crime, non pas toutefois impunément. Souvent celle qui étouffe son enfant dans son sein périt elle-même; et, quand on emporte son cadavre encore tout échevelé, les spectateurs s'écrient: Ellle a bien mérité son sort. »

N° 2. — *Art d'aimer*, Livre I. Ne doutez point que vous ne puissiez triompher de toutes les jeunes beautés; à peine sur mille en trouverez vous une qui vous résistera. Celle qui se rend aisément, comme celle qui se défend, aiment également à être priées.

Si vous échouez, qu'avez-vous à craindre? Mais pourquoi échoueriez-vous?

On se laisse prendre aux attraits d'un plaisir nouveau, et le bien d'autrui nous paraît toujours préférable au nôtre.

Vous verrez plutôt les oiseaux se taire au printemps, et les cigales en été, qu'une femme résister aux tendres sollicitations d'un jeune homme caressant. Celle même qui paraît insensible brûle de secrets désirs.

Si les hommes s'entendaient pour ne pas faire les premières avances, les femmes se jetteraient dans leurs bras toutes pâmées.

Entendez dans les molles prairies la génisse qui mugit d'amour pour le taureau, et la jument qui hennit à l'aspect de l'étalon vigoureux.

N° 3. — Dans l'Inde, la décence extérieure est toujours observée entre les deux sexes, au point qu'il ne vient à la pensée de personne d'y manquer.

Quand on chemine en troupe, les hommes marchent en avant des femmes, et les attendent aux passages des gués, pour leur tendre la main par derrière. Les femmes se troussent alors jusqu'aux dessus des hanches, et jamais un homme ne se retourne pour regarder (abbé Dubois).

Toute provocation en public d'un sexe à l'autre, et même toute galanterie, sont absolument inconnues.

Une femme se croirait insultée par un homme qui lui témoignerait, au dehors, des attentions particulières.

On verra plus loin que, quand un homme veut courtiser une femme, il procède toujours par des voies indirectes, par des insinuations détournées, des propos à double sens qui semblent s'adresser à une autre personne.

Mais, dans le particulier, les femmes indiennes, habituées à se considérer comme uniquement faites pour le plaisir de l'homme, ne savent rien refuser aux sollicitations dont elles sont l'objet, lors même qu'elles manquent de tempérament et d'imagination, ce qui est le cas le plus ordinaire dans les pays Dravidiens (Sud de l'Inde).

N° 4. — Empêchement à l'union, doctrine de l'Eglise.

Le Père Gury (Traduction P. Bert.)

Les casuistes hindous, on le voit, vont beaucoup plus loin que les chrétiens dans les incompatibilités pour l'acte sexuel ; ils l'interdisent entre personnes dont les familles sont liées par une amitié héréditaire et à fortiori entre tous les parents à tous les degrés.

Dans sa théologie morale, le P. Gury défend l'inceste, l'union sexuelle avec des parents ou des alliés à des degrés prohibés par l'Eglise ; au sujet de l'empêchement du mariage par l'alliance, il s'exprime ainsi :

810. — L'alliance est un lien qui s'établit avec les parents de la personne avec laquelle on a un commerce charnel ; ou encore, un lien provenant d'un commerce charnel entre l'un et les parents de l'autre. Il y a donc alliance entre le mari et les cousins de la femme, et réciproquement.

L'alliance vient soit d'un commerce licite ou conjugal, soit d'un commerce illicite, fornication, adultère, inceste.

811. — L'alliance venant d'un commerce licite empêche le mariage jusqu'au 4° degré inclusivement ; venant d'un commerce illicite, seulement jusqu'au 2° degré.

(On sait que l'autorité ecclésiastique accorde beaucoup de dispenses à cet empêchement).

Une alliance n'est contractée que par un acte sexuel accompli et consommé, de telle sorte que la génération puisse en résulter.

812. — Celui qui a péché avec les deux sœurs ou les deux cousines germaines, ou la mère ou la fille, ne peut épouser aucune des deux.

L'homme qui a péché avec la sœur, la cousine ou la tante de son épouse, est tenu de rendre, mais ne peut demander le devoir conjugal : parce que, comme il s'agit d'une loi purement prohibitive, l'innocent ne peut souffrir de la faute du coupable.

On n'est pas privé du droit de demander le devoir conjugal, pour avoir péché avec ses propres cousines, parce qu'on ne contracte par là aucune alliance avec son épouse.

(Mais c'est seulement quand ce péché a été commis avant le mariage, car l'adultère prive le coupable de son droit).

L'amitié, surtout héréditaire, la parenté et le rejet de la caste sont pour le brahmane les seuls empêchements rigoureux à l'acte sexuel ; nous venons de voir qu'ils autorisent toujours la fornication et qu'ils excusent presque toujours l'adultère. Le Décalogue les interdit absolument et, à cet égard, le P. Gury n'est que l'interprète de la morale chrétienne dans les textes suivants :

411. — La luxure est un appétit déréglé dans l'amour et consiste dans un plaisir charnel (delectatio venerea) goûté volontairement en dehors du mariage. Or ce plaisir vient de l'excitation des esprits destinés à la génération et ne doit pas être confondu avec un plaisir purement sensuel qui provient de l'action d'un objet sensible sur quelque sens, par exemple d'un objet visible sur la vue. Autre est donc l'objet de la luxure, autre l'objet de la sensualité. Un plaisir sensuel, ou n'est pas coupable, ou n'excède pas la plupart du temps, en principe, un péché véniel.

412. — La luxure dans tous ses genres, dans toutes ses espèces, est, en principe, un péché grave. La luxure directement volontaire n'admet jamais matière légère.

IXe Commandement de Dieu : Luxurieux tu ne seras de fait ni de consentement.

C'est, avec un peu plus de rigueur, la morale de Zoroastre et des Iraniens.

Le Bouddha ne l'a adopté que pour ses religieux.

Il a permis aux laïques tout ce qui n'est pas compris dans la prohibition : Le bien d'autrui ne prendras, » en considérant comme *bien d'autrui* toute femme qui depend d'un mari, ou de ses parents et tuteurs ou d'un maître.

TITRE III

DES CARESSES ET MIGNARDISES QUI PRÉCÈDENT OU ACCOMPAGNENT L'ACTE SEXUEL

CHAPITRE I

Des baisers.

On conseille de ne point, dans les premiers rendez-vous, multiplier les baisers, les étreintes et autres accessoires de l'union sexuelle ; mais on pourra en être prodigue dans les rencontres qui suivront (Ap. N° 1).

On baise le front, les yeux, les joues, la gorge, la poitrine, les seins, les lèvres et l'intérieur de la bouche (Ap. N° 2).

Les habitants de l'Est baisent aussi la femme aux jointures des cuisses, sur les bras et le nombril.

Avec une jeune fille, il y a trois sortes de baisers :

Le nominal, le mouvant et le touchant.

Le nominal est le simple baiser sur la bouche, par l'apposition des lèvres des deux amants.

Dans le baiser mouvant, la jeune fille presse entre ses lèvres la lèvre inférieure de son amant ; elle l'introduit dans sa bouche en lui imprimant un mouvement de succion.

Dans le baiser touchant, elle touche avec sa langue la lèvre de son amant, en fermant les yeux, et place ses deux mains dans les siennes.

Les auteurs distinguent encore quatre sortes de baisers :

Le droit, le penché, le tourné, le pressé.

Dans le baiser droit, les deux lèvres s'appliquent directement, celles de l'amant sur celles de l'amante.

Dans le baiser penché, les deux amants, la tête penchée, tendent leurs lèvres l'un vers l'autre.

Dans le baiser tourné, l'un des amants tourne vers lui, avec la main, la tête de l'autre, et, de l'autre main, lui prend le menton.

Le baiser est dit pressé lorsque l'un des deux amants presse fortement avec ses lèvres la lèvre inférieure de l'autre. Il est très pressé, lorsqu'après avoir pris la lèvre entre deux doigts on la touche avec la langue et la presse fortement avec une lèvre.

Entre amants, on parie à qui saisira le premier, avec ses lèvres, la lèvre inférieure de l'autre. Si la femme perd, elle doit crier, repousser son amant en battant des mains, le quereller et exiger un autre pari. Si elle perd une seconde fois, elle doit montrer encore plus de dépit, et saisir le moment où son amant n'est pas sur ses gardes, ou bien dort, pour prendre entre les dents sa lèvre inférieure, et la serrer assez fort pour qu'il ne puisse la dégager; cela fait, elle se met à rire, fait beaucoup de bruit et se moque de son amant ; elle danse et s'agite devant lui, et lui dit, en plaisantant, tout ce qui lui passe par l'esprit ; elle fronce ses sourcils en lui roulant de gros yeux.

Tels sont les jeux et les paris de deux amants à l'occasion des baisers.

Les amants très passionnés en usent de même pour les autres mignardises que nous verrons plus loin.

Quand l'homme baise la lèvre supérieure de la femme pendant que celle-ci, en retour, lui baise la lèvre inférieure, c'est là le baiser de la lèvre supérieure.

Quand l'un des amants prend avec ses lèvres les lèvres de l'autre, c'est là le baiser agrafe.

Quand, dans ce baiser, il touche avec la langue les dents et le palais de l'autre, c'est là le combat de la langue.

Le baiser doit être modéré, serré, pressé ou doux, selon la partie du corps à laquelle il est appliqué.

On peut encore ranger parmi les baisers la succion du bouton ou du mamelon des seins qui, dans les chants des Bayadères du Sud de l'Inde, est mentionnée comme un des préliminaires naturels de la connexion (a).

Quand une femme baise au visage son amant endormi, cet appel est le *baiser qui allume l'amour.*

Quand une femme baise son amant qui est distrait ou affairé, ou bien le querelle, c'est le *baiser qui détourne.*

Quand l'amant attardé trouve l'amante couchée, et la baise dans son sommeil pour lui manifester son désir, c'est le *baiser d'éveil.* En pareil cas, la femme peut faire semblant de dormir à l'arrivée de son amant pour provoquer ce baiser.

Quand on baise l'image d'une personne réfléchie dans un miroir ou dans l'eau, ou bien son ombre portée sur un mur, c'est le *baiser de déclaration.*

Quand on baise un enfant que l'on tient sur ses genoux, ou une image, ou une statue, en présence de la personne aimée, c'est le *baiser que l'on transmet.*

Quand la nuit, au théâtre ou dans une assemblée d'hommes de caste, un homme s'approche d'une femme et lui baise un doigt de la main, si elle se tient debout, ou un doigt de pied, si elle est assise ; ou bien quand une femme, en massant le corps de son amant, pose la figure sur sa cuisse, comme si elle voulait s'en faire un coussin pour dormir de manière à allumer son désir et lui baise la cuisse ou le gros doigt du pied, c'est le *baiser de provocation.*

Au sujet de ces baisers on cite les vers suivants :

« Quelque chose que l'un des amants fasse à l'autre, celui-ci doit lui rendre la pareille : baiser pour baiser, caresse pour caresse, coup pour coup. »

(a) D'après le docteur Jules Guyot (*Bréviaire de l'amour expérimental*), cette succion doit être forte pour produire l'effet voulu (v. App.)

APPENDICE AU CHAPITRE I

N° 1. — Bhartrihari (*l'Amour*, stance 26). « Heureux ceux qui baisent le miel des lèvres des jeunes filles couchées dans leurs bras, la chevelure dénouée, les yeux langoureux et à demi-clos, et les joues mouillées de la sueur qu'a provoquée la fatigue des plaisirs d'amour. »

N° 2. — Les caresses et mignardises précédemment décrites sont considérées par les Hindous, par les poètes latins et par beaucoup d'auteurs modernes, comme les excitants les plus efficaces à l'amour charnel.

Le docteur Gauthier pense, au contraire, que l'homme doit agir sur le cœur et sur l'imagination bien plutôt que sur les sens pour préparer la femme à l'union ou augmenter son amour. Il a sans doute raison quand il s'agit de la généralité des femmes honnêtes; en tout cas, il est bon de ne recourir aux moyens physiques qu'après avoir épuisé tous ceux qui ménagent la pudeur et la délicatesse.

N° 3. — De tous les théologiens catholiques, les Jésuites sont, on le sait, les plus indulgents; il suffit donc de citer le P. Gury pour comparer, sur les sujets semblables, les casuistes brahmaniques et catholiques.

Théologie morale, 413. — « Les baisers et les attouchements sur les parties honnêtes ou peu honnêtes constituent des péchés mortels, si on y cherche le plaisir charnel; véniels, s'il n'y a que de la légèreté, de la plaisanterie, de la curiosité, etc.

« Ils ne sont pas coupables, si c'est la coutume ou si l'on agit par politesse ou par bienveillance.

415. n° 4. — « Mais doivent être considérés comme péchés mortels les baisers et attouchements sur les autres parties du corps que la décence et la pudeur prescrivent de voiler; tels, par exemple, que les baisers sur les seins, surtout entre personnes de sexes différents et aussi les baisers prolongés sur la bouche, notamment si on y introduit la langue. »

416. — « Les attouchements sur les parties honteuses ou qui y confinent, même lorsqu'ils ont lieu pardessus le vêtement, constituent, en général, un péché grave, à moins qu'on ne le fasse par pétulance, par plaisanterie, par légèreté ou en passant.

« A plus forte raison, en dehors du cas de force majeure, il y a péché mortel toutes les fois qu'on touche pour le plaisir les parties honteuses de sexes différents. »

418. — « Regarder les parties honteuses ou les parties avoisinantes d'une personne d'un autre sexe constitue un péché mortel, à moins que ce ne soit de loin ou pendant fort peu de temps. »

918 P. Gury. *Théologie morale*. — « Tout ce qui est nécessaire pour accomplir l'acte conjugal ou pour le rendre plus facile, plus prompt ou plus parfait, est abso-

lument permis aux époux, parce que si l'on permet la chose principale on perme aussi la chose accessoire ou le moyen qui y conduit.

« Tout ce qui est pour la génération est permis, tout ce qui est contre est péché mortel. Tout ce qui est en dehors est péché véniel, ou bien est permis. »

919. — « Il n'y a pas faute dans les baisers honnêtes, dans les attouchements sur les parties honnêtes ou moins honnêtes destinées à montrer l'affection conjugale ou à entretenir l'amour; parce que toute marque honnête d'amour, même tendre, est permise à ceux qui, d'après le lien du mariage, ne doivent faire qu'un seul cœur, une seule chair.

« Il n'y a pas faute *en principe* dans les attouchements et les regards peu honnêtes s'ils visent *immédiatement* à l'acte sexuel.

« Il en est de même s'ils sont *simplement* déshonnêtes, mais nécessaires ou utiles pour exciter la nature; car alors ils sont comme une préparation à l'acte, comme des préliminaires.

« Il y a péché véniel dans les attouchements, les regards et les propos honteux qui ne visent pas *immédiatement* l'acte conjugal et n'ont pas pour but d'entretenir l'amour légitime d'une manière modérée et raisonnable. »

CHAPITRE II

Des embrassements ou étreintes.

Les embrassements pour se témoigner un amour réciproque, sont de quatre sortes : par le toucher, par la pénétration, par le frottement ou la friction, par la pression.

Le premier a lieu lorsqu'un homme, sous un prétexte quelconque, se place à côté ou en face d'une femme, de telle sorte que les deux corps se touchent.

L'embrassement par pénétration se produit lorsque, dans un lieu solitaire, une femme se penche pour prendre quelque objet, et pénètre, pour ainsi dire, de ses seins l'homme qui, à son tour, la saisit et la presse (a).

Ces deux premières sortes d'embrassement se font entre personnes qui ne peuvent se voir et se parler librement.

Le troisième embrassement a lieu quand deux personnes qui se promènent lentement, dans l'obscurité, ou dans un lieu solitaire, frottent leurs corps l'un contre l'autre.

Lorsque, dans les mêmes circonstances, l'un des amants presse fortement le corps de l'autre contre un mur ou un pilier, c'est de l'embrassement par pression.

(a) Ce passage fait supposer qu'à l'époque où écrivait Vatsyayana les femmes allaient le sein nu, comme cela a lieu encore aujourd'hui dans quelques basses castes et pour les Pariahs. Dans certaines peintures ou sculptures très anciennes, on voit les femmes, même celle du roi, avec la gorge découverte.

Ces deux derniers contacts se font d'un accord commun.

Dans un rendez-vous, on se livre aux embrassements partiels, visage contre visage, sein contre sein, Jadgana contre Jadgana (partie du corps comprise entre le nombril et les cuisses), cuisses contre cuisses, et aux étreintes de tout le corps, avec toutes sortes de mignardises, la femme laissant flotter ses cheveux épars.

Ces étreintes portent les noms suivants : 1° celle du lierre ; 2° celle du grimpeur à l'arbre ; 3° le mélange du sésame avec le riz ; 4° celui du lait et de l'eau.

Dans les deux premières, l'homme se tient debout ; les deux dernières font partie de la connection.

1° La femme enserre l'homme comme le lierre l'arbre ; elle penche la tête sur la sienne pour le baiser en poussant de petits cris : sut, sut ; elle l'enlace et le regarde amoureusement.

2° La femme met un pied sur le pied de l'homme et l'autre sur sa cuisse, elle passe un de ses bras autour de son dos et l'autre sur ses épaules, elle chante et roucoule doucement, et semble vouloir grimper pour cueillir un baiser.

3° Contact : l'homme et la femme sont couchés et s'étreignent si étroitement que les cuisses et les bras s'entrelacent comme deux lianes et se frottent pour ainsi dire.

4° L'homme et la femme oublient tout dans leur transport ; ils ne craignent et ne sentent ni douleur, ni blessures ; se pénétrant mutuellement, ils ne forment plus qu'un seul corps, une seule chair, soit que l'homme tienne la femme assise sur ses genoux, ou de côté, ou en face, ou bien sur un lit.

Un poëte a formulé cet aphorisme sur le sujet :

« Il est bon de s'instruire et de converser sur les embrassements, car c'est un moyen de faire naître le désir ; mais, dans la connexion, il faut se livrer même à ceux que le Kama Shastra ne mentionne pas, s'ils accroissent l'amour et la passion. »

On observe les règles du Shastra tant que la passion est modérée ; mais quand une fois la roue de l'amour tourne, il n'y a plus ni Shastra ni ordre à suivre.

CHAPITRE III

Des pressions et frictions (App 1), égratignures, marques faites avec les ongles.

Généralement, les marques avec les ongles s'impriment sur les aisselles, la gorge, les seins, les lèvres, le Djadgana ou milieu du corps, et les cuisses.

Ce sont, aussi bien que les morsures, des témoignages d'amour singuliers, souvent affectés, entre amants très passionnés ; ils se les donnent au premier rendez-vous, au départ pour un voyage, au retour, lors d'une réconciliation, enfin quand la femme est dans une ivresse quelconque.

On fait avec les ongles huit marques, par égratignures ou pressions : la sonore, la demi-lune, le cercle, le trait de l'ongle ou la griffe du tigre, la patte de paon, le saut du lièvre, la feuille de lotus bleu.

La sonore se fait en pressant le menton, les seins, la lèvre inférieure ou le Djadgana, assez doucement pour ne faire aucune marque ou égratignure, et seulement pour que les poils se hérissent au contact des ongles dont on entend le grattement.

Un amant en use ainsi avec une jeune fille, lorsqu'il la masse ou lui égratigne légèrement la tête et s'amuse à la troubler en l'effrayant.

La demi-lune : la courbe d'un seul ongle que l'on imprime sur le cou ou les seins.

Le cercle : l'ensemble de deux demi-lunes opposées. Cette marque se fait ordinairement sur le nombril, dans les petits creux qui se forment autour des fesses dans la station droite, aux aînes.

Le trait : un petit trait d'ongle que l'on imprime sur une partie quelconque du corps.

La griffe de tigre : ligne courbe tracée sur le sein.

La patte de paon : courbe semblablement tracée sur le sein avec les cinq ongles ; celui qui la réussit est considéré comme un artiste.

Le saut du lièvre : la marque des cinq ongles est faite près d'un bouton du sein.

La feuille de lotus bleu : marques faites sur les seins ou les hanches en forme de feuilles de lotus.

Il existe encore d'autres marques et même en nombre illimité ; car, dit un auteur ancien : « l'art d'imprimer les marques d'amour est familier à tous. » (App. n° 2).

Vatsyayana ajoute : « De même que la variété est nécessaire dans l'amour, la variété, à son tour, engendre l'amour.

C'est pourquoi les courtisanes, qui n'ignorent rien de ce qui concerne l'amour, sont si désirables.

On ne fait point de marques avec les ongles sur les femmes mariées ; mais on peut faire des marques particulières sur les parties cachées de leur corps, comme souvenir et pour accroître l'amour.

Les marques des ongles même anciennes et presque effacées rappellent à une femme et réveillent son amour qui, sans cela, pourrait se perdre tout à fait.

Une jeune femme sur les seins de laquelle apparaissent ces empreintes impressionne même un étranger qui les aperçoit à distance.

Un homme qui porte des marques d'ongles et de dents réussit auprès des femmes, même celles qui sont rebelles à l'amour.

APPENDICE AU CHAPITRE III

N° 1. Ovide, *Art d'aimer*, liv. II. — « Au lit, les amants ne garderont pas leurs mains immobiles ; leurs doigts sauront s'exercer dans le mystérieux asile où l'amour aime à pénétrer en secret.

« Quand vous aurez trouvé ces endroits qu'une femme aime à sentir toucher, qu'une sotte pudeur ne vous empêche pas d'y porter la main.

« Vous verrez briller dans ses yeux une mobile clarté, comme les rayons du soleil se réfléchissent dans l'onde limpide.

« Elle fera entendre des plaintes, d'agréables paroles, des soupirs d'amour, de tendres gémissements. »

N° 2. — « Les égratignures avec les ongles sont choses malsaines, surtout dans les pays très chauds, comme l'Inde, où les plaies se guérissent difficilement. On sait que l'acide unguique contenu dans la corne de l'ongle est un poison des plus violents. Il suffit de raper l'ongle à forte dose, dans une boisson, pour qu'elle devienne mortelle. Selon quelques auteurs, ce fut ainsi que Thémistocle exilé se donna la mort.

CHAPITRE IV

Des morsures.

On peut mordre toutes les parties du corps que l'on baise, excepté la lèvre inférieure, l'intérieur de la bouche et les yeux.

Les qualités des dents sont : l'éclat, l'égalité entre elles, les proportions convenables, l'acuité aux extrémités.

Leurs défauts sont d'être rudes, molles, grandes et branlantes.

On distingue plusieurs sortes de morsures : celles non apparentes, ne laissant sur la peau qu'une rougeur momentanée ;

La morsure gonflée : la peau a été saisie et tirée comme avec une tenaille ;

Le point : une très petite portion de peau a été saisie par deux dents seulement ;

Corail et joyau : la peau est pressée à la fois par les dents (les bijoux) et les lèvres (le corail) ;

La ligne de joyaux : la morsure est faite avec toutes les dents ;

Le nuage brisé : ligne brisée formée de points sortant et rentrant par rapport à un arc de courbe, à cause de l'intervalle entre les dents ;

La morsure du verrat : sur les seins et les épaules, deux lignes de dents marquées les unes au-dessus des autres, avec un intervalle rouge.

Les trois premières morsures se font sur la lèvre inférieure ; la ligne de points et celle des joyaux, sur la gorge, la fossette du cou et aux aînes.

La ligne de points seule s'imprime sur le front et les cuisses.

La morsure gonflée, et celle dite corail et joyau, se font toujours sur la joue gauche dont les traces d'ongles et de dents sont considérées comme les ornements.

On témoigne à une femme qu'on la désire en faisant, avec les ongles et les dents, des marques sur les objets suivants qu'elle porte ou qui lui appartiennent : un ornement du front ou des oreilles, un bouquet de fleurs, une feuille de béthel ou de tamala.

Voici à ce sujet quelques vers :

« Quand un amant mord bien fort sa maîtresse, celle-ci doit, d'une feinte colère, le mordre deux fois plus fort. »

Ainsi, pour un point, elle rendra une ligne de points ; pour une ligne de points, un nuage brisé.

Si elle est très exaltée, et si, dans l'exaltation de ses transports passionnés, elle engage une sorte de combat, alors elle prend son amant par les cheveux, attire à elle sa tête, lui baise la lèvre inférieure ; puis, dans son délire, elle le mord par tout le corps, en fermant les yeux.

Et même le jour et en public, quand son amant lui montre quelque marque qu'elle lui a faite, elle doit sourire à cette vue, tourner la tête de son côté comme si elle voulait le gronder, lui montre à son tour, d'un air irrité, les marques que lui-même lui a faites.

Quand deux amants en usent ainsi, leur passion dure des siècles sans diminuer.

APPENDICE AU CHAPITRE IV

Ovide ne parle guère des mignardises que dans la XIVe Élégie du livre III, *Des Amours*.

« Non, je ne te défends pas quelques faiblesses, puisque tu es belle.

« Il est un lieu fait pour la débauche ; là, ne rougis point de te dépouiller de la tunique légère qui voile tes charmes et de soutenir sur ta cuisse celle de ton amant ; là, qu'il glisse entre tes lèvres de rose, sa langue jusqu'au fond de ta bouche, et que l'amour varie en mille manières les jeux de Vénus. Là, n'épargne ni les douces paroles, ni les caresses provocantes, et fais trembler ta couche par des mouvements lascifs. Mais fais au moins que je l'ignore ; que je ne voie pas tes cheveux en désordre et la trace d'une dent marquée sur ton cou.

« Si je venais à te surprendre nue dans les bras d'un autre, j'en croirais plutôt ta bouche que mes yeux. »

Properce, livre III, Elégie VIII.

Morsures entre amants.

« Quelle douce querelle tu me fis hier aux flambeaux !
Avec quel plaisir j'ai vu tes éclats, entendu tes malédictions !

« Échauffée par le vin, tu repousses ta table et tu me lances, d'une main égarée, des coupes encore pleines. Eh bien, poursuis, saisis mes cheveux, déchire ma figure, menace mes yeux, arrache mes vêtements et mets à nu ma poitrine, voilà des marques certaines de tendresse.

« Jamais de colère furieuse chez une femme sans un violent amour.

« Quand une belle s'emporte aux amours, qu'elle parcourt les rues comme une bacchante, que de vains songes l'épouvantent souvent ou qu'elle s'émeut à la vue d'une jeune fille, ces marques trahissent un amour réel ; pour croire à la fidélité, il faut qu'elle se montre par des injures.

« Dieu de Cythère, donne à mes ennemis une amante insensible.

« Que mes rivaux comptent sur mon sein les dents de ma maîtresse.

« Que des traces bleuâtres montrent à tous que je l'aime près de moi.

« Je veux me plaindre d'elle ou entendre ses plaintes.

« Je serai, ô Cynthie, toujours en guerre avec toi ou pour toi avec mes rivaux.

« Je t'aime trop pour vouloir quelque trêve ; jouis du plaisir de n'avoir point d'égale en beauté.

CHAPITRE V

Des diverses manières de frapper et des petits cris qui leur répondent.

Les coups sont une sorte de mignardise.

On assimile l'union sexuelle à une dispute, à cause des mille contrariétés qui surgissent entre amants et de leur disposition à se quereller.

Les parties du corps que l'on frappe par passion sont : les épaules, la tête, la poitrine entre les seins, le dos, le Jadgana, les hanches et les flancs.

On frappe avec le dos de la main, avec les doigts réunis en tampon, avec la paume de la main, le poing.

Lorsque la femme reçoit un coup, elle fait entendre divers sifflements et huit sortes de petits cris :

Phra! Phat! Sout et Plat; le cri tonnant, le roucoulant, le pleureur.

Le son Phat imite le son du bambou que l'on fend.

Le son Phut, celui que fait un objet qui tombe dans l'eau.

Les femmes prononcent aussi certains mots, tels que :

Mère, Père, etc.

Quelquefois ce sont des cris ou des paroles qui expriment la défense, le désir de la séparation, la douleur ou l'approbation.

On peut ajouter à ces exclamations diverses l'imitation du bourdonnement des abeilles, le roucoulement de la colombe et du coucou, le cri du perroquet, le piaillement du moineau, le sifflement du canard, la cascadette de la caille et le gloussement du paon.

Les coups de poing se donnent sur le dos de la femme pendant qu'elle est assise sur les genoux de l'homme; elle doit riposter en feignant d'être fâchée et en poussant le cri roucoulant et le pleureur.

Pendant la connexion, on donne entre les deux seins, avec le revers de la main, des petits coups qui vont en se multipliant et s'accélérant à mesure que l'excitation augmente, jusqu'à la fin de l'union; à ce moment on prononce le son Hin répété, ou d'autres alternativement, ou ceux que l'on préfère dans ce cas.

Quand l'homme frappe la tête de la femme avec le bout de ses doigts réunis, il prononce le son Phat et la femme le son roucoulant, et ceux Phat et Phut.

Quand on commence les baisers et autres mignardises, la femme doit toujours siffler.

Pendant l'excitation, quand la femme n'est pas habituée aux coups, elle prononce continuellement les mots : assez, assez, finissez et aussi ceux de père, mère, mêlés de cris et de gémissements, les sons tonnants et pleureurs.

Vers la fin de l'union, on presse fortement avec la paume des mains les seins, le Jadgana ou les flancs de la femme et celle-ci fait entendre alors le sifflement de l'oie, ou la cascadette de la caille.

On peut compter parmi les modes de frapper l'usage de quelques instruments particuliers à certaines contrées de l'Inde, principalement à celles du sud :

Le coin entre les seins, les ciseaux pour la tête, les perçoirs des joues (sans doute des aiguilles très fines). Vatsyayana condamne cet usage comme barbare et dangereux, et il cite des accidents graves et même mortels qu'il a occasionnés.

APPENDICE AU CHAPITRE V

N° 1. Contenance des femmes pendant l'union.

Toutes ces pratiques et mignardises sont plutôt de convention que naturelles, comme tout ce que font les Hindous.

Une Bayadère égarée dans Paris et qui en voudrait faire usage, serait une curiosité si extraordinaire qu'elle aurait certainement un succès de vogue pour rire.

La contenance que les femmes d'Europe ont naturellement, ou prennent pendant l'union, est très variable ; les trois types les plus saillants sont : celles qui gardent le silence et ferment les yeux ;

Celles qui font beaucoup d'exclamations et de démonstrations ;

Enfin, celles qui, comme prises d'attaques de nerfs, se pâment ou s'évanouissent.

N° 2. — A Rome, les coups entre amants n'étaient pas seulement des mignardises, bien qu'ils pussent être du goût des belles, comme ils l'étaient de celui de la ménagère de Colin, chantée par Béranger, et de la fille de faubourgs de Jules Barbier, qui voulait un amant

« Qui la batte et la fouaille
Depuis le soir jusqu'au matin. »

Tous les poètes élégiaques latins se reprochent d'avoir battu et maltraité leurs maîtresses, ou se louent d'avoir été frappés par elles.

Ovide, *Les Amours*, livre I, Elégie VII.

« Ma maîtresse pleure des coups que je lui ai donnés dans mon délire. N'était-ce point assez de l'intimider par mes cris, par mes menaces, de lui arracher ses vêtements jusqu'à la ceinture ! J'ai eu la cruauté de la traîner par les cheveux et de lui sillonner les joues de mes ongles.

« Puis, honteux de ma stupide barbarie, j'ai imploré son pardon. Ne crains pas, lui disais-je, d'imprimer tes ongles sur mon visage, n'épargne ni mes yeux ni ma chevelure, que la colère aide tes faibles mains. »

Tibulle, livre I, Elégie X.

« La guerre s'allume entre les amants ; la jeune fille accable de reproches le cruel qui a enfoncé sa porte et lui a arraché les cheveux. Ses joues meurtries sont baignées de larmes ; mais le vainqueur pleure à son tour de ce que son bras a trop bien servi sa colère.

« Il faut être de pierre ou d'acier pour frapper la beauté qu'on aime.

« C'est assez de déchirer sa tunique légère, de briser les liens qui retiennent ses cheveux, de faire couler ses larmes.

« Heureux celui qui, dans sa colère, peut voir pleurer une jeune fille ; mais celui qui frappe n'est bon qu'à porter le bouclier et le pieu ; qu'il s'éloigne de la douce Vénus. »

Les jeux des filles de Sparte.

Les jeux des filles de Sparte qui avaient un but sérieux au temps de l'indépendance de cette République, n'étaient plus, après son asservissement, qu'un spectacle licencieux que Properce a décrit dans l'Elégie XIV du livre III.

« Heureuse Lacédémone, nous admirons les jeux où se forment les jeunes filles. Sans honte, elles paraissent nues au milieu des lutteurs. Tour à tour, on les voit, couvertes de poussière, attendre l'heure de la lice et recevoir les rudes coups du pancrace.

« Elles attachent le ceste à leurs bras, lancent le disque, ou bien elles font décrire un cercle à un coursier rapide, ceignent d'un glaive leurs flancs d'albâtre et couvrent d'un casque leur tête virginale.

« D'autres fois, les cheveux couverts de frimas, elles pressent sur les longs sommets du Taygète le chien de *Laconie*. »

La loi de Sparte défend le mystère aux amants et on peut se montrer partout en public aux côtés de la femme qu'on aime. On n'a point à redouter la vengeance d'un mari, on n'emploie pas d'intermédiaire pour déclarer ses feux, et si l'on est repoussé, on n'a point à subir de longs délais. Le regard errant à l'aventure n'est point trompé par la pourpre de Tyr, ou intercepté par un nombreux cortège d'esclaves.

La description que, dans son chapitre XLII, Lucien donne de la lutte amoureuse entre Lucius et Palestra lui a peut-être été suggérée par les jeux de Sparte :

« Nue et droite Palestra commande :

« Frotte-toi d'huile, embrasse ton adversaire, renverse-le d'un croc en jambe, tiens-le sous toi, glisse ; un écart, qu'on se fende, serre bien ; prépare ton arme en avant ; frappe, blesse, pénètre jusqu'à ce que tu sois las. De la force dans les reins ! allonge maintenant ton arme, pousse-là par en bas ; de la vigueur ; vise au mur, frappe ; dès que tu sens mollir, vite un dégagement et une étreinte ; tiens ferme, pas tant de précipitation ; un temps d'arrêt ! Allons ! au but ! Te voilà quitte.

« Une pose, maintenant, dit Palestra, la lutte à genoux ! et elle tombe sur ses genoux au milieu du lit. Te voilà au milieu, beau lutteur ! serre ton adversaire comme un nœud ; penche-le ensuite et fonds sur lui avec ton trait acéré, saisis-le de près et ne laisse aucun intervalle entre vous. S'il commence à lâcher prise, enlève-le sans perdre un instant, tiens-le en l'air, frappe-le en dessous et ne recule pas sans en avoir reçu l'ordre ; fais-le coucher, contiens-le, donne-lui de nouveau un croc-en-jambe afin qu'il ne t'échappe pas ; tiens-le bien et presse ton mouvement ; lâche-le, le voilà terrassé, il est tout en nage. »

CHAPITRE VI

Querelles entre amants.

On peut considérer les querelles entre amants comme une sorte de mignardise ou de moyen d'excitation.

Une femme qui aime beaucoup un homme ne souffre pas qu'il parle devant elle d'une rivale, ni que, par mégarde, il l'appelle du nom d'une autre femme. Quand cela arrive, il en résulte une grosse querelle; la femme se fâche, crie, dénoue ses cheveux et les laisse tomber en désordre, se jette à bas de son lit ou de son siège, lance loin d'elle ses guirlandes, ses ornements et se roule à terre.

L'amant s'efforce alors de l'apaiser par de bonnes paroles; il la relève et la replace avec précaution sur son lit ou siège ; mais elle, sans rien répondre, se fâche plus fort encore et le repousse; le tirant par les cheveux, elle lui abaisse la tête, puis elle lui donne des coups de pied dans les jambes, dans la poitrine et dans le dos; elle se dirige vers la porte de la chambre comme pour sortir, mais elle ne sort pas; elle s'arrête près de la porte et fond en larmes.

Au bout de quelques moments, quand elle juge que son amant a fait par ses paroles et ses actes tout ce qu'il pouvait pour se réconcilier, elle doit se montrer satisfaite en le serrant dans ses bras et en lui témoignant son désir de s'unir à lui pour tout oublier; alors la réconciliation est parfaite.

Quand la femme a sa demeure séparée et que les deux amants se sont quittés en querelle, la femme signifie à son amant que tout est rompu entre eux ; alors celui-ci envoie successivement vers elle, pour l'apaiser : le Pitkamarda, le Vita et le Vidashaka.

Elle se rend enfin, elle revient chez son amant et passe la nuit avec lui.

Voici deux aphorismes au sujet des mignardises qui accompagnent l'union.

Lorsque la connexion est commencée, la passion détermine seule tous les actes des deux amants.

Toutefois l'homme doit s'étudier, pour reconnaître la manière de procéder qui lui donne le plus de ressources dans la connection.

Il doit aussi étudier la femme avec laquelle il a des rapports suivis pour se comporter avec elle de la façon qui lui procure le plus de plaisir.

La femme doit aussi faire sur elle-même et sur son amant les mêmes observations, afin de pouvoir seconder son bon vouloir dans la connection.

Le propre de l'homme est la rudesse et l'impétuosité, celui de la femme, la délicatesse, la tendresse, l'impressionnabilité, la répugnance pour les choses naturellement déplaisantes.

L'excitation et l'habitude peuvent produire des effets contraires à la nature de chaque sexe ; mais ils ne sont que passagers, et celle-ci revient toujours.

APPENDICE AU CHAPITRE VI

Art d'aimer (Ovide, livre II).

« Je ne vous condamne pas à la fidélité, mais tenez secrets vos larcins d'amour.

Ne faites point à une femme de présents qui puissent être reconnus par un autre (a).

« Si votre maîtresse découvre une infidélité, ne craignez pas de nier ; n'en soyez ni plus soumis, ni plus caressant que de coutume ; ce serait vous avouer coupable, mais prouvez lui par votre vigueur que vous êtes tout à elle.

« Mais si votre amante se refroidit, laissez-lui croire à une infidélité. Heureux celui dont la maîtresse offensée s'évanouit, à qui elle arrache les cheveux, meurtrit le visage de ses ongles, qu'elle ne voit qu'en versant des larmes, et sans lequel elle voudrait, mais ne peut vivre.

« Hâtez-vous toutefois de mettre fin à sa désolation, sa colère pourrait s'aigrir en se prolongeant.

« Signez la paix dans son lit : c'est là que naquirent ces deux jumeaux, le pardon et la réconciliation.

« Voyez ces colombes qui viennent de se battre, elles se béquètent tendrement, elles se caressent et s'expriment leur amour par de doux roucoulements.

L'Infidélité (Properce, livre IV, Élégie VIII).

La querelle de Properce avec Cynthie est le modèle du genre.

« Un élégant attelage avait conduit à Lavinium ma Cynthie pour y faire à Vénus quelques sacrifices.

« Irrité de ses infidélités, je voulus changer de couche. J'invite une certaine Phillis peu séduisante à jeun, mais en qui tout plaît quand elle est ivre ; et, avec elle Théia, femme aimable, mais à qui, dans le vin, un seul homme ne suffit pas.

« Je voulais passer la nuit avec elles, pour oublier mes chagrins et réveiller mes sens par la nouveauté.

« Un seul lit fut dressé pour nous trois, sur un gazon à l'écart.

(a) Le général Lecourbe s'amusa à faire cadeau du même costume pour la fête patronale à une douzaine de paysannes qu'il avait pour maîtresses dans le bourg qu'il habitait dans le département de l'Ain ; ce n'est pas là le plus beau de ses exploits.

« J'étais entre Théia et Phillis, Lydgamus nous versait à boire un vin grec de Métymne le plus exquis.

« Un égyptien jouait de la flûte, Phillis des castagnettes, et la rose pleuvait au hasard sur nos têtes, tandis qu'un nain ramassé dans sa courte grosseur agitait ses petits bras au son des instruments.

« Cependant nos lampes épuisées ne donnaient qu'une faible lueur. La table s'était renversée; les dés ne m'apportaient que des coups du plus triste augure.

« En vain Théia et Phillis chantaient et se découvraient le sein ; j'étais sourd et aveugle, ou plutôt j'étais tout seul aux portes de Lanuvium.

« Soudain, ma porte crie sur ses gonds et j'entends à l'entrée un léger bruit.

« Bientôt, Cynthie rejette le battant avec violence; son regard nous foudroie ; c'est toute la fureur d'une femme; c'est le spectacle d'une ville prise d'assaut.

« Dans son courroux, Cynthie jette ses ongles au visage de Phillis; et Théia, saisie d'effroi, appelle au feu le voisinage qui s'éveille, et les lumières brillent; dans la rue, s'élève un affreux tumulte; les deux femmes, les cheveux épars, se réfugient dans la première taverne qui s'ouvre.

« Cynthie, toute fière de sa victoire, revient alors près de moi, me frappe au visage sans pitié, imprime ses ongles dans ma poitrine, me mord et veut m'aveugler.

« Lasse enfin de me frapper, elle saisit Lygdamus, caché dans la ruelle du lit et qui implore à genoux ma protection.

« Enfin, moi-même j'implore mon pardon à ses pieds ; si tu veux, dit-elle, que j'oublie ta faute, jamais à l'avenir n'étale une vaine parure, ni au portique de Pompée, ni aux yeux licencieux du Forum ; tu ne t'arrêteras jamais devant une litière entr'ouverte.

« J'accuse surtout Lygdamus de mes chagrins; qu'il soit vendu, et qu'il traîne à ses pieds une double chaîne.

« Ensuite, elle purifie la place que Phillis et Théia avaient touchée; elle me fait changer complètement de vêtements ; et trois fois elle promène au bord de ma tête le souffle enflammé ; après qu'on eut échangé le lin de ma couche, nous cimentâmes la paix par d'ardentes caresses.

CHAPITRE VII

Des goûts sexuels des femmes des diverses régions de l'Inde.

L'auteur donne sur les femmes des différentes contrées de l'Inde des renseignements qu'il destine aux hommes pour qu'au besoin ils sachent en faire usage.

Les femmes du centre, entre le Gange et la Jumma, ont des sentiments élevés et ne se laissent point faire de marques avec les ongles ni avec les dents.

Les femmes d'Avantika ont le goût des plaisirs bas et des manières grossières.

Les femmes du Maharashtra aiment les soixante-quatre sortes de voluptés. Elles se plaisent aux propos obscènes et sont ardentes au plaisir.

Les femmes de Patalipoutra (aujourd'hui Pathna) ont les mêmes ardeurs que les précédentes, mais ne les manifestent point publiquement.

Les femmes Dravidiennes, malgré les caresses de toutes sortes, s'échauffent difficilement et n'arrivent que lentement au spasme génésique.

Les femmes de Vanavasi sont assez froides et peu sensibles aux caresses et aux attouchements et ne souffrent point de propos obscènes.

Les femmes d'Avanti aiment l'union sous toutes ses formes, mais à l'exclusion des caresses accessoires.

Les femmes de Malva aiment les baisers, les embrassements et surtout les coups, mais non les égratignures et les morsures.

Les femmes de Punjab sont folles de l'auparishtaka (caresses avec la langue, plaisir lesbien) (*a*).

Les femmes d'Aparatika et de Lat sont très passionnées et poussent doucement le cri: Sit!

Les femmes de l'Oude ont les désirs les plus impétueux, leur semence coule avec abondance et elles y aident par des médicaments.

Les femmes du pays d'Audhra ont des membres délicats et sont très voluptueuses.

Les femmes de Ganda sont douces de corps et de langage.

(*a*) Plaisir lesbien ou saphisme, titillation ou succion du clitoris ou de la vulve ou de tous les deux avec la langue. Aujourd'hui le saphisme a remplacé généralement la tribadie.

APPENDICE AU CHAPITRE VII

Note I. — Les femmes du centre et du nord-ouest de l'Inde sont grandes et fortes, mais beaucoup moins délicates que celles du sud.

Ces dernières, d'une taille plutôt au-dessous qu'au-dessus de la moyenne, ont les membres très délicats et les attaches très fines. Elles ont toutes de belles dents, de beaux yeux et de beaux cheveux très noirs et très lisses, qu'elles ont soin d'oindre fréquemment d'huile; elles les roulent par derrière, en un chignon fixé à côté de l'oreille droite; elles les ornent de fleurs jaunes, et, quand elles le peuvent, elles y ajoutent des bijoux d'or placés au sommet de la tête ou à l'extrémité du chignon.

Les indiennes recherchées dans leur toilette se jaunissent, avec du safran, toutes les parties du corps qui se laissent voir, et se noircissent, avec une solution d'antimoine, le bord des paupières.

Selon leurs moyens, elles se parent de bracelets d'or, d'argent ou de cuivre. Celles qui sont riches se couvrent de bijoux.

La parure d'argent se porte aux jambes et aux pieds, quelquefois aux bras.

Chaque doigt de pied a son anneau particulier.

Enfin, elles portent au nez un anneau en or très mince, d'un décimètre de diamètre, de la même manière que nos femmes portent des boucles d'oreilles.

Les bijoux étant les seuls ornements des femmes indiennes, elles les gardent constamment, même lorsqu'elles vaquent aux soins domestiques dont aucune n'est dispensée, pas même les brahmines. Dans l'Inde, toutes les femmes se font épiler tout le corps.

Les femmes de l'Inde sont naturellement d'une très grande douceur.

Note 2. — Goûts sexuels des dames romaines sous les Césars.

Citons comme toujours les poètes :

Juvénal, Satire VI, *Les femmes*.

« Quelle femme peux-tu épouser sans crainte? à voir l'acteur Bathyle danse mollement la Léda, Tuccia se pâme; Appulla, comme aux bras d'un amant, roucoule de petits cris. Telle est folle d'un comédien qui la ruine; telle a tué la voix d'un ténor. Hispulla adore un tragédien.

Épouse donc et tes enfants naîtront d'une lyre, d'une flûte, d'Echion, de Glaphyre, d'Embroise.

Hippia, femme d'un sénateur, suit en Egypte un gladiateur.

Agrippine quitte la couche de Claude et court au lupanar chaud d'une vapeur fétide, où l'attend sa loge vide ; nue; une résille d'or sur les seins, sous le nom de Lycisca, elle montre à qui veut s'en repaître les flancs qui ont porté Britannicus.

Elle attire ceux qui entrent, perçoit l'argent, assouvit la passion d'un grand nombre d'hommes qui se succèdent sans relâche. Quand le patron renvoie ses nymphes, elle sort, mais la dernière et malgré elle. Dévorée d'ardents prurits, les sens et les organes en feu, palpitante, rompue par les assauts soutenus, mais non rassasiée, elle porte au chevet des Césars l'âcre parfum du lupanar. »

Le lupanar où se rendait Messaline ne gardait, on le voit, les femmes que la nuit; c'était sans doute le cas général.

Le lupanar de Pompéï se compose de petites cellules disposées autour d'une cour rectangulaire. Sur la clef de voute en relief de la porte d'entrée sur la rue, et comme pour servir d'enseigne, sont sculptés des organes virils de dimensions colossales.

Juvénal, *Mystères de la bonne déesse*.

Les membres rougis de vin, elles luttent aux joûtes de Vénus. La tribade Lanfulla défie les filles des lupanars. Insatiable et infatigable, elle les force à demander merci sous ses caresses. Puis elle se livre elle-même à la tribade Mesulline qu'elle adore et qui s'attache à ses flancs.

De toutes les parties de l'antre s'élève un même cri :

« Des hommes! des hommes! » c'est le moment. Chaque matrone fait courir après son amant. S'il est au lit, qu'il se couvre seulement d'un manteau et qu'il vole!

Si les amants sont absents, qu'on prenne pour les suppléer les esclaves de la maison. Si ceux-ci ont fui, redoutant les mystères, qu'on loue à tout prix des porteurs d'eau. Faute d'homme, la femme non pourvue accepte un âne.

On sait que les dames romaines se rendaient, sous un déguisement, aux lieux où les gladiateurs s'exerçaient nus par des combats préparatoires. Cachées dans une loge, elles assistaient à leurs luttes, faisaient leur choix et ensuite se faisaient amener ceux qui pouvaient le mieux les satisfaire.

Juvénal, Sat. VI. — « Il est des femmes qui aiment les timides eunuques, leurs baisers sans fougue, leurs figures imberbes. Avec eux, elles n'auront pas besoin de recourir à l'avortement, et malgré cela elles jouiront à souhait. Car elles prendront soin que leur futur gardien ne soit fait eunuque qu'après le développement complet de sa virilité. Pour les dimensions, son pieu ferait envie à Priape. Il est remarqué et universellement connu dans les bains publics. Qu'il dorme donc près de la femme de son maître; mais, ô Posthume, garde-toi de lui donner ton mignon à raser ou à épiler. »

N° 3. — Cruauté des dames Romaines, comparée à la douceur des Indiennes. Ovide, *Art d'aimer*, livre III.

« J'aime à assister à votre toilette, à voir vos cheveux dénoués sur vos blanches épaules. Mais je ne puis souffrir que vous déchiriez avec vos ongles le visage de votre femme de chambre ou que vous lui meurtrissiez le bras (a), et qu'elle mouille votre chevelure de ses pleurs et de son sang. »

Martial, dans son épigramme 46, maudit Lalegée qui a maltraité cruellement sa femme de chambre pour une maladresse en la coiffant. Mais rien n'égale les traits de Juvénal, toujours dans la Satyre VI.

« Si la nuit le mari a tourné le dos à sa moitié, l'intendante est perdue; on dépouille nue la coiffeuse. Si le liburnien s'est fait attendre, on le punira du sommeil de son maître.

« Les férules éclatent par la violence des coups, le sang jaillit sous les fouets et les verges.

« On a des bourreaux à l'année. Ils frappent; l'illustre épouse se farde le visage. Ils frappent; elle tient cercle avec ses amies, elle admire les dessins d'une robe brochée d'or. Ils continuent; elle parcourt les longues colonnes d'un journal. Enfin, las de frapper, les bourreaux demandent trêve. — Sortez, crie-t-elle alors, justice est faite.

« — En croix l'esclave! — Mais quel crime a-t-il commis? demande le mari, où sont le délateur et les témoins? Qu'on entende la cause! Il n'est jamais trop tard pour faire mourir un homme.

« — Imbécile! un esclave est-il un homme? Coupable ou non, il mourra, je le veux. »

Lorsqu'un gladiateur vaincu dans l'arène attendait son sort de la décision des spectateurs, on sait que les femmes étaient toujours les plus impitoyables.

N° 4. — Ce qui, en Europe, plaît aux femmes selon leur nationalité.

En Europe, la conduite à tenir avec les femmes pour leur plaire dépend de leur caractère.

(a) On voit dans les musées d'antiquités une sorte de pinces qui servaient aux dames Romaines pour stimuler ou punir leurs esclaves; très acérées, elles déchiraient la chair et faisaient venir le sang.

On admet généralement qu'il faut, pour les Françaises, la jovialité ; avec les Anglaises, l'originalité ; avec les Allemandes, le sentiment ou la sentimentalité ; avec les Italiennes, la tendresse ; avec les Espagnoles, la passion.

On cite les Viennoises pour leur amabilité. L'aventure de deux grandes dames de la cour, une princesse polonaise et la femme du ministre de la guerre, a couru toute l'Allemagne, il y a un demi-siècle.

Dans un pari, comme deux déesses, elles se disputèrent le prix de la beauté et prirent pour juge le public.

Fut reconnue la plus belle celle qui, dans un nombre d'heures déterminé, se fit suivre dans un lieu intime, par le plus grand nombre de jeunes gens racollés sur le trottoir du boulevard.

Lord Byron et avec lui tous les voyageurs ne tarissent pas d'admiration pour la jeune fille de Cadix. Martial dit d'elle, livre XIV, 203 : « Elle a des mouvements si brusques, elle est si lascive et si voluptueuse qu'elle eût fait se masturber Hippolyte lui-même. »

TITRE IV

DES DIFFÉRENTES MANIÈRES DE SE TENIR ET D'AGIR DANS L'UNION SEXUELLE

CHAPITRE I

Classification des hommes et des femmes d'après les dimensions de leurs organes sexuels, l'intensité de leur passion et la durée de l'acte charnel.

On divise les hommes en trois classes, d'après les dimensions de leur linga.

Classe N° 1, *Le lièvre*. — N° 2, *Le taureau*. — N° 3, *L'étalon*.

On divise également les femmes en trois classes correspondantes d'après les dimensions de leur yoni.

N° 1, *La gazelle*. — N° 2, *La cavale*. — N° 3, *L'éléphant* (Voir l'Appendice, N° 1).

Il y a ainsi trois unions égales, c'est-à-dire entre des classes qui se correspondent, et six inégales, c'est-à-dire qui ne se correspondent pas.

Les unions du N° 2 (*taureau*) avec le N° 1 (*gazelle*), et du N° 3 (*étalon*) avec le N° 2 (*cavale*), sont dites supérieures.

Celle du N° 3 (*étalon*) avec le N° 1 (*gazelle*) est dite très supérieure.

Les unions N° 1 (*lièvre*) avec N° 2 (*cavale*), et N° 2 (*taureau*) avec N° 3 (*éléphant*), sont dites unions inférieures.

Celle N° 1 (*lièvre*) avec N° 3 (*éléphant*) est dite très inférieure.

Les unions supérieures sont celles qui procurent le plus de satisfaction.

On classe de la même manière les hommes et les femmes, d'après le degré d'intensité de la passion génésique, faible, moyen et fort (Appendice N° 2).

Ce point de vue donne, pour les unions, autant de combinaisons que le précédent.

Il y a, en outre, une troisième classification semblable, d'après le temps au bout duquel se produit, chez l'homme et chez la femme, le spasme génésique, et elle donne lieu, pour les unions, aux mêmes combinaisons (Appendice N° 3).

En combinant entre eux les numéros des trois classifications, on a un très grand nombre de cas.

Il appartient aux hommes, et surtout aux maris, de prendre, dans chaque cas, les moyens les plus propres à atteindre le but de l'union (Appendice N° 4).

Dans le premier acte d'une réunion pour l'accouplement, la passion de l'homme est intense et son terme court; c'est le contraire dans les actes suivants. Chez la femme, c'est l'inverse qui a lieu.

APPENDICE AU CHAPITRE I

N° 1. — Dimensions des organes.

Beaucoup de rhétoriciens connaissent les distiques suivants :

Ovide

Noscitur e pedibus quantum sit virginis antrum
Noscitur e naso quanta sit hasta viro.

Chez une femme : petit pied, petit bijou ;
Chez un homme : gros nez, gros membre.

Martial

Mentula tam magna est, tantus tibi, Papile nasus
Ut possis, quoties arrigis, olfacere.

Littéralement : Ton nez est si long, Hapilus, et ta mentule si grande que tu peux la flairer quand elle est debout.

En vers :   Jean a le nez si long et la verge si grande
Qu'il peut se moucher quand il bande.

Le même, Livre XI, 71.

Lydie est aussi large que le derrière d'un cheval de bronze, qu'un vieux soulier tombé dans la boue, qu'un matelas vide de sa laine. On dit que j'ai besogné Lydie dans une piscine d'eau de mer ; c'est bien plutôt une piscine que j'ai besognée.

N° 2. — Intensité de la passion.

Martial X. 60. — Sur Chloé et Phlogis.
Vous demandez laquelle de Chloé ou Phlogis vaut le mieux pour l'amour. Chloé est plus belle, mais Phlogis est un volcan qui rajeunirait Nestor. Chloé, au contraire, ne sent rien, ne dit rien. On la croirait absente ou de marbre. Dieu fasse que Phlogis ait les formes de Chloé et Chloé le feu de Phlogis.

Docteur Villemont, *Amour conjugal*. — C'est un péché plus grand de forniquer avec une laide qu'avec une belle. Se griser avec du bon vin est un péché véniel ; avec du mauvais, un péché mortel.

Docteur P. Garnier. — La science repousse aujourd'hui l'ancienne théorie de la toute puissance du clitoris sur la production des désirs vénériens chez la femme et son développement exagéré n'est point la cause directe de la luxure et de la tribadie. Beaucoup de femmes sont insensibles aux titillations de cet organe puisqu'un certain nombre se masturbent en introduisant dans le vagin des corps qui ont la forme de phallus.

L'absence de l'un des organes génitaux, clitoris, vagin ou ovaire, suffit quelquefois, mais exceptionnellement, à éteindre le désir chez la femme. Le sens génésique se trouve dans toutes les parties du système génital de la femme, il n'est exclusivement dans aucune d'elles. Certaines femmes très amoureuses n'éprouvent aucune sensibilité spéciale dans le clitoris et dans les bulbes du vagin, cette sensibilité est répandue uniformément dans tout l'appareil génital, dans les seins plus qu'ailleurs. C'est du cœur et de l'imagination qu'émanent les désirs de la femme et c'est en excitant ses sentiments qu'on peut et qu'on doit les provoquer.

La menstruation ne se développe pas seule. L'excitabilité génitale se décèle souvent avec cet âge par le prurit et la masturbation chez les petites filles et persiste encore plus souvent après chez de vieilles femmes lascives.

L'état passif de la femme dans la copulation lui rend *cet acte possible indéfiniment*, tandis que l'âge et les excès limitent l'homme étroitement à cet égard.

L'embonpoint n'éteint point le désir chez la femme, mais les femmes passionnées sont généralement très maigres.

La frigidité féminine a ses degrés et n'est souvent que relative. Malgré sa fréquence, la répulsion en est très rarement la cause; l'attraction, le plaisir font seuls défaut. Elle n'empêche que très rarement la femme de se marier, ne la rend jamais stérile ni mère imparfaite.

Il existe des hommes et des femmes qui vivent continuellement sous l'influence des organes génitaux. Ce sont ordinairement des sujets pauvres d'intelligence et des idiots.

Phacès cite un prince maure qui, en trois jours, donnait satisfaction à ses quarante femmes. On cite une femme publique qui, pendant dix ans, a reçu tous les jours dix hommes sans en souffrir.

C'est surtout chez la femme douée d'une ardente imagination que la continence provoque l'exaltation cérébrale et celle de l'organe génital.

N° 3. — Durée de l'acte charnel.

Ovide, *Art d'aimer*, Livre II.

Allez doucement dans l'hyménée et ne vous hâtez pas d'atteindre le but; ne laissez pas votre maîtresse en arrière, et ne souffrez pas non plus qu'elle vous devance dans la course. Le plaisir n'est parfait que lorsque, également vaincus, l'homme et la femme rendent en même temps les armes.

J'aime à entendre la voix émue de ma maîtresse exprimer son bonheur et me prier de le faire durer.

Qu'il m'est doux de la voir se pâmer de plaisir et me demander merci.

La nature n'a point accordé cet avantage à la première jeunesse de la femme; il est réservé à l'âge qui suit le septième lustre.

A cet âge, et même à un âge plus avancé, les femmes instruites par l'expérience, qui seule forme les artistes, savent mieux tous les secrets de l'art d'aimer.

Elles rajeunissent leur corps à force de soins; par mille attitudes savantes, elles savent varier et doubler les plaisirs de Vénus; elles font goûter le plaisir sans recourir à des moyens honteux pour rallumer vos feux; la jouissance qu'elles procurent, elles la partagent également. C'est pour vous, c'est pour elles qu'elles agissent alors.

Nous emprunterons la note suivante et quelques autres au *Bréviaire de l'amour expérimental* de Jules Guyot, petit livre publié après la mort de l'auteur par trois savants très haut placés dans l'estime publique, *pour l'usage des gens du monde, même les plus chatouilleux au point de vue de la décence.*

N° 4. — Simultanéité des spasmes.

Docteur Jules Guyot, 11° méditation.

La meilleure préparation pour la fécondation est la continence de l'homme.

L'époque la plus favorable à la conception est le septennaire qui suit la menstruation.

Les conditions nécessaires sont la simultanéité des deux spasmes ou, à défaut, le spasme de la femme provoqué le plus tôt possible après celui de l'homme.

L'ignorance ou la négligence de cette pratique est la cause des neuf dixièmes des unions stériles (cela explique et corrobore le conseil de Sanchez).

Cependant, par une déplorable facilité à la conception, la fécondation se produit très souvent sans que le spasme de la femme ait eu lieu.

CHAPITRE II

Positions et attitudes diverses dans l'acte sexuel qui permettent la fécondation.

Dans l'union supérieure, la femme doit se placer de manière à ouvrir l'yoni.

Dans l'union égale, elle se couche sur le dos dans la position naturelle et laisse l'homme lui faire un collier de ses bras.

Dans l'union inférieure, elle se pose de façon à rétrécir l'yoni; il est bon aussi qu'elle prenne des médicaments propres à hâter le moment où sa passion est satisfaite.

Pour la femme *Gazelle*, N° 1, couchée, il est trois positions:

PLEINEMENT OUVERTE. — Elle tient sa tête très basse, de manière à élever le milieu du corps. L'homme doit alors appliquer sur son linga ou sur l'yoni de la salive ou quelque onguent lubréfiant pour faciliter l'introduction.

BAILLANTE. — La femme lève les cuisses et les écarte.

CELLE DE L'ÉPOUSE D'INDRA. — Elle croise ses pieds sur ses cuisses, ce qui exige une certaine habitude. Cette position est très utile pour l'union très supérieure (N° 4 *étalon*, avec N° 1 *gazelle*).

Pour les unions inférieures et très inférieures, on a:

1° La position bouclante: l'homme et la femme étant couchés, ont leurs jambes étendues et appliquées directement, celles de l'un sur celles de l'autre.

La position peut être horizontale, de côté ; dans cette dernière position, l'homme doit se tenir sur le côté gauche.

Cette règle doit être suivie toute les fois que l'on est couché et quelque soit le numéro typique de la femme.

POSITION DE PRESSION. — Après que la connexion s'est faite dans la position bouclante, la femme serre son amant avec ses cuisses.

POSITION ENTRELACÉE. — La femme croise, avec l'une de ses cuisses, la cuisse de l'homme.

POSITION DITE DE LA CAVALE. — La femme serre, comme dans un étau, le linga engagé dans son yoni. Cela s'apprend seulement par la pratique et se fait, principalement, par les femmes du pays d'Andra.

Souvarnanabha donne en outre :

LA POSITION MONTANTE. — Dans laquelle la femme lève ses jambes toutes droites.

LA POSITION BAILLANTE. — La femme place ses deux jambes sur les épaules de l'homme.

LA POSITION SERRÉE. — L'homme serre contre lui les deux pieds croisés et relevés de la femme ; si un pied seulement est levé, la position est demi-serrée. La femme met un pied sur l'épaule de l'homme et étend l'autre jambe de côté ; puis elle prend une position semblable du côté opposé, et continue ainsi alternativement.

L'ENFONCEMENT DU CLOU. — Une des jambes de la femme est sur la tête de l'homme et l'autre est étendue de côté.

LA POSITION DU CRABE. — Les deux pieds de la femme sont tirés et placés sur son estomac.

LE PAQUET. — La femme lève et croise ses cuisses.

LA FORME DU LOTUS. — Dans cette position, la femme croise ses jambes l'une sur l'autre, en tenant les cuisses écartées. Cette position est celle indiquée plus haut sous le nom de l'épouse d'Indra.

LA POSITION TOURNANTE. — L'homme, pendant la connexion, tourne autour de la femme sans se détacher d'elle, ni interrompre l'acte, tandis que la femme tient son corps embrassé ; cela s'apprend seulement en s'y exerçant.

Il est facile et il convient, dit Souvernanabha, de s'unir de toutes les manières possibles étant dans le bain ; mais Vatsyayana condamne toute connexion dans l'eau, comme contraire à la loi religieuse.

Quand la femme se tient sur ses mains et ses pieds comme un quadrupède, et que son amant la monte comme un taureau, cela s'appelle l'union de la vache. Dans cette position, on peut faire sur le dos toutes mignardises qui se font ordinairement sur le devant du corps. L'homme peut aussi saisir avec sa main droite les seins et avec la main gauche titiller le clitoris, tandis qu'il meut son linga dans le vagin, ce qui double la volupté de la femme ainsi caressée et peut hâter son spasme de manière à le faire coïncider avec celui de l'homme.

C'est la position où la matrice est la mieux située pour la conception, car alors son fond est plus bas que son orifice. C'est la plus naturelle et la moins voluptueuse, car le clitoris n'est point touché, à moins qu'on n'y porte la main.

APPENDICE AU CHAPITRE II

Note 1. — Ovide, *Art d'aimer*. Livre III.

Ovide ne voit dans les attitudes diverses qu'un moyen de coquetterie pour les belles.

Que les femmes, dit-il, apprennent à se connaître pour s'offrir avec tous les avantages aux combats de l'amour.

Si vous brillez par la beauté de vos traits, couchez-vous sur le dos ; si vous avez une croupe élégante, présentez en aux yeux toute les richesses. Si vos jambes sont bien faites, placez les sur les épaules de votre amant, comme Mélanion posait sur ses épaules les jambes d'Atalante. Si vous êtes de petite taille, que votre amant remplisse le rôle de coursier. Celle dont la taille a des inflexions voluptueuses appuiera ses genoux sur le lit, en inclinant légèrement la tête. Celle dont les cuisses ont la ferme beauté de la jeunesse, dont les seins ont une courbure gracieuse, se couchera obliquement sur le lit de manière que son amant, debout près d'elle, la voie dans cette position charmante.

Celle dont les flancs portent les traces des travaux de Lucine combattra comme le Parthe, le dos tourné.

Vénus, la mère des amours, en sait varier les jeux de mille manières ; mais la position la plus simple et la moins fatigante, est de s'étendre sur le côté droit.

Déjazet avait l'habitude de dormir sur le dos, parce que, disait-elle, « arrive qui plante ! »

Note 2. — Théologiens.

Le P. Gury, art. 997. — Les fins qui rendent honnête l'acte conjugal sont :
1º La génération qui est l'une des principales ;
2º Le moyen de satisfaire les obligations entre époux ;
3º Le moyen de prévenir l'incontinence chez les époux ;
4º Le désir d'animer ou de faire naître un amour honnête, de montrer ou provoquer l'affection conjugale.

(On peut remarquer que les deux dernières fins légitiment tous les plaisirs naturels entre époux, même stériles par le fait de leur conformation naturelle).

Art. 911.— La position tout à fait licite est celle que la nature elle-même enseigne ; c'est-à-dire, la femme couchée dessous et l'homme dessus (faire la bête à deux dos, comme dit Rabelais).

Aucune position, quoique contre nature, n'est, en principe, gravement défendue, pourvu que l'acte conjugal puisse être accompli, parce qu'il n'y a pas d'obstacle à la génération.

Toute position contre nature, prise pour un motif légitime, est exempte de faute; car, parfois, ces positions sont plus commodes ou seules possibles ; et toute commodité ou nécessité peut rendre légitime cette dérogation, légère en elle-même, à l'ordre naturel.

Art. 912. — Cela peut arriver pour différentes causes, même celle de la froideur, lorsqu'on est plus excité dans cette position.

Si l'homme, dit Sanchez, ne peut être amené à connaître sa femme hormis dans une certaine position, qui doutera que la femme est tenue de la prendre?

La position, quelle qu'elle soit, n'est condamnée en aucune façon, si elle est la seule possible.

C'est aussi l'opinion de saint Thomas et de plusieurs autres grands théologiens, notamment en ce qui concerne la position a retro.

Note 3. — Les hommes de l'art.

Docteur Debay, *Hygiène de l'homme et de la femme.*

Toutes attitudes favorables à la fécondation sont permises, toutes celles qui y mettent obstacle doivent être proscrites. Ainsi les attitudes assises, indolentes, paresseuses éludent souvent le but de la nature. L'attitude droite est on ne peut plus fatigante, elle expose l'homme à de graves accidents, par exemple des tremblements convulsifs et des paralysies dans les jambes dans la seconde jeunesse.

La posture a retro doit être recommandée dans l'état de grossesse ou d'obésité de la femme et lorsque le membre viril n'a pas la longueur requise.

Lorsque celui-ci est trop long, il peut blesser le col de l'utérus et l'homme doit limiter son introduction à l'aide d'un bourrelet.

Aujourd'hui on applique à la racine de la verge, avant l'érection, un anneau creux en caoutchouc de la longueur nécesaire ; il est aussi facile à mettre qu'à retirer. A son défaut, dit Venète (Cologne 1696), la femme pourra le remplacer agréablement par sa main.

CHAPITRE III

Attitudes qui ont pour but unique la volupté.

Lorsque l'homme et la femme s'unissent debout, appuyés l'un contre l'autre ou bien contre un mur ou un pilier, c'est l'*union appuyée*.

Quand l'homme, adossé à un mur, soulève et soutient la femme assise sur ses mains jointes et entre ses bras, tandis que celle-ci, les bras entrelacés autour de son cou, l'embrasse avec ses cuisses vers le milieu du corps, et s'imprime à elle-même un mouvement, à l'aide de ses pieds qui touchent le mur auquel l'homme est appuyé, cela s'appelle la *connexion par suspension*.

(Cette position est figurée dans la collection des fermiers généraux, reproduction des camées érotiques antiques).

On peut, de même, imiter l'acte du chien, du bouc, du daim, la montée et la pénétration forcée de l'âne et du chat, le bond du tigre, le frottement du verrat et la saillie de la jument par l'étalon, en opérant comme ces différents animaux avec leurs femelles.

L'UNION D'UN HOMME AVEC DEUX FEMMES.

Quand un homme caresse deux femmes dans le même moment, cela s'appelle l'union double. Elle peut se faire lorsque deux femmes se tiennent horizontalement sur le bord d'un lit, l'une sur l'autre, face à face, comme deux amants, et les jambes en dehors du lit ; le linga passe alternativement d'un yoni dans l'autre, par des coups successifs, les uns à *recto*, les autres à *retro*.

L'union simultanée avec plusieurs femmes s'appelle l'union avec un troupeau de vaches.

On a de même l'*union dans l'eau*; c'est celle de l'éléphant avec plusieurs femelles, qui ne se pratique, dit-on, que dans l'eau ; l'*union avec plusieurs chèvres, celle avec plusieurs gazelles*, c'est-à-dire que l'homme reproduit avec plusieurs femmes les mêmes actes que ces animaux avec plusieurs femelles.

Dans le Gramaneré, plusieurs hommes jeunes jouissent d'une femme qui peut être l'épouse de l'un d'eux, l'un après l'autre ou tous en même temps. La femme est étendue sur l'un d'eux ; un autre consomme l'hyménée de l'yoni et du linga ; un troisième se sert de sa bouche, un quatrième embrasse étroitement le milieu de son corps et ils continuent de cette manière, en jouissant alternativement des différentes parties de la femme (App. n° 1).

La même chose peut se faire quand plusieurs hommes sont en compagnie avec une courtisane, ou quand il n'y a qu'une courtisane pour satisfaire un grand nombre d'hommes.

L'inverse peut se faire par les femmes du harem royal, quand, accidentellement, elles peuvent y introduire un homme.

Dans le sud de l'Inde, on pratique aussi l'union basse, c'est-à-dire l'introduction du linga dans l'anus (App. n° 2).

L'aphorisme suivant forme, en deux vers, la conclusion du sujet :

« L'homme ingénieux multiplie les modes d'union en imitant les quadrupèdes et les oiseaux ; car ces différents modes pratiqués suivant l'usage de chaque pays et les goûts de chaque personne inspirent aux femmes l'amour, l'amitié et le respect. »

APPENDICE AU CHAPITRE III

N° 1. Martial, livre X. — « Deux galants se rencontrèrent un matin, chez Phillis, elle les satisfit tous les deux en même temps : l'un la prit par devant, et l'autre par derrière. »

N° 2. *La Sodomie*. — Dans l'Inde, cette pratique, à cause des souillures qu'elle est censée entraîner, n'a jamais eu beaucoup de faveur.

Les musulmans l'y ont propagée en l'approuvant.

Il ne paraît être ici question que de l'union basse, entre un homme et une femme ; elle est moins révoltante que la sodomie parfaite, qualification que les théologiens donnent à l'union avec un mignon.

Le P. Gury, art. 434. — « La sodomie parfaite n'est pas de la même espèce que la sodomie imparfaite, parce que, dans la première, l'homme est porté vers le même sexe et contre la nature, dans la seconde il est porté contre la nature.

« La première a un nom grec : la Philopédie (Φιλοπαιδία), amour des jeunes garçons. »

On sait combien la philopédie était en faveur chez les Grecs et les Romains. Tous les vers d'Anacréon sont consacrés à Batyle. Qui ne connaît le vers de Virgile :

« Formosum pastor Corydon ardebat Alexim ! »

N° 3. *Les Latins*. — Parmi les poètes latins qui ont chanté l'amour, Ovide est le seul qui se taise sur les mignons.

Catulle et Tibulle se montrent attachés à leurs mignons autant qu'à leurs maîtresses. Catulle, poésie XV. « Je te recommande mes amours, Aurélius, toi qui es redoutable à tous les adolescents beaux ou laids. Satisfais ta passion quand et comme il te plaira, dans toutes les ruelles où tu trouveras un mignon de bonne volonté, je n'en excepte que le mien seul ; mais si ta fureur lubrique s'attaque à lui, malheur à toi ! Puisses-tu, les mains liées, publiquement exposé, subir l'affreux supplice que le raifort et les mulets font souffrir à l'adultère (sans doute le même qu'en Chine). »

Tibulle, dans l'Élégie IV, livre I, donne des leçons aux amants des jeunes garçons.

« Prête-toi à toutes les fantaisies de l'objet que tu aimes.

« Pour l'accompagner, ne crains ni la fatigue de la route, ni le chaud, ni le froid, ni les intempéries.

« Veut-il traverser l'onde azurée, prends la rame.

« Veut-il s'exercer à l'escrime, badine d'une main légère, et souvent laisse ton flanc à découvert, alors tu pourras essayer de lui ravir un baiser qu'il laissera prendre en résistant.

« Bientôt, il accordera ces baisers à tes prières, et enfin, de lui-même, il s'enlacera à ton cou.

« Mais hélas, les jeunes garçons ont pris l'habitude d'exiger des présents. Enfants, aimez les doctes poètes, l'or ne doit pas l'emporter sur la muse. Que le barbare qui est sourd à leur voix, qui vend son amour, soit attaché au char de Cybèle, qu'il se mutile honteusement au son de la flûte phrygienne.

« Vénus elle-même veut qu'on écoute les doux propos; elle s'intéresse aux plaintes de l'amant qui supplie, à ses larmes touchantes. »

Dans son célèbre chapitre : *Des Amours*, Lucien complète ces leçons par la description de la séduction finale.

Après avoir vu et contemplé, le désir vient de se rapprocher par l'attouchement. Il commence par le chatouiller seulement du bout des doigts en quelque endroit découvert, puis il promène la main sur tout son corps de la même manière, ce qu'on lui permet sans difficulté. Ensuite il essaie de prendre un baiser, chaste d'abord, où ses lèvres sont simplement juxtaposées à celles de son ami et s'en écartent avant de les avoir touchées complètement, de manière à n'éveiller chez lui aucun soupçon. A mesure qu'il trouve plus de complaisance, il renouvelle les baisers et les prolonge comme dans une sorte d'effusion, sans passion, mais alors, aucune de ses mains ne reste inactive. Ces embrassements apparents dans les vêtements condensent la volupté et augmentent progressivement l'excitation; alors par une manœuvre lubrique, il glisse la main sous le sein de son ami et presse les mamelons qui entrent en érection; ensuite il caresse mollement de ses doigts le ventre arrondi et ferme et descend dans la tendre touffe qui ombrage la puissance des organes.

« Si énim vel summis tantum digitis attigerit, totum corpus fructus ille percurrit. Hoc ubi facilè consecutus est, tertio tentat osculum, non statim luxuriosum illud sed placidè admovens labia labiis quæ prius etiam quàm plane se contigerint desistant, nullo suspicionis relicto vestigio. Deindè concedenti se quoque accommodans longioribus amplexibus quasi illiquescit, etiam placidè os diducens nullamque manum otiosam esse patitur : nam manifesta illa in vestimentis complexionis voluptatem conglutinant, aut latenter lubrico lapsu dextra sinum subiens, mamillas premit paulum ultrà naturam tumentes, et duriusculi ventris rotonditatem digitis molliter percurrit, post hoc etiam primæ laluginis in pube florem. »

L'amour, trouvant une occasion favorable, s'emporte à une entreprise plus hardie et frappe enfin le but qu'il a visé.

Dans sa satyre VI contre les femmes, l'austère Juvénal conseille de prendre un mignon plutôt qu'une épouse.

« Le lit conjugal a été souillé dès l'âge d'argent, et tu te laisses, Posthume, atteler au joug.

« Manques-tu de moyens pour y échapper? N'y a-t-il plus de cordes? plus de fenêtres aux derniers étages? N'as-tu pas le pont Emilien près de ta demeure?

« Et s'il te déplaît de quitter ce monde, pourquoi ne préfères-tu pas à une fiancée cet adolescent qui dort près de toi? Lui au moins ne profitera pas, la nuit, de votre intimité, pour te tourmenter, pour te demander des cadeaux ; il n'exige point que tu t'attaches à ses flancs et que tu te mettes hors d'haleine aussi longtemps qu'il lui plaît. »

On peut voir dans ce conseil une simple boutade poétique ; de même il ne faut voir qu'une ironie dans la conclusion de Lucien sur le même sujet.

N° 4. — Dans le chapitre xxxviii déjà cité, Lucien se met en scène avec un partisan des femmes et un Philopède, qui l'ont pris pour juge entre eux. Chariclès, l'avocat de l'amour avec les femmes, parle avec beaucoup de raison et d'éloquence et termine ainsi :

« On peut, à la rigueur, concevoir jusqu'à un certain point que l'homme use de la femme comme vous usez d'un mignon, mais jamais et en aucune façon il ne doit remplir l'office de femme.

« Si le commerce d'un homme avec son semblable est honnête, qu'à l'avenir les femmes puissent s'aimer et s'unir entre elles ! que ceinte de ces instruments infâmes, inventés par le libertinage, monstrueuse imitation faite pour la stérilité (peut-être importés à Rome de l'Inde où nous verrons plus loin qu'ils étaient fort en usage), une femme embrasse une autre femme comme le ferait un homme, que 'obscénité de nos tribades triomphe impudemment. Que nos gynécées se remplissent de Philénis qui se déshonorent par des amours androgynes. Et combien ne vaudrait-il pas mieux qu'une femme poussât la fureur de sa luxure jusqu'à vouloir faire l'homme que de voir celui-ci se dégrader au point de jouer le rôle d'une femme. »

L'avocat de la philopédie, un rhéteur d'Athènes, réplique :

« L'amour avec un mignon est le seul qui puisse allier la volupté à la vertu, car les femmes sont une chaîne et souvent un tourment qui ne laisse point l'homme maître de lui-même, tandis qu'un jeune garçon peut être un ami, un disciple, un compagnon d'exercices de tout genre. D'ailleurs l'amour masculin a sur l'autre la supériorité du plaisir sur la fonction, du superflu sur le nécessaire, etc. etc. »

Ce discours ressemble beaucoup à celui de l'avocat dans les *Plaideurs* de Racine, et Lucien le prête au philopède avec une intention évidente de ridicule. La cause est entendue, le juge prononce la sentence suivante, fine ironie contre la philosophie et les philosophes de son temps :

« Le mariage est infiniment utile aux hommes ; il rend heureux quand on rencontre bien. Mais la philopédie, considérée comme la sanction d'une amitié pure et chaste (cas de Socrate et d'Alcibiade), n'appartient, selon moi, qu'à la seule philosophie. Je permets donc à tous hommes de se marier, mais les philosophes seuls ont le droit d'aimer les jeunes gens ; la vertu des femmes n'est pas pour eux assez parfaite. Ne sois point fâché, Chariclès, si Corinthe (la ville des courtisanes) le cède à Athènes (la ville des philosophes et des mignons). »

N° 5. — Martial adresse nombre d'épigrammes aux philopèdes et aux gitons.

IX, 64. — « Tous les gitons t'invitent à souper, Phébus ; celui qui vit de sa mentule n'est pas, je pense, un homme pur.

XI, 22. — Il maudit un pédéraste masturbant.

XI, 26. — Au jeune Théophorus. « Donne-moi, enfant, des baisers parfumés de Falerne et passe-moi la coupe après y avoir trempé tes lèvres. Si tu m'accordes en outre les vraies jouissances de l'amour, moins heureux sera Jupiter avec son Ganymède. »

XII, 64. — Sur Cinna. D'un esclave plus blond, plus frais que le fût jamais esclave, Cinna fait son cuisinier, Cinna est un fin gourmet. »

XII, 69. — A Paullus. « Comme pour tes coupes et tes tableaux, Paullus, tu n'as, en fait d'amis, que des modèles. »

XII, 75. — Sur les mignons. « Politimus n'est bien qu'avec les jeunes filles; Atticus regrette ingénument d'être garçon; Secundus a les fesses nourries de glands; Diodymus est lascif et fait la coquette; Amphion pouvait naître fille. Je préfère, ami, les douces faveurs de ces mignons, leurs dédains superbes et leurs caprices à une dot d'un million de sesterces. »

XI, 43. — Contre Sabellus.

« Tu m'as lu, Sabellus, sur des scènes de débauche, des vers par trop excessifs et tels que n'en contiennent pas les livres obscènes d'Elephanta. Il s'agit de nouvelles postures érotiques, de l'accouplement par cinq formant une chaîne, enfin de tout ce qu'il est possible de faire quand les lumières sont éteintes; ce n'était pas la peine d'être si éloquent. »

« N° 6. La sodomie dans les armées et chez les femmes.

D'après Catulle, la philopédie était de son temps tout à fait générale à Rome, dont la plupart des citoyens étaient encore à cette époque des soldats. C'est dans les camps, sans doute, qu'ils avaient contracté ces habitudes qu'on trouve déjà chez les Grecs dans les armées.

Ainsi on lit dans la *Retraite des Dix mille* (Xénophon) que, pour alléger la marche, on ne permit aux mercenaires d'emmener avec eux aucun impedimentum, butin ou esclave, excepté un jeune garçon pour chaque soldat.

Les *Mille et une Nuits* sont un recueil de Sodomies que la traduction de Galand a transformées en galanteries décentes.

Cette débauche existe dans nos corps indigènes d'Afrique et, pour ce motif, on ne devrait point y admettre de Français, même comme engagés volontaires.

Malheureusement on la trouve aussi dans les compagnies de discipline. On voit à quelle démoralisation sont exposés les enfants de famille honnêtes condamnés par les conseils de guerre.

Il fut un temps où quelques officiers d'Afrique avaient pris goût à la sodomie imparfaite.

Les patronnes de quelques maisons de tolérance de France se plaignaient des offenses faites par eux à la dignité de leurs nymphes.

Cependant quelques femmes provoquent à cette débauche et y prennent un certain plaisir (la proximité du rectum et du canal vaginal établit une sympathie du premier avec le vagin et l'utérus) et elles l'accompagnent ou la font accompagner d'une autre, le clytorisme. On a remarqué dans les hôpitaux que, chez toutes les femmes traitées pour ulcérations anales, on trouve en même temps des déformations vulvaires provenant de la manualisation et du saphisme. La crainte de la conception est sans doute le motif déterminant de cette double débauche. Cependant on a vu des femmes qui avaient remplacé le vagin absent par l'urètre et le rectum, être ainsi fécondées.

A la clinique gynécologique et siphyligraphique de l'hôpital de Lourcine, le docteur Martineau s'exprimait ainsi :

« Ceux d'entre vous qui assistent à mes visites ont pu s'assurer de la fréquence de la sodomie chez les femmes qui fréquentent l'hôpital de Lourcine. Si je la vois coïncider chez les filles publiques avec la prostitution ordinaire, je la constate le plus souvent chez les femmes qui ignorent l'abjection d'un acte qui leur est imposé par leur mari.

« A l'hôpital de Lourcine je dois même dire que c'est le cas le plus ordinaire ; je l'observe bien plus fréquemment chez les femmes mariées, chez les jeunes femmes, chez les filles débauchées, il est vrai, mais non prostituées. En consultant mes observations, je trouve surtout des domestiques, des couturières, des modistes, des demoiselles de café, etc., etc., et très rarement des prostituées. La sodomie donc, pas plus que les déformations vulvaires provenant de la manualisation et du saphisme, n'appartient pas à la prostitution. On la rencontre indifféremment chez la femme mariée et chez celle qui vit dans le concubinage ; chez toutes on trouve, en même temps que les traces de sodomie, des déformations vulvaires provenant de la manualisation et du saphisme.

La sodomie s'observe à tous les âges de la femme, depuis huit ans jusqu'à cinquante et même plus ; elle est surtout fréquente entre seize et vingt-cinq ans parmi les observations recueillies à l'hôpital de Lourcine. Les femmes qui viennent là ne présentent pas des habitudes invétérées de sodomie comme les prostituées. »

A. Tardieu avait fait les mêmes remarques, et il nous dit :

« Chose singulière, c'est principalement dans les rapports conjugaux que se sont produits les faits de cette nature. C'est, en général, très peu de temps après le mariage que les hommes commencent à imposer à leurs femmes leurs goûts dépravés. Celles-ci, dans leur innocence, s'y soumettent d'abord ; mais plus tard, averties par la douleur ou renseignées par une amie, par leur mère, elles se refusent plus ou moins opiniâtrement à des actes qui ne sont plus dès lors tentés ou accomplis que par la violence. C'est dans ces derniers cas seulement que le médecin intervient, consulté par la justice. La cour suprême a rendu plusieurs arrêts consacrant le principe que le crime d'attentat à la pudeur peut exister de la part du mari se livrant sur sa femme à des actes contraires à la fin légitime du mariage, s'ils ont été accomplis avec violence physique. »

Les révélations des hommes de l'art expliquent comment des théologiens ont pu, sans être des érotomanes ou des exploiteurs de consciences, tracer aux confesseurs la règle suivante :

« Immédiatement avant le mariage, avertir la fiancée qu'elle devra se refuser à tout ce qui est contraire à la procréation, et en cas de doute sur l'application de cette prescription dans le mariage, consulter au besoin son confesseur. »

Il peut arriver, surtout dans le bas peuple, qu'une femme ne trouve pas chez une autre de son intimité, pas même chez sa mère, les lumières ou la moralité nécessaires pour être bien et suffisamment renseignée.

CHAPITRE IV

Le rôle de l'homme dans l'union.

L'homme doit faire tout ce qu'il peut pour procurer le plaisir à la femme.

Lorsque la femme est sur son lit et comme absorbée par sa conversation, l'homme défait le nœud de son vêtement inférieur; et, si elle le querelle, il lui ferme la bouche par des baisers.

Beaucoup d'auteurs sont d'avis qu'il doit commencer par lui sucer le mamelon des seins.

Lorsque son linga est en érection, il la touche avec les mains en différents endroits et caresse agréablement les diverses parties de son corps.

Si la femme est timide et se rencontre avec lui pour la première fois, il placera sa main entre ses cuisses qu'elle serrera instinctivement.

Si c'est une très jeune fille, il mettra les mains sur ses seins qu'elle couvrira sans doute avec les siennes, sous les aisselles et sur le cou.

Si c'est une femme mûre, il fera tout ce qui pourra plaire à tous deux et ce qui conviendra pour l'occasion.

Puis il lui prendra la chevelure et le menton entre ses doigts pour les baiser.

Si c'est une jeune fille, elle rougira et fermera les yeux.

Par la manière dont elle recevra ses caresses, il devinera ce qui lui plaît le plus dans l'union.

A ce sujet, Souvarnanabha dit : Quelque chose que l'homme fasse dans l'union pour son plaisir, il doit toujours presser la partie du corps de la femme vers laquelle elle tourne les yeux.

Voici quels sont les signes de la jouissance et de la satisfaction chez la femme.

Son corps se détend, ses yeux se ferment, elle perd toute timidité, fait effort pour que les deux organes soient unis aussi étroitement que possible.

Quand, au contraire, elle n'éprouve point de jouissance, elle frappe sur le lit avec les mains, ne laisse point l'homme avancer, elle est maussade, mord l'homme, lui donne des coups de pied et continue son mouvement quand l'homme a fini.

Dans ce cas, l'homme doit frotter, en l'ébranlant, le yoni de la femme avec sa main et ses doigts (comme l'éléphant frotte avec sa trompe) avant de commencer l'union, jusqu'à ce qu'il soit humide, et, ensuite, y introduire son linga.

Il reprend le même mouvement avec sa main après son spasme, si celui de la femme ne s'est pas encore produit (voir à ce sujet l'appendice).

Il y a neuf actes que l'homme doit accomplir.

1° LA PÉNÉTRATION OU MOUVEMENT EN AVANT. — Les deux organes se portent tout droit l'un vers l'autre, exactement en face ;

2° LA FRICTION OU BARATEMENT. — Le linga tenu dans la main est tourné en rond dans le yoni, autour des bords (comme dans le baratement du beurre) ;

3° LE PERCEMENT. — Le yoni est abaissé et le linga frappe sa partie supérieure ;

4° LE FROTTEMENT. — Dans la même situation, le linga frappe contre la partie inférieure du yoni ;

5° LA PRESSION. — Le linga presse le yoni pendant un temps long ;

6° LE COUP. — Le linga, tiré hors du yoni, y revient ensuite et le frappe fort et à fond; la sortie rend de la vigueur au linga, retarde le spasme de l'homme; le retour tend à accélérer celui de la femme;

7° LE COUP DU VERRAT. — Le linga revient frapper seulement une partie du yoni;

8° LE COUP DU TAUREAU. — Le linga dans sa rentrée frappe à la fois les deux côtés du yoni;

9° LE SPORT DU MOINEAU. — Le linga a un mouvement très rapide de va et vient dans le yoni sans en sortir.

Cela se fait généralement vers la fin de l'union, lorsque l'homme sent qu'il ne peut plus retarder son spasme.

APPENDICE AU CHAPITRE IV

PLAISIR DE LA FEMME DANS L'UNION

Vatsyayana discute longuement les opinions des anciens sages sur la semence de la femme; nous préférons donner les résultats de la science moderne sur ces questions si vieilles.

Dans l'union, le clitoris grossit et se dresse; les grandes et les petites lèvres se gonflent; le tissu érectile du vagin entre en action, excité par le frottement; la muqueuse vulvo-utérine sécrète, conjointement avec les glandes, une humeur visqueuse qui rend le canal plus glissant.

Cette secrétion, bien qu'elle apparaisse quelquefois sous la forme d'un fluide laiteux, n'est point une éjaculation, car la femme n'a pas d'appareil éjaculateur.

Le plaisir, chez la femme, est dû, pour la plus grande partie, aux chatouillements exercés sur le clitoris, et, pour le reste, aux frottements produits sur les parois du vagin et les petites lèvres, pendant l'action.

Si le spasme voluptueux a moins de violence chez la femme, il est par contre plus prolongé que chez l'homme.

Les femmes nerveuses ou à imagination ardente éprouvent un plaisir très vif au moindre chatouillement des parties. Tout contact par l'homme les impressionne.

Les femmes lymphatiques, grasses, n'arrivent au spasme vénérien qu'après de longues caresses et excitations des organes.

Le Docteur Jules Guyot, *bréviaire de l'amour expérimental*, s'exprime ainsi sur le sujet, dans sa 3e méditation.

« Tant que le spasme n'est pas déterminé dans les deux parties, la fonction n'est pas accomplie; l'homme n'a pas émis le fluide vivant, la femme n'a pas projeté de ses limbes, dans l'utérus, des ovules avec toute l'énergie nécessaire. »

Une cause déterminante du spasme réside dans les mamelles et surtout dans les titillations et la succion des mamelons.

Beaucoup de jeunes filles croient permis et permettent à leurs amies et quelquefois à leurs amis la titillation et la succion de leurs seins; leur pudeur ne s'en effarouche point comme de l'attouchement des parties secrètes. C'est ce que le docteur Gauthier appelle l'onanipumammaire, très commun dans les pensionnats.

L'impression ressentie détermine constamment l'érection du clitoris; et la friction de ce dernier organe, simultanée à la succion ou à la friction des mamelons, amène nécessairement le spasme génésique.

Rarement, le baiser avec les lèvres et dans la bouche peut produire un pareil résultat.

Dans l'état de besoin et de désir, les lèvres vaginales de la femme sont fermes et vibrantes, les seins sont gonflés et les mamelons en érection.

Si la femme ne présente pas ces signes, l'homme doit les déterminer par ses caresses, et ne doit accomplir la connexion que lorsqu'il est parvenu à produire le désir chez la femme.

Dans ce cas, il commence par toucher délicatement le clitoris.

Le clitoris est placé en haut et en avant de la vulve, sous deux petites lèvres, tout près et au-dessous du pubis ou mont de Vénus, à la commissure supérieure des grandes lèvres, comme serait un bouton de violette caché sous les feuilles supérieures; il est court, et le plus souvent a 2 ou 3 centimètres de long; il est de quelques centimètres au-dessus du vagin, canal de 4 à 10 centimètres de diamètre qui monte de la vulve à la matrice ou utérus.

La vulve ou vestibule des organes génitaux de la femme s'ouvre de haut en bas par deux replis membraneux placés de chaque côté; ce sont les grandes et les petites lèvres, celles-ci au-dessous de celles-là, qui, par leur accolement naturel, forment le vestibule.

Par suite de cette disposition, le pénis, en s'introduisant dans le vagin, ne touche que rarement le clitoris; mais il le touche dans la connexion complète, par le contact et le frottement extérieur des surfaces supérieures du pénis et des parties subspubiennes de la femme; en d'autres termes, le pénis qui se meut de bas en haut vient choquer ou presser la tête du clitoris qui lui se dirige toujours de haut en bas. Dans ce cas, l'excitation du clitoris se communique nécessairement à tout le reste de l'appareil génital de la femme.

Lorsque le vagin entre en érection, soit spontanément, soit par l'excitation des autres organes, il se porte en avant, s'entr'ouvre et favorise ainsi l'introduction du pénis qui, si cette introduction était intempestive ou violente, pourrait déchirer les parois du vagin et blesser la femme au col de l'utérus.

« La matrice, » dit Platon, « est un animal qui se meut extraordinairement quand elle hait ou aime passionnément quelque chose. Son instinct est surprenant lorsque par son mouvement précipité elle s'approche du membre de l'homme pour en tirer de quoi s'humecter et se procurer du plaisir (*a*).

Si les parties de la femme n'entrent point en érection, le pénis se meut dans le vagin qui reste insensible; dans ce cas l'homme seul éprouve un plaisir et le spasme, par l'effet de la friction exercée sur les parois internes du vagin par le pénis.

L'homme peut ainsi s'épuiser sans que la femme éprouve aucun plaisir, parce que, soit par ignorance de la nature de la femme, soit par impétuosité passionnelle, il n'agit que sur les muqueuses vaginales.

Dans ces conditions, la femme reste froide, insensible, souvent même elle souffre; l'homme s'offense de son inertie, de sa stérilité, car elle ne peut concevoir en cet état.

De là naissent la désaffection et l'infidélité souvent réciproques qui seraient évitées sûrement par des rapports mieux compris entre époux.

C'est sans doute pour éviter ces fâcheux effets que des théologiens permettent et même conseillent à la femme des attouchements sur elle-même qui suppléent à l'insuffisance du mari pour déterminer son spasme et pour, autant que possible, le faire coïncider avec celui de l'homme.

La matrice est située dans l'excavation du bassin; son axe, dirigé obliquement de haut en bas et d'avant en arrière, occupe la ligne médiane entre la vessie et le rectum. Il est maintenu dans sa position par les ligaments ronds et les ligaments larges qui, lâches et flexibles, lui permettent de flotter, pour ainsi dire, dans l'excavation du bassin et d'y exécuter des mouvements plus ou moins étendus. C'est pour quoi on l'attire facilement vers la vulve dans certaines opérations chirurgicales et, lors de la grossesse, elle se déplace et s'élève dans l'abdomen.

(*a*) Cuveillier. — La matrice (mater) ou utérus (utriculus, outre) est l'organe de la gestation, le vase où se produit la fécondation par la semence virile des œufs détachés de l'ovaire.

CHAPITRE V

Ce qui se passe quand la femme prend le rôle actif.

Certaines conditions physiques dans lesquelles se trouve l'un des amants, notamment la fatigue de l'homme à la suite d'efforts prolongés sans crise finale (il est des hommes qui restent ainsi indéfiniment en érection), peuvent déterminer la femme à prendre alors le rôle actif. Souvent l'amour du changement et la curiosité suffisent pour l'y décider.

Il y a deux cas : celui ou la femme, durant la connexion, pivote sur l'homme de manière à continuer l'union sans interrompre le plaisir ; et celui où elle prend la position de l'homme dès le début de l'action.

Dans ce dernier cas, avec des fleurs dans ses cheveux flottants, et des sourires mêlés de gros soupirs, elle presse le sein de son amant avec ses seins, et, baissant la tête un grand nombre de fois, elle le caresse de toutes les manières dont il avait l'habitude de la caresser et de l'exciter, en lui disant : « Vous avez été mon vainqueur, je veux, à mon tour, vous faire demander grâce. »

Par intervalles, elle jouera la honte, la fatigue et le désir de terminer la connexion.

Cependant, outre les neuf actes propres à l'homme elle fera encore les trois suivants.

Les PINCES. — Elle tient le linga dans l'yoni, le fait pénétrer par une sorte d'aspiration répétée, le serre et le garde ainsi longtemps.

Le pivot. — Pendant la connexion, la femme tourne autour de l'homme comme une roue horizontale autour d'un axe vertical.

Le balancement. — C'est l'inverse du baratement; l'homme soulève le milieu de son corps et la femme imprime au milieu du sien et aux organes engagés ensemble un mouvement oscillatoire et tournant (App. n° 1).

Quand la femme est fatiguée, elle pose sa tête sur celle de son amant et reste ainsi, les organes continuant à être unis; quand elle est reposée, l'homme tourne autour d'elle et recommence l'action (App. n° 2).

APPENDICE AU CHAPITRE V

N° 1. — Dans Pétrone, *Satyricon*, CXI.

« Une mère amène sa fille à Eumolpe. Le vieillard se couche sur le dos dans son lit, fait étendre la jeune fille sur son corps, membres contre membres; puis il enjoint à son valet Coréas de se glisser sous le lit et s'appuyer sur le parquet pour soulever son maître avec ses reins. L'ordre est d'aller doucement. Il obéit et répond par des mouvements égaux à ceux de l'habile écolière.

« Cependant l'exercice touche à sa fin, Eumolpe crie à l'esclave de presser la mesure, et ainsi balancé entre la nymphe et Coréas, il semble jouer à l'escarpolette. »

N° 2. — Ovide, *Art d'aimer*, livre III.

« Femmes, laissez-vous aller à la volupté; qu'elle remue jusqu'à la moëlle de vos os et que le plaisir soit égal et pour vous et pour votre amant; qu'il s'exhale en petits cris de joie, en tendres paroles, en doux murmures, que les propos licencieux redoublent votre ardeur.

« Que je plains la femme qui ne ressent point le plaisir, qu'elle feigne au moins d'en éprouver et qu'elle ne se trahisse point dans cette feinte!

« Que ses cris, ses yeux tournés, ses torsions concourent à nous tromper et que sa voix mourante, sa respiration oppressée achèvent l'illusion.

« O honte! la volupté a ses tricheries et ses mystères!

« Aussi n'ayez point dans votre chambre à coucher une lumière trop vive; beaucoup de choses, chez une belle, ont besoin du demi-jour. »

CHAPITRE VI

De l'Auparishtaka ou hyménée avec la bouche.

DES EUNUQUES ET AUTRES PERSONNES QUI SONT LES INSTRUMENTS DE CETTE UNION (App. n° 1).

Il y a deux sortes d'eunuques : ceux qui s'habillent en hommes et ceux qui se font passer pour des femmes.

Ce que l'on fait aux femmes sur le Jadgana, se fait dans la bouche de ces eunuques; cela s'appelle l'auparishtaka (App. n° 2). C'est le moyen d'existence de ces eunuques qui vivent comme des courtisanes (App. n° 3).

Les ennuques qui s'habillent en hommes cachent leurs désirs. Quand ils veulent y donner cours, ils font le métier de masseurs.

Un eunuque de cette sorte tire à lui les cuisses de l'homme qu'il masse et lui touche les joints des cuisses et le jadgana.

S'il trouve le linga en érection, il l'excite par le jeu de la main.

Si l'homme, qui connaît par là son intention, ne lui dit pas de procéder à l'auparishtaka, il commence de lui-même à besogner.

Si, au contraire, l'homme lui en fait la demande, l'eunuque paraît s'offenser d'une telle proposition, n'y consent et ne s'y prête qu'avec difficulté.

Il se livre alors à huit exercices gradués, mais ne passe de l'un à l'autre que sur la demande de l'homme.

1° L'UNION NOMINALE. — L'eunuque, tenant le linga dans la main et le pressant entre ses lèvres, imprime un mouvement à sa bouche.

2° La MORSURE SUR LES CÔTÉS. — L'eunuque saisit avec ses doigts ramassés comme le bouton d'une plante ou d'une fleur le bout du linga et il en serre les côtés avec ses lèvres et même avec les dents.

3° La SUCCION EXTÉRIEURE. — L'eunuque presse le bout du linga avec ses lèvres fortement serrées et le pousse dehors par cette pression, puis le reprend avec ses lèvres et répète le même jeu.

4° La SUCCION INTÉRIEURE. — L'eunuque introduit le linga dans sa bouche, le presse avec ses lèvres et le tire en dehors ; puis il le reprend dans sa bouche et continue ainsi.

5° Le BAISER. — L'eunuque, tenant le linga dans sa main, le baise à la manière décrite pour le baiser de la lèvre inférieure.

6° Le LÈCHEMENT. — Après le baiser, l'eunuque touche le linga de tous les côtés avec la langue et en lèche le bout.

7° La SUCCION DE LA MANGUE. — L'eunuque met la moitié du linga dans sa bouche et le suce avec force.

8° L'AVALEMENT. — L'eunuque introduit le linga tout entier dans sa bouche et en presse le bout au fond de sa gorge, comme s'il voulait l'avaler.

Les domestiques mâles font quelquefois l'auparishtaka à leur maître. Il se pratique aussi entre intimes.

Quelques femmes du harem, très ardentes, se le font aussi entre elles, en unissant la bouche à l'yoni (c'est un mode des amours lesbiennes ou saphiques, la titillation du clitoris par la langue).

Quelques hommes caressent ainsi le yoni des femmes et y font les mêmes actes et mignardises que dans le baiser de la bouche (App. 4 et 5). Dans ce cas, quand la femme est renversée, la tête en bas, vers les pieds de l'homme, celui-ci caresse le yoni avec sa bouche et sa langue. C'est l'*union de la corneille* (figurée au temple souterrain d'Éléphanta).

Par passion pour cette sorte de plaisirs, des courtisanes quittent des amants généreux et possédant de bonnes qualités pour s'attacher à des esclaves et à des cornacs (App. 6).

Contrairement à l'opinion des anciens casuistes qui sont plus sévères, Vatsyayana est d'avis que l'Auparishtaka n'est défendu qu'aux maris avec leurs femmes. Il ajoute que, pour les pratiques de l'amour, on ne doit obéir qu'à l'usage du pays et à son propre goût.

On retrouve cette maxime chez les philosophes grecs et chez ceux du xviii° siècle.

« L'amour, dit Zénon, est un dieu libre, n'ayant d'autre fonction à remplir que l'union et la concorde. »

« Tout est femme dans ce qu'on aime, dit Lamettrie, l'amour ne connaît d'autres bornes que celles du plaisir. »

Ce principe a été appliqué sans réserve, aussi bien dans le siècle du grand Frédéric que dans celui de Périclès. Frédéric lui-même passait pour sodomiste ; Catherine de Russie se livrait à toutes les dépravations et avait constamment deux amants bien choisis. Que n'a-t-on pas dit du Régent et de ses filles !

APPENDICE AU CHAPITRE VI

N° 1. — Usage actuel de l'Auparishtaka.

L'auparishtaka, aujourd'hui relégué dans les mauvais lieux et dans les ménages onanistes (Gauthier, *Onanisme buccal*), paraît avoir été très commun anciennement dans l'Inde.

On en trouve dans les gravures du chevalier Richard Payne, intitulé le *Culte de Priape*, une représentation empruntée au temple souterrain d'Éléphanta, et où l'homme agit sur la femme qui a la tête en bas.

Les différentes sortes d'auparishtaka se voient aussi dans les sculptures des temples de Civa, à Bhuvaneshwara, près de Cuttak, dans l'Orissa, qui remontent jusqu'au viii° siècle.

L'auparishtaka ne paraît pas habituel maintenant dans l'Hindoustan.

Il y a, en Algérie, des Arabes qui provoquent les hommes à cette débauche ; pour quelques-uns, c'est un moyen de chantage ou de vol.

Dans les maisons de tolérance de Paris, celles mêmes qui sont tenues sur un grand pied, les femmes se prêtent à cette pratique et y provoquent même.

Beaucoup de célibataires d'un âge mûr qui fréquentent ces maisons préfèrent cette pratique à la connexion, non par libertinage, mais parce qu'elle satisfait, sans danger pour leur santé, ce qui n'est chez eux qu'un simple besoin d'hygiène analogue au bain.

N° 2. — Emploi ancien des eunuques.

L'emploi des eunuques est fort ancien en Orient, puisque Putiphar était eunuque.

(Comme Putiphar avait une fille, il faut admettre, ou que la mère de cette fille avait rencontré mieux que Joseph, ou que Putiphar n'était eunuque qu'en apparence et par hermaphrodisme).

A Rome, beaucoup de maris en avaient un pour garder leur femme.

Ovide, livre II, *Les Amours*, adresse à Bagoas l'Elégie deuxième pour qu'il ne soit pas un gardien trop sévère :

« O toi, Bagoas, qui n'es ni homme ni femme, gardien de ma maîtresse, laisse-lui prendre à la dérobée un peu de liberté, et tout ce que tu lui en accorderas, elle te le rendra. Consens à être de complicité avec elle. Un complice discret gouverne la maison, il ne sent plus le fouet. Pour cacher au mari la vérité, on le berce de chimères, et maîtres autant l'un que l'autre, le complice et le mari approuveront ce qu'approuve la femme.

« Une femme caressante obtient de son époux tout ce qu'elle désire.

« Toutefois, que de temps en temps elle te querelle ; qu'elle feigne de verser des larmes et te traite de bourreau.

« Tu lui reprocheras alors des fautes dont elle se justifiera aisément ; elle deviendra par là irréprochable aux yeux de son mari. Ces complaisances te seront bien payées, et tu y gagneras bientôt ta propre liberté. »

N° 3. — Autre emploi des eunuques.

Aujourd'hui les eunuques servent de plastron pour la sodomie aux musulmans de l'Inde ; ils ne se déguisent plus en femmes, attendu que ceux-ci préfèrent les jeunes garçons, à tel point que les Bayadères qui vont chanter et danser chez les princes musulmans s'habillent quelquefois en hommes, pour répondre à leur goût (voir les *Chants des Bayadères*).

Dans tout l'Orient, les masseurs des bains, qui sont des adolescents, s'offrent d'eux-mêmes comme plastrons.

Le nombre des eunuques alla toujours en augmentant à Rome, malgré un édit de Domitien qui interdit la castration, et que Martial a loué dans son Epigramme 3 du livre VI :

« On se faisait un jeu de violer les droits sacrés du mariage, un jeu de mutiler des hommes innocents. Vous défendez cette infamie, César ! et vous rendez service aux générations futures. Personne, sous votre règne, ne sera eunuque ni adultère. Avant vous, cependant, ô mœurs ! l'eunuque lui-même était un adultère. »

Déjà considérable sous les empereurs grecs, le nombre des eunuques le devint bien plus encore sous les successeurs de Mahomet.

On alla jusqu'à faire des eunuques femelles. On fendait le ventre aux jeunes filles pour extirper les ovaires et on coupait le clitoris jusqu'à sa racine ; ensuite on fermait la vulve en rétrécissant les grandes lèvres par des points de suture. On obtenait des êtres sans sexe et sans désirs dont on était plus sûr que des eunuques mâles encore capables de désirs ou bien dont, à défaut même des sens, le cœur pouvait être captivé.

N° 4. — Obscénités sur les chars sacrés de l'Inde.

Cette caresse est la principale de celles figurées sur le char sacré de Mazulipatam par un groupe de six personnes : un homme besognant cinq femmes avec sa langue, ses pieds et ses mains. Rien de plus dégoûtant que cette peinture de grandeur plus que naturelle, dont les enfants des deux sexes se montrent tous les détails constamment exposés à tous les yeux.

Très souvent la masturbation, comme manifestation d'amour, est figurée sur les chars sacrés. Sur celui de Chandernagor une gopi s'y livre en regardant Krishna. Les cariatydes d'un char récemment fait à Pondichéry sont des singes se masturbant.

No 5. — Épigrammes de Martial.

L'Auparishtaka était fort pratiqué à Rome du temps de Domitien, ainsi que le montrent les épigrammes suivants de Martial :

L. II, 49. « Je ne veux pas épouser Thalisma, c'est une libertine... mais elle se donne à de jeunes garçons... Je l'épouse. »

L. II, 50. Contre Lesbie : « Tu suces et tu bois de l'eau, Lesbie ; c'est très bien, tu laves l'endroit qui en a besoin. »

L. II, 73. « Lyris suce, même quand elle n'est pas ivre. »

L. III, 75. Contre Luperculus. « Depuis longtemps, Luperculus, ta mentule a perdu toute vigueur et les aphrodisiaques n'ont pu lui rendre sa vertu. Maintenant tu commences à corrompre à force d'argent des bouches pures, et tu ne réussis pas mieux. Il t'en a bien coûté pour rester impuissant !

L. III, 88. Contre deux frères impudiques. « Ils sont frères jumeaux, mais lèchent chacun un sexe différent ; dites s'ils sont plus ressemblants que différents ! »

L. III, 96. « Tu lèches ma maîtresse et tu ne lui fais rien autre chose ; puis tu babilles comme si tu étais besogneur. Si je t'y prends, Gargitius, je te ferai taire (en te coupant la langue). »

Dans l'épigramme 43 du livre IV, Martial reproche à Coracinus d'être cunnilingue.

L. IV, 50. « Pourquoi, Thaïs, me répéter que je suis trop vieux ? on n'est jamais trop vieux pour lécher. »

L. XI, 25. « Cette libertine éhontée, cette connaissance intime de tant de fillettes, la mentule de Lunius, ne peut plus se dresser ; gare à sa langue ! »

Dans l'épigramme 46 du livre XI, Martial conseille l'Auparishtaka à un vieillard.

L. XI, 47. « Pourquoi Blattara fuit-il tout commerce avec les femmes ? Pourquoi joue-t-il de la langue ? — Pour ne pas besogner (impuissant). »

L. XI, 61. Sur Mantius. « Mantius ne peut plus raidir sa langue libertine, car pendant qu'il la plongeait dans une vulve gonflée de luxure, et qu'il y demeurait attaché, entendant dans l'intérieur les vagissements de l'enfant, une maladie honteuse a paralysé cette langue avide ; aujourd'hui il n'est plus possible à Manlius d'être pur ni impur. »

L. XII, 86. Contre Fabullus. « Les philopèdes, dis-tu, puent de la bouche ; dis-moi, ô Fabulus, que sentent les cunnilingues ? »

On a peine à croire à un tel dévergondage ; cependant, comme Martial adresse plusieurs de ses épigrammes aux hommes qui vivent de leur impudicité, on peut admettre tout comme possible. Le docteur Garnier cité une classe de faits de ce genre et les explique naturellement ainsi que la sodomie, en faisant remarquer que souvent l'anus est un foyer érogène.

Nº 6. — Talents intimes.

On voit, non-seulement dans l'Inde, mais en tout pays, des hommes distingués enchaînés par des femmes sans jeunesse, esprit ni beauté, mais possédant quelques talents intimes comme ceux qui ont fait la fortune de la du Barry.

Diderot donne, dans les *Bijoux indiscrets*, sous le titre: le *Bijou voyageur*, les récits d'une femme laide et sotte qui a gagné une grande fortune par une complaisance cosmopolite. Ceux qui concernent l'Allemagne, l'Italie, et l'Espagne, et qui sont écrits respectivement en latin, en italien et en espagnol, sont curieux; ils nous mettent au courant des vices dominant dans ces pays au xviiie siècle. A Vienne, ce sont les raffinements indiens, les mignardises et l'hyménée par la bouche, les seins, etc En Italie, ce sont les amours florentins (in vas non naturale); en Espagne, des tours de force de prouesses amoureuses, des nuits de plaisir sans trêve ni merci. Pourquoi le *Bijou voyageur* ne se sert-il du français que pour lier et commenter ses *indiscrétions* polyglottes? Diderot fait lui-même la réponse:

« Le lecteur français veut être respecté. »

Nº 7. — Docteur GARNIER, Onanisme buccal.

L'onanisme en général et souvent l'onanisme buccal est aujourd'hui fréquent. Il est la règle dans les unions libres, sans être une exception dans les autres. L'influence directe d'organes étrangers, actifs, conscients, pour ainsi dire, comme les lèvres, la bouche et surtout la langue, a pour effet une impression beaucoup plus vive et profonde que les rapports naturels.

L'odeur spéciale qui se dégage des organes secrets de la femme est, pour certains vert-galants, comme Henri IV, le souverain excitant de l'amour. Elle les surexcite au point qu'ils fouillent avec la bouche et le nez les parties sexuelles et en aspirent les liquides. De là leur nom de renifleurs.

Excitées directement par la succion, l'aspiration et le lèchement de tous leurs organes, les femmes, parvenues au paroxysme, lancent dans la bouche de l'homme, par leur conduit afférent, le mucus glaireux secrété par les glandes vulvo-vaginales. Le plaisir que cette éjaculation procure aux femmes passionnées leur fait rechercher cette débauche. Les femmes galantes la considèrent comme la plus grande preuve d'amour qu'elles puissent recevoir de leurs sigisbés et comme le moyen le plus sûr de les fixer (des femmes dites honnêtes et du monde ont ce goût).

Pour ne pas avoir à rougir d'un office vil non partagé, c'est ordinairement par réciprocité alternative, et souvent simultanée, que des amants libres ou des époux se livrent ensemble à ces écarts. Opposés l'un à l'autre de la tête aux pieds, ils agissent ensemble, chacun de leur côté, avec une telle passion qu'ils en deviennent inconscients (a). Ce vice a quelquefois pour conséquence, chez la femme, l'hystérie,

---

(a) Cette pratique devenue fréquente est appelée par les libertins FAIRE 69.

chez l'homme, la paralysie plus ou moins complète des membres et du cerveau.

La succion du clitoris et le lèchement de la vulve avec la langue constitue le saphisme. Le saphisme féminin est préféré par les femmes lubriques à tous les autres moyens de plaisir. Le saphisme détermine un état particulier du clitoris très caractéristique.

L'auparishtaka ou onanisme buccal entre hommes paraît s'être répandu dans ces derniers temps. Quelques libertins choisissent criminellement pour cet office de jeunes enfants dans la bouche desquels le pénis se meut comme dans le vagin.

TITRE V

COMMENT, POUR L'ACTE SEXUEL, ON VIENT EN AIDE A LA NATURE

CHAPITRE I

Des attouchements.

Lorsqu'un homme ne peut satisfaire une femme Hastini (type éléphant) il est obligé de recourir à des moyens propres à l'exciter. Il commence par lui frotter le yoni avec les doigts ou la main et n'entre en connexion avec elle que lorsqu'elle éprouve déjà du plaisir.

APPENDICE AU CHAPITRE I

N° 1. — Opinion des Théologiens.

Ici, comme dans tout le corps du Soutra, le but poursuivi est la satisfaction de la femme, indépendamment même de la génération ou du dessein d'augmenter l'amour réciproque. Ainsi que nous l'avons fait remarquer dans une note précédente, ces deux dernières fins peuvent, aux yeux des théologiens que nous avons cités, légitimer l'attouchement recommandé par l'auteur indien. Cela résulte, d'ailleurs, implicitement, dans le cas de mariage, du premier alinéa de l'art. 920 de la théologie morale du P. Gury.

920. — Il n'y a pas de péché grave, ni même léger, suivant l'opinion plus commune et plus probable, de la part d'une épouse qui s'excite par des attouchements à répandre sa semence aussitôt après l'acte dans lequel le mari seul l'a répandue :

1° Parce que cette semence est destinée à accomplir l'acte conjugal, pour que les époux ne soient promptement qu'une seule chair, et, de même que l'époux peut se préparer à l'acte par des attouchements, l'épouse peut également le terminer par des attouchements.

2° Parce que, si les femmes, après une telle excitation, étaient tenues de réprimer les mouvements naturels, elles risqueraient de pécher gravement.

Sanchez dit : Conjugi tardivo ad seminandum consuledum est ut ante concubitum tactibus venerem excitet, ut vel sic possit in ipso concubitu effundere semen.

Cet avis est sans doute fondé sur l'opinion généralement admise que la coïncidence des deux spasmes génésiques favorise la conception (se reporter à la note 4 de l'appendice du Chapitre I et à l'appendice du Chapitre IV du Titre IV).

On doit le supposer : 1° à cause de la question suivante que pose Sanchez :

An sit mortale quoties non simul conjuges semen consulte effundant.

Y a-t-il péché mortel quand les deux époux s'entendent pour empêcher la simultanéité de leur spasme respectif ?

2° Parce que, en tout autre cas, les attouchements personnels sont défendus, ainsi qu'il résulte de l'alinéa ci-après de l'article 920 déjà en partie cité du Père Gury :

« Les attouchements sur soi-même en vue du plaisir vénérien en l'absence de l'autre époux, selon l'opinion de plusieurs, constituent un péché grave, parce que l'époux n'a pas le droit de se servir de son propre corps pour son plaisir, mais seulement pour l'acte conjugal. Saint Alphonse considère cette opinion comme plus probable et comme devant être suivie dans la pratique. »

Il n'est question nulle part dans le Kama Soutra des attouchements personnels. La facilité des mœurs doit les rendre très rares dans l'Inde, excepté pour ceux qui font vœu de chasteté. Mais comme les casuistes indiens croient ces derniers incapables d'aucune sorte d'incontinence, ils ont dû considérer les attouchements personnels comme une quantité négligeable.

N° 2 — Opinion des médecins.

AMBROISE PARÉ

Dans son traité de la génération de l'homme (1573) Ambroise Paré conseille au mari de préparer sa femme afin que les deux semences se puissent rencontrer ensemble :

« L'homme étant couché avec sa compagne la doit mignarder, chatouiller, ca-
« resser et émouvoir s'il trouvait qu'elle fut dure à l'éperon ; et le cultivateur n'en-
« trera dans le champ de nature humaine à l'estourdy, sans que premièrement

« n'ait fait ses approches afin qu'elle soit esguillonée et titilée tant qu'elle soit
« éprise du désir du masle et que l'eau lui en vienne à la bouche, afin qu'elle
« prenne volonté et appétit d'habiter et faire une petite créature de Dieu et que
« les deux semences se puissent rencontrer ensemble, car aucunes femmes ne
« sont pas si promptes à ce jeu que les hommes. »

Le Docteur Jules Guyot cite et appuie l'avis d'Ambroise Paré ; Paul Garnier le combat.

Docteur PAUL GARNIER (De l'Onanisme).

« Sauf de rares exceptions, la femme ne ressent point spontanément l'incitation
« qui chez l'homme résulte de l'érection de ses organes ; elle ne l'éprouve que par
« son contact avec lui lorsqu'il la provoque et la transmet par ses caresses. De là
« la nécessité des préludes tout en observant cette règle : » que les organes géni-
« taux de l'un des sexes ne doivent recevoir que l'action naturelle des organes
« génitaux de l'autre sexe à l'exclusion de tout autre contact ou ébranlement, les
caresses des époux avant et après l'union ne devant point s'étendre à ces organes.
Des pratiques contraires mènent à l'onanisme à deux qui a pour la femme les conséquences les plus funestes : la dépravation et la perte de la santé. L'onanisme à
deux détermine presque toujours l'onanisme isolé, et chacun de ces onanismes
engendre fréquemment soit l'hystérie, soit le gonflement et par suite l'hypertrophie
des glandes vaginales, soit l'allongement du col de la matrice, soit un développement du clitoris qui en nécessite l'excision, soit le cancer de la matrice. Le plus
grand de ces maux est la nymphomanie et le moindre la perte de la voix.

CHAPITRE II

Les Apadravyas.

L'homme peut aussi, pour satisfaire une femme, user des apadravyas ou objets qui, mis sur le linga ou autour, en augmentent la longueur ou la grosseur, de manière qu'il corresponde aux dimensions du yoni (a).

Bathravia est d'avis que ces objets doivent être d'or, d'argent, de cuivre, de fer, d'ivoire, de corne de buffle, de bois de différentes sortes, en peau, en cuir, doux, frais, provoquant l'érection, et bien appropriés à leur but.

Vatsyayana, sous ce rapport, s'en remet au goût de chacun.

Voici les différentes sortes d'Apadravyas.

1° L'anneau de la longueur du linga au-dessous de sa tête ; sa surface extérieure doit être rude et garnie de petites saillies hémisphériques ou globuleuses de manière à former une lime à frottement doux qui n'use point.

2° Le couple : formé de deux anneaux.

(a) Les apadravyas ayant pour objet la satisfaction de la femme, leur invention, bien que bizarre à nos yeux, part cependant d'un bon sentiment ; et, sous ce rapport, les hindous valent mieux que les chinois qui estropient leurs femmes pour resserrer les lèvres par le gonflement des cuisses.

Au point de vue du P. Gury, les apadravyas pourraient être permis, quand ils ne forment pas obstacle à la génération.

Nous avons vu plus haut Chariclès, dans Lucien, les qualifier de monstrueux parce que généralement leur emploi a pour objet ou conséquence la stérilité. Ce emploi était commun à Rome où sans doute l'Inde les avait importés.

3° Le bracelet : formé de plusieurs anneaux ayant ensemble la longueur du linga.

4° La spirale : elle s'obtient en enroulant autour du linga un fil métallique, comme du laiton, dont les tours sont très rapprochés.

5° Le Jalaka, tube métallique ouvert à ses deux extrémités ; à l'extérieur, il est rude et parsemé de saillies hémisphériques douces au toucher ; il a les dimensions du yoni ; on l'attache à la ceinture.

6° A défaut du Jalaka, un tube fait de bois de pommier ou du goulot d'une gourde ou d'un roseau amolli avec de l'huile et des essences, qui s'attache à la ceinture avec des cordons ; ou bien une foule de petits anneaux de bois doux et attachés ensemble.

Les tubes peuvent servir, soit en entourant le linga, soit seuls et à sa place (*a*).

Il est d'usage, dans le sud de l'Inde, de se faire un trou dans la peau du linga, comme on s'en fait aux oreilles pour y suspendre des boucles ; à ce trou on accroche divers apadravyas, ceux mentionnés plus haut et d'autres de formes appropriées pour le plaisir de la femme.

L'auteur indique comment on fait grossir le linga pour un mois en le frictionnant avec certaines plantes.

Il prétend que, dans les pays dravidiens, on obtient un grossissement qui persiste indéfiniment en le frottant d'abord avec les soies de certains insectes qui vivent dans les arbres, comme les chenilles : ensuite pendant deux mois avec de l'huile, puis de nouveau avec les soies de chenilles et ainsi de suite.

Le linga gonfle graduellement ; quand il est assez gros, l'homme se couche sur un hamac percé d'un trou, à travers lequel il laisse pendre son linga ; il fait ensuite passer la douleur du gonflement avec des lotions froides (*b*).

(*a*) Ces apadravyas paraissent grossiers ou dangereux. Un industriel qui s'aiderait de la science pourrait, aujourd'hui, en fabriquer d'inoffensifs avec le caoutchouc, et vu leur bon usage, il en pourrait vendre beaucoup dans l'Inde. On peut rattacher à cette sorte d'apadravyas qui peuvent fonctionner sans le linga tous les engins imaginés pour le remplacer (Voir appendice N° 3).

(*b*) Voir la fin du N° 2 de l'Appendice.

Un onguent fait avec le fruit de l'asteracantha longiflora rétrécit pour une nuit le yoni d'une femme éléphant (*a*).

Un autre onguent composé du fruit et du jus de plusieurs plantes élargit le yoni d'une femme gazelle.

(*a*) Aujourd'hui, dans le sud de l'Inde, les femmes usent beaucoup d'astringents pour rétrécir leur yoni. Il en est, dit-on, qui par ce moyen se refont une virginité.

Un jeune médecin de la marine avait commencé une étude de ces procédés qu'il croyait pouvoir être utilisés en Europe ; mais ayant dû quitter l'Inde plus tôt qu'il ne pensait, il ne put réaliser son projet.

Les prostituées qui font abus des astringents perdent toute sensibilité dans la paroi vaginale.

APPENDICE AU CHAPITRE II

N° 1. — Secret de Popée

Dans la note précédente, nous avons parlé des moyens employés par les femmes de l'Inde pour resserrer le yoni.

Le Docteur Debay en indique qui ne sont point dangereux et qui sont usités en France.

Nous citerons seulement le secret de Popée pour paraître toujours vierge.

« Lavez la partie avec de l'eau blanchie par quelques gouttes d'alcool benzoïque ; séchez la ensuite avec des linges fins, et saupoudrez la intérieurement avec de l'amidon. L'effet est très remarquable.

N° 2. — Les ennemis de la virilité

Les transports d'une imagination lubrique et les désirs charnels excessifs sont les plus dangereux ennemis de la virilité.

L'homme raisonnable attend que la nature parle, sans provocation artificielle, et cela même dans l'intérêt de la fréquence de l'acte sexuel ; le seul stimulant doit être l'attrait de la personne.

Tout ce qui échauffe le sang, en accélère la circulation, et le porte au cerveau, prédispose à la frigidité.

Les abus alcooliques et l'usage des mets échauffants détruisent aussi la virilité.

La fréquence excessive de l'acte sexuel nuit à la qualité de la procréation.

Pour ce sujet nous renvoyons au traité fort savant, fort bien écrit et pensé, du docteur Garnier (impuissance physique et morale de l'homme et de la femme). Nous lui empruntons l'application suivante.

Chez un jeune client la verge était recouverte par le prépuce et, en érection, avait à peine la grosseur d'une plume sur deux pouces de long ; les proportions de tout l'appareil génital étaient aussi lilliputiennes.

Un cylindre en caoutchouc, de la forme et du volume d'un pénis ordinaire, avec un canal intérieur dont le diamètre était proportionné à la verge en érection, fut adapté au pubis par une lanière passée sur les lombes comme un bandage de corps. Son élasticité, en permettant aux mouvements du cylindre de se transmettre au pénis emprisonné à l'intérieur, donna un succès complet. En s'essayant ainsi, avec un régime tonique, après un temps assez long, la verge s'étant accrue, le sujet primitivement impuissant put se livrer naturellement au coït.

Ce phallus artificiel est imité du congesteur de Mondat contre le défaut d'érection par anaphrodysie ; de jeunes pucelles pourraient en tenir lieu.

En somme, le moyen de beaucoup le meilleur de développer l'organe est de rendre son action possible et fréquente. Dans ce but les Arabes donnent à leurs fils adolescents des femmes étroites ou habiles à les exciter.

N° 3. — Onanisme mécanique (Docteur Garnier)

Dès la plus haute antiquité les femmes de l'Orient faisaient un fréquent usage de phallus et autres objets matériels, ainsi que le prouve un passage du prophète Ezéchiel.

Chez les anciens le phallus était l'instrument le plus répandu ; plusieurs spécimens de divers modèles trouvés dans les ruines de Pompéi et Herculanum sont exposés au musée de Naples.

On les fabrique à Canton avec un mélange gommo-résineux d'une certaine souplesse et coloré en rose, et on les vend publiquement à Tien-Tsin, ainsi que des albums représentant des femmes nues qui font usage de ces instruments attachés à leurs talons. On les exhibe même au théâtre pour en indiquer aux jeunes femmes l'emploi contre la génération.

On en fabrique aussi à Paris en caoutchouc rouge durci, parfaitement imités, que l'on vend secrètement à des adresses connues de toutes les intéressées. Ils se gonflent à volonté, et du lait ou tout autre liquide placé à l'intérieur, s'échauffant au contact du vagin, s'échappe et se répand au moment psychologique pour rendre l'illusion plus complète.

Les boules japonaises, en usage aussi en Chine et dans les sérails de l'Inde, consistent en deux boules creuses d'égale grosseur, formées par une feuille mince de laiton. L'une est vide, tandis que l'autre contient une boule ou une certaine quantité de mercure coulant ; c'est le mâle. Introduite, dans le vagin, la boule vide la première, elles produisent, au plus petit mouvement des cuisses, du bassin, ou même par l'érection spontanée du tissu érectile, cette secousse légère qui fait les délices des femmes par la titillation voluptueuse qui en résulte et qui se prolonge à volonté.

On sait que l'usage de la machine à coudre est un véritable onanisme mécanique.

N° 4. — Anaphrodisie. Montaigne, l'Arioste, Ovide.

La crainte et la honte de rester en affront devant une femme est une des causes les plus fréquentes de syncope génitale, surtout chez les hommes de la seconde jeunesse.

Il existe chez les jeunes gens une espèce d'aphrodisie accidentelle occasionnée par l'excès de l'amour sentimental. Montaigne raconte qu'il s'est trouvé dans ce cas.

Enfin, l'application soutenue à l'étude et la méditation produisent aussi l'anaphrodisie accidentelle et même habituelle (souvent sans doute chez les religieux).

L'Arioste a décrit, avec beaucoup d'esprit, l'anaphrodisie d'un vieil ermite. Orlando furioso. Canto Ottavo.

L'Angelica e l'Ermita.

    Giù resupina nel l'arena giace
    A tutte voglie dell'ucchio rapace,
49. Egli l'abbraccia et a piacer la tocca;
    Ed ella dorme et non puo far ischermo;
    Hor le baccia il bel petto, Hor la bocca;
    Non e chi lo veddia in quel loco aspro ed ermo
    Ma, nell'incontro, il suo destrier trabocca;
    Chè al desio non risponde il corpo infermo;
    Ed era mal alto perche aveva troppi anni;
    E potra peggio quanto piu l'affanni.
50. Tutte le nie, tutte i modi tenta;
    Ma quel pigro rozzon non però s'alza,
    Inderno il fren gli scuote e lo tormenta
    E non puo far che tenga la testa alta.
    Al fin pressa alla donna s'addormenta.

Angélique et l'Ermite

La plage l'a reçue comme une épave, nue, gisante sur le dos, évanouie, à la merci de l'oiseau de proie.

    Le vieil ermite l'embrasse et la palpe à plaisir;
    Il lui baise tantôt les seins, tantôt la bouche;
    Car personne ne le voit dans ce lieu sauvage et désert.
    Mais son coursier trébuche à la rencontre.
    Son cerveau est en feu, mais son corps est de glace,
    Et son dépit ajoute encore à son impuissance;

Il a beau faire tous les efforts, tenter tous les essais,
Sa rosse fourbue ne veut point se lever ;
En vain, il secoue le frein et la tourmente de la main,
Il ne parvient point à lui faire tenir la tête haute.
Enfin, à bout d'efforts, il s'endort près de la belle.

OVIDE. — *Les Amours.* Livre III, Elégie 7e.

Corine entrelaçait autour de mon cou ses bras d'albâtre ; elle me donnait des baisers lascifs, elle glissait amoureusement sa cuisse sous la mienne, m'appelait son vainqueur, ajoutant tout ce qu'on peut dire pour exalter la passion ; et malgré tout, mes membres sont demeurés engourdis et je n'ai pu me servir de l'instrument du plaisir.

Cache toi pleine de honte, ô la plus vile partie de mon corps ! par toi, j'ai été trouvé en défaut ; tu m'as fait éprouver le plus sensible affront. Ma maîtresse, cependant, ne dédaigne pas de me secourir, dans ma détresse, de sa main délicate ; mais voyant que rien ne pouvait lui rendre la vie, et qu'il demeurait malgré tout insensible : Pourquoi, dit-elle, te joues-tu de moi ? Qui te forçait, insensé, de venir malgré toi partager ma couche ?

Ou tu as été ensorcelé par une magicienne, ou tu t'es épuisé avec une autre avant de venir me trouver.

Aussitôt elle sauta hors du lit, à peine vêtue de sa tunique, et s'enfuit pieds-nus.

CHAPITRE III

Les Aphrodisiaques.

Voici comment on les prépare.

Dans du lait sucré, on met beaucoup de poivre Chaba, et on y ajoute tantôt : 1° Une décoction de la racine de l'uchala, ou bien des graines de la sanseviera, roxbourgiana, et, 2° de l'hédysarum gangeticum, ou du jus de cette plante avec elle, 3° Du jus de Kuiti et de la Kshirika, 4° Ou bien une pâte composée avec l'asperge rameuse et des plantes schvadaustra et goudachi, avec addition de miel et de gui (on sait que ce dernier jouait un rôle dans une préparation magique chez les Druides). 5° Ou bien une décoction des deux dernières plantes, avec des fruits de premna spinosa. 6° Lait sucré dans lequel on fait bouillir des testicules de bouc ou de bélier. 7° Mélange de miel, de sucre et d'esprit, tous trois en quantités égales. Le jus de fenouil dans le lait est un aphrodisiaque saint, qui prolonge la vie et se boit comme le nectar. 8° Une décoction multiple, analogue aux cinq premières indiquées ci-dessus, fouettée avec des œufs de moineau (comme oiseau très amoureux) rend un homme capable de satisfaire beaucoup de femmes.

Une autre composition très compliquée, ne renfermant que des végétaux, donne à l'homme le pouvoir de servir un nombre illimité de femmes.

L'aphorisme suivant (en vers) donne la règle générale sur la matière :

Les moyens de produire la vigueur et l'amour sexuels doivent être empruntés à la médecine, aux védas, à la magie, et à des parents discrets.

On ne doit en essayer aucun d'un effet douteux ou nuisible à la santé ou nécessitant soit la mort d'un animal quelconque, soit un contact qui occasionne une souillure.

On ne doit user que de ceux qui sont *saints*, consacrés par *l'expérience et approuvés par les brahmanes* (a).

(a) Les mots en italique montrent bien le caractère religieux, c'est-à-dire obligatoire que le Kama Soutra attache aux conseils et aux règles qu'il formule.

APPENDICE AU CHAPITRE III

Les Orientaux se sont, de tous temps, occupés des aphrodisiaques; leurs auteurs les divisent en deux classes : les naturels et mécaniques, tels que la flagellation, et les artificiels ou médicinaux.

On cite, dans la première classe, les insectes qu'appliquaient des tribus sauvages, et l'exemple de la jeune femme d'un vieux brahmane qui voulait de nouveau le faire piquer par une guêpe.

Ovide, *Art d'aimer*, livre II, nous conseille la discrétion sur les aphrodisiaques.

Il en est qui conseillent de prendre pour stimulants des plantes dangereuses : du poivre mêlé avec la semence de l'ortie ou du pyrètre broyé, mêlé à du vin vieux. Autant de poisons selon moi, et de moyens qu'interdit Vénus.

Je ne vous défends point cependant l'oignon blanc de Mégare, les herbes stimulantes, les œufs, le miel de l'Hymette, les pommes de pin.

Mais pourquoi, divine Erato, traiter de ces matières qui regardent l'art d'Esculape?

Pétrone s'élève avec force contre les empoisonneuses qui, par leurs drogues, prétendaient exciter l'ardeur génitale.

Il cite la rage de Caligula causée par un hippomane que lui avait donné Cœsonie.

Eusèbe cite la folie de Gallus due à un aphrodisiaque. Lucullus, le gourmand légendaire, et Lucrèce, l'auteur du poème de Natura Rerum, seraient morts au milieu des fureurs frénétiques causées par des breuvages hippomaniques.

Comme Ovide, nous renvoyons aux médecins; nous leur emprunterons seulement quelques indications sommaires.

Les aphrodisiaques les mieux connus sont:

La flagellation, l'urtication, la scarification, l'électricité, les lotions stimulantes sur les organes génitaux avec de l'eau à la glace, de l'eau salée et de l'eau aromatique, le phosphore.

Dans le règne végétal, la sarriette, la menthe poivrée, le cresson alénois, le céleri, l'artichaut et l'asperge, la cinéraire sibérienne, la bénoîte, la muscade, le poivre, la girofle et tous les condiments fortement aromatiques, la vanille et le cacao, le genseng, le salep, la truffe parfumée, l'oronge, la morelle, le bole, le phallus et plusieurs autres champignons, le safran.

Dans le règne animal (poissons et coquillages) les crustacés, tels que le homard, les écrevisses, les mollusques, les cétacés, les pétoncles, les huitres et les autres bivalves, l'ichthyophagie en général.

L'ambre gris, la civette, le castor et le musc, les cantharides; ces dernières et le phosphore sont presque toujours mortels.

Ambroise Paré cite un homme qui mourut de priapisme et d'hémorragie urétrale causée par une potion cantharidée qu'une courtisane, sa maîtresse, lui avait fait prendre.

Le baume de tolu, celui de la Mecque et du Pérou, sont aussi des excitants.

En Chine et dans les contrées de l'extrême Orient on fait un grand usage de l'opium et du hatchi qui procurent, le dernier surtout, des rêves délirants et une ivresse dans laquelle on goûte toutes les joies du paradis de Mahomet. Une personne qui a été empoisonnée avec du hatchi nous a décrit les sensations vraiment extraordinaires qu'elle a éprouvées.

Selon le docteur Gauthier, pour réveiller l'amour, rien n'égale l'expérience d'une prostituée consommée dans les pratiques du métier.

CHAPITRE IV

Des embellissements artificiels.

Ceux qui sont disgraciés à la fois de la nature et de la fortune peuvent pour plaire recourir à des moyens artificiels tels que ceux-ci :

Un onguent fait avec la coronaria tabernamontana, le costus speciosus ou arabicus et la calaphracta flacourtia. On en frotte tout le corps et on se rend ainsi agréable à la vue.

Si on passe une poudre fine extraite des plantes ci-dessus à la flamme d'une lampe alimentée avec de l'huile de vitriol bleu, on obtient un fard noir qui se met sur les cils.

On emploie, de la même manière que le premier onguent ci-dessus mentionné, des huiles extraites de plusieurs plantes : l'herbe de porc, l'échites putrida ; et des fards noirs tirés des mêmes plantes ou de leur mélange, et un onguent composé de même.

On attribue la même propriété à une poudre formée de quelques végétaux et que l'on mange après l'avoir mélangée avec du miel.

Un os de paon ou de hyène doré attaché à la main rend un homme agréable aux yeux des autres (a).

Même succès si l'on s'attache à la main un chapelet de grains de jujubier et de coquilles, enchanté de la manière indiquée par l'Atharva-Véda (livre des incantations magiques) ou par un habile magicien (Appendice 2).

(a) Nous donnons ce détail comme singularité de goût, et le suivant comme exemple de superstition.

APPENDICE AU CHAPITRE IV

N° 1. — Conseils d'Ovide

Nous préférons à ces recettes singulières les conseils d'Ovide, *Art d'aimer*, Livre III.

Il est peu de figures et de corps sans défauts, sachez les dissimuler.

Si vous êtes de petite taille, restez assise ou étendue sur votre lit et là, pour qu'on ne s'aperçoive pas de votre taille, recouvrez vos pieds de votre robe.

Si vous êtes trop mince, portez des vêtements épais et non collants.

Avez-vous le teint pâle? mettez un peu de rouge.

Etes-vous trop brune, employez le poison de Pharos (blanc tiré des entrailles du crocodile, remplacé aujourd'hui par la poudre de riz).

Une belle chaussure doit toujours cacher un pied difforme. Une jambe sèche e maigre doit toujours être bien entourée. Que de minces coussinets rendent les épaules égales; qu'un léger voile couvre les seins quand ils sont trop élevés ou trop amples.

Si vous avez des doigts épais, des ongles peu polis, faites le moins de gestes possible en parlant.

Ne parlez point à jeun si vous avez l'haleine mauvaise et tenez-vous toujours loin de votre interlocuteur.

Evitez de rire, si vous avez les dents noires, trop longues ou mal rangées.

N° 2. — Filtres et magie

Vatsyayana donne encore beaucoup d'autres recettes, les unes superstitieuses, les autres singulières. Nous en donnerons seulement une idée.

1° Compositions bizarres de 6 poudres; un homme qui oint son linga avec l'une d'elles se rend maître de telle femme qu'il veut.

2° Des fards composés avec le résidu de la combustion d'os de chameaux, de chouettes, de vautours et de paons donnent un pouvoir illimité de séduction.

Une certaine composition mélangée de crottes de singes et jetée sur une jeune fille comme un sort l'empêche de jamais se marier.

Si une laque saturée sept fois avec de la sueur des testicules d'un cheval blanc est appliquée à une lèvre rouge, celle-ci devient blanche; elle redevient rouge, si on la frotte avec un certain composé végétal.

De tout temps, jusqu'à la fin du moyen âge, on a cru à la puissance des filtres et de la magie pour faire aimer ou détester, enrichir, vivre ou mourir.

Du temps d'Ovide et de Pétrone, on faisait remonter aux sorcières de la Thessalie cet art porté à Rome sans doute d'abord par les Grecs.

Dans les siècles suivants, l'influence des idées et des supertitions indiennes fut prépondérante à Rome, surtout sur les païens (Juvénal dans ses satires cite plusieurs fois les Indiens). Elle dominait à Constantinople et dans tout l'Orient pendant le bas Empire, alors même que régnait le mysticisme : sous Justinien, au VI° siècle, tout le monde croyait à la magie. Il y avait des recettes vendues au poids de l'or, surtout pour faire mourir. On employait communément des herbes enchantées, notamment la mandragore et aussi le poisson Rémora, des os de grenouilles, la pierre astroïte, l'hippomane et autres drogues.

L'empereur Justinien se croyait thaumaturge et aimait à le faire croire aux autres. On disait dans le peuple que l'Empereur était un démon et pouvait se transformer à volonté. Le grave jurisconsulte Tribonien lui disait avec conviction ou par flatterie qu'il pouvait se faire quand il voulait un pur esprit et se transporter partout surnaturellement.

TITRE VI

DES DIVERS MODES DE MARIAGE

CHAPITRE I

Préceptes généraux.

(Ces préceptes sont conformes aux lois de Manou).

On doit se marier dans sa caste, avec une vierge bien apparentée, riche, noble, belle, et qui a au moins trois ans de moins que soi.

On ne doit point rechercher en mariage une jeune fille dans les cas suivants.

C'est une amie ou une sœur plus jeune ; on la tient cachée ; son nom n'est pas harmonieux ; elle a le nez écrasé ; elle a le nombril effacé et saillant, au lieu d'être creux ; elle est hermaphrodite (App. 1). Sa taille est courbée ou déformée ; elle est nouée ; elle a le front proéminent ; elle manque de tête ; elle est malpropre ; elle a appartenu à un homme ; elle est affectée de goître ou d'autres glandes saillantes ; elle est défigurée plus ou moins ; elle a dépassé l'âge de puberté ; elle transpire continuellement des mains et des pieds (App. 2).

Il faut surtout éviter les mésalliances. Celui qui entre dans une famille supérieure à la sienne n'est considéré ni de sa femme ni des parents de celle-ci. Celui qui épouse une femme de rang inférieur au sien n'obtient point pour elle, dans sa propre famille, les égards ordinaires (App. 3).

Voici quelques aphorismes au sujet du mariage.

Une jeune fille fort recherchée doit prendre pour époux l'homme qu'elle aime et qui lui paraît devoir satisfaire ses désirs de toute nature.

Si ses parents la donnent à un homme riche, uniquement à cause de sa fortune, ou à un homme qui a plusieurs femmes, elle ne s'attachera jamais à lui, quelles que soient ses qualités.

Mieux vaut un mari pauvre et de peu d'apparence, mais tout entier à elle, qu'un homme beau et attrayant qui se doit à plusieurs femmes.

Les femmes d'un homme riche, bien qu'elles jouissent de tous les avantages et plaisirs qu'elles peuvent désirer, ont toujours des amants (a).

On ne doit pas accepter pour mari un homme sans jugement ou déchu de sa position sociale (b), ou passionné pour les voyages, ou chargé de femmes et d'enfants, ou adonné au jeu.

Le véritable époux d'une jeune fille est l'homme qui a toutes les qualités qu'elle aime.

Celui-là seul a sur elle de l'ascendant et du prestige, parce qu'il est l'époux de l'amour.

(a) Aujourd'hui la polygamie est très rare dans l'Inde. Tous les mariages se font par les parents, sans même que les fiancés se connaissent avant la cérémonie. Il n'en est autrement que chez les Indiens convertis et chez les Brahmanes des grandes villes anglaises qui ont eu beaucoup de rapports avec les Européens; on devrait bien répandre parmi tous les Hindous les aphorismes ci-dessus.

(b) *La déchéance*, c'est l'exclusion de la caste, qui est une sorte de mort civile ou d'excommunication. Une condamnation à une peine infamante (prononcée toujours par des juges européens) n'entraîne pas la déchéance aux yeux des Hindous.

APPENDICE AU CHAPITRE I

N° 1. — Hermaphrodisme.

Les hermaphrodites femelles ou femmes à long clitoris, ou tribades, ont généralement les seins, la matrice, les ovaires très peu développés ; le pubis aplati, les hanches étroites, les formes sèches, le système pileux abondant, la lèvre supérieure garnie de poils, la voix forte et tous les traits d'une virago.

Elles n'ont aucun penchant pour les hommes. La plupart recherchent, au contraire, les femmes pour les caresser virilement. Cette sorte de tribades était nombreuse à Rome (a).

Les tribades examinées par le docteur Martineau dans sa clinique n'ont offert rien de particulier (sauf le développement des grandes lèvres) dans la conformation de leurs organes sexuels. Les seules remarques que Roubaud ait faites sur elles est l'absence presque complète des seins et leur goût très prononcé pour l'équitation.

Martial, 67 du livre VII, a fait contre l'une d'elles l'épigramme suivante :

« La tribade Philenis sodomise de jeunes garçons ; toujours en érection, jamais assouvie, jamais ne molissant, elle dévore en un jour onze jeunes filles. La robe retroussée, les membres frottés de la poudre jaune, elle lance le disque et reçoit toute souillée de boue dans la lutte les coups de fouet des lutteurs. Elle ne se met à table qu'après avoir vomi sept mesures de vin, puis elle en avale autant avec seize des pains préparés pour les athlètes. Après cela, elle plonge sa langue, non dans la bouche des hommes, mais dans les appas secrets des jeunes filles, pour faire acte de virilité.

Hermaphrodites mâles.

Les hermaphrodites mâles ou hommes imparfaits dont les testicules sont restés dans le ventre ont une espèce de vulve, un simulacre de vagin, des mamelles quelquefois assez développées, des formes arrondies, une voix grêle, peu ou point de barbe. Ces êtres languissent dans l'impuissance jusqu'à ce qu'un effort de la nature ou un accident jette hors du ventre les testicules qui y étaient restés cachés : alors ces sujets équivoques deviennent des hommes.

Dorothée Perrin, née en Russie en 1780, réunissait complètement les deux sexes ; les organes virils étaient placés au-dessus du vagin ; elle aurait pu se féconder elle-même.

(a) La tribadie est le vice qui fait rechercher aux femmes leurs semblables pour se frotter l'une contre l'autre par plaisir ; d'où le nom de fricatrices qui leur a été donné.

N° 2. — Causes d'empêchement au mariage aux yeux de l'Église.

Toutes les causes d'empêchements énumérées par Vatsyayana sont physiques ou sociales. Il n'est pas sans intérêt de les rapprocher de quelques causes d'empêchement au mariage aux yeux de l'Église.

Nous avons déjà donné, au chapitre III du titre II, les article 810, 811, 812 de la *Théologie morale* du P. Gury, relatifs à l'alliance. Voici, maintenant, ceux qui concernent l'impuissance.

855. « L'impuissance antécédente et perpétuelle, soit absolue, soit relative, rend le mariage non-valable, d'après le droit naturel, parce que l'objet du contrat conjugal fait absolument défaut, puisque l'union sexuelle est impossible.

« L'impuissance, connue d'une manière certaine, rend l'usage du mariage illicite, même pour un simple essai ; du moment que l'union sexuelle ne peut être parfaite, la fin qui rend ce commerce licite n'existe pas.

859. « Sont réputés impuissants : les eunuques privés des deux testicules, mais non ceux qui n'en n'ont qu'un.

« Dans le doute au sujet de l'impuissance antécédente ou conséquente, on permet l'union aux époux jusqu'à ce qu'ils se soient bien assurés que leurs efforts sont restés impuissants. »

N° 3. — Croisements.

Les empêchements pour cause de mésalliance étaient évidemment motivés, chez les brahmanes, par la connaissance de l'hérédité. Cette hérédité a été reconnue de tout temps, et n'est guère contestée aujourd'hui. Les interdictions pour cause d'alliance doivent avoir été motivées par la connaissance qu'on avait déjà, du temps de Vatsyayana, de l'effet avantageux et même de la nécessité du croisement des races et des familles. Ces interdictions sont légales et absolues en Chine.

Influence du père et de la mère dans la procréation.

Le père transmet à ses filles les formes de la tête, de la charpente pectorale et des membres supérieurs, tandis que la conformation du bassin, de l'abdomen et des extrémités inférieures est transmise par la mère.

Pour les fils, c'est le contraire : d'où il résulte que les garçons procréés par des femmes intelligentes seront intelligents, que les filles procréées par des pères capables hériteront de leurs capacités.

En général, la mère transmet à ses fils ses qualités morales, et le père transmet les siennes à ses filles (docteur Debay).

Le croisement des races, des nationalités, des tempéraments et des constitutions, est une des conditions principales de la callipédie. C'est pourquoi les régions non susceptibles d'être cultivées par des Européens sont prédestinées à être de plus en plus peuplées et dirigées par des mulâtres. De même qu'Abdel-Kader l'a observé pour la race chevaline, il a été reconnu aux colonies que, dans le croisement des races humaines, l'influence du père est prépondérante surtout pour les formes et les qualités extérieures, notamment pour la couleur.

Un fait généralement constaté, c'est l'attrait des blonds ou races blondes pour les brunes ou races de couleur. Les femmes espagnoles et arabes, et les femmes noires ou cuivrées à tous les degrés aiment les Anglais et les Français, sans doute à cause de leur fraîcheur. Le goût des blonds pour les brunes est bien moins général, aussi les croisements tendent-ils à faire prédominer et à répandre les qualités supérieures des races blondes.

L'imagination et la vue continuelle de beaux types ont une grande influence sur la callipédie. Les belles statues, les belles peintures qui autrefois remplissaient la Grèce et remplissent encore l'Italie, jouent certainement un rôle important à ce point de vue.

Le très grand développement qu'ont pris, depuis un demi-siècle, en Europe et principalement en France, les arts du dessin, la photographie, la sculpture, etc., doit avoir eu déjà et avoir dans l'avenir une influence dans le sens de la callipédie, surtout au point de vue de l'expression de la physionomie.

N° 4. — Anomalies sexuelles.

Les anomalies sexuelles si bien étudiées déjà par le docteur Gautier pourront, par les progrès de la science, entrer de plus en plus dans le droit civil et ecclésiastique, comme empêchement au mariage.

Certaines peuplades, notamment en Afrique (Delaporte, *le Voyageur français*, 1872), sont signalées comme pratiquant le *mariage à l'essai*. C'est le seul critérium absolument complet des incompatibilités sexuelles. Le relâchement des mœurs et l'abandon croissant de l'institution de la famille en propagent l'application. Malheureusement ce remède est pire que le mal à conjurer.

CHAPITRE II

Mode de mariage ordinaire entre gens honorables.

Quand le moment est venu de marier une fille, les parents doivent la produire le plus possible ; faire bon accueil à ceux qui viennent, accompagnés de leurs parents et amis, pour rechercher sa main ; et, sous un prétexte quelconque, la leur présenter bien parée.

Quand la demande est faite par des intermédiaires, les parents de la jeune fille invitent ces personnes à prendre le bain et à dîner, mais ajournent leur réponse, pour ne pas paraître trop pressés.

Le prétendant doit se retirer en cas de mauvais présages ; par exemple si, au moment où on présente sa demande, la jeune fille dort, crie ou est absente de la maison.

Le prétendant doit faire agir ses amis auprès des parents de la jeune fille ; ils dénigrent par tous les moyens possibles ses rivaux et le louent lui-même jusqu'à l'exagération, surtout sous les rapports auxquels la mère de la jeune fille attache le plus d'importance.

L'un des amis, *sous le déguisement d'un astrologue* (a), pronostique la prospérité et la richesse futures du prétendant, en faisant voir les présages et les signes heureux, la bonne influence des

---

(a) On voit que, déjà à cette époque, l'astrologie était un moyen de tromperie et de charlatanisme d'un usage général.

planètes, l'entrée opportune du soleil dans le signe du zodiaque le plus favorable, les étoiles propices et les marques de bon augure sur son corps.

D'autres affidés éveillent la jalousie de la mère, en lui insinuant que le prétendant a chance de faire un mariage plus avantageux, lors même que cela ne serait pas (*a*).

Lorsque les parents ont consenti au mariage, celui-ci s'accomplit suivant les rites prescrits par le livre saint pour les quatre sortes de mariage (App. n°s 1 et 2).

(*a*) Il appert de là que la supercherie et le mensonge étaient en toute occasion des moyens autorisés et même conseillés par les Brahmanes.

APPENDICE AU CHAPITRE II

N° 1. — Conventions matrimoniales.

Dans la classe riche, le père de la mariée fait tous les frais de la cérémonie, du trousseau et des cadeaux de noces; quelquefois, les dépenses sont partagées entre les deux familles. Manou défend à tous les gens honorables, même aux Soudras, de rien accepter pour eux-mêmes, de celui qui épouse.

Ils ne peuvent recevoir que des cadeaux pour leur fille.

Dans la classe peu fortunée, les parents du marié ont à faire toutes les dépenses du mariage et du trousseau, et, de plus, ils doivent payer, comme prix de la fille, à ses parents, une somme d'argent déterminée par les usages de la caste ; car, dans les idées du bas peuple, prendre une femme en mariage ou l'acheter, c'est tout un.

On sait qu'il en est de même chez les Arabes de l'Algérie.

Les gens qui n'ont absolument rien, remettent leur fille, sans condition, aux parents du garçon qui règlent toutes choses comme ils l'entendent en donnant seulement ce qu'ils veulent comme prix de la fille.

N° 2. — Fêtes du mariage chez les Hindous.

Les cérémonies du mariage diffèrent peu pour les trois castes aryennes : brahmanes, nobles et vaïssias.

On se réunit sous un pandal ou salle provisoire, formée d'une légère charpente ornée de draperies. Les trois premiers jours sont consacrés à des actes préparatoires; les cinq jours suivants à la célébration du mariage. Le premier jour de la célébration est le mahourta, ou le jour de la commune assemblée, que nous allons décrire.

D'abord, on évoque et on appelle au mariage les dieux principaux et les mânes; on offre un sacrifice au dieu Pouléar (dieu du foyer domestique), et les femmes mariées parent magnifiquement les deux fiancés. Ceux-ci s'étant placés sur une estrade, on réunit l'un à l'autre, par un fil double, deux morceaux de safran sur lesquels on a prié tous les dieux de venir se fixer. L'époux fixe l'un des morceaux de safran au poignet gauche de l'épouse, et celle-ci lui attache l'autre morceau au poignet droit.

Vient alors le don de la vierge par son père; il met la main de sa fille dans celle de son époux, verse dessus un peu d'eau et lui présente du bétel en gage de donation.

On déroule devant les époux une pièce de soie qui est soutenue par douze brahmanes qui la dérobent à la vue. Les brahmanes invoquent successivement les couples des grands dieux : Brahma et Sarasvati, Vischnou et Lakshmi, Civa et Oumâ, afin d'attirer leur faveur sur les nouveaux mariés. Puis, on procède à la cérémonie du Tahly ou cordon terminé par un bijou d'or que les femmes mariées portent au cou, comme signe qu'elles sont en puissance de mari. On place le Tahly sur un coco qui repose sur deux poignées de riz, placées dans un vase de métal; on lui offre un sacrifice de parfums, on le fait toucher à tous les invités hommes et femmes, qui lui donnent des bénédictions. On allume quatre grandes lampes à quatre mèches, et d'autres lampes faites avec du riz, et quatre femmes les tiennent élevées; en même temps, on en allume d'autres en grand nombre, tout autour. Alors l'époux, récitant un mantran, attache, en le nouant de trois nœuds, le Tahly au cou de sa jeune compagne qui a la face tournée vers l'Orient.

C'est l'instant solennel et l'on y fait le plus de bruit possible avec la musique et le chant des femmes. On apporte du feu dans un réchaud, le Pourohita (brahmane officiant), fait le Homan ou sacrifice au feu. Alors l'époux, tenant sa femme par la main, et suivi de tout le cortège des invités réunis par couples et magnifiquement parés, les femmes couvertes de bijoux, fait trois fois le tour du réchaud, en prenant le feu à témoin de ses serments. Puis on apporte au milieu du pandal deux bambous rapprochés; au pied de chacun d'eux on pose une corbeille de bambous dans laquelle l'un des époux se tient placé debout; on apporte deux autres corbeilles pleines de riz et les invités viennent processionnellement leur verser du riz sur la tête comme pour leur souhaiter l'abondance des biens temporels.

Ces cérémonies où ne figurent que des produits de la terre, des fleurs, des fruits, des grains, du beurre, du lait, du miel, sont très gracieuses dans leur ensemble; elles sont relevées par l'éclat des parures indiennes qui, dans les hautes castes, sont très remarquables chez les femmes et les enfants, par les chants et la musique, les danses et les pantomimes des bayadères, et par le costume écarlate des Pourohitas, qui est très pittoresque.

A la cérémonie à laquelle j'ai assisté, il y avait deux Pourohitas qui employèrent tous les intermèdes de leurs fonctions à se disputer la plus grosse part des dons en nature qu'ils reçoivent pour leur office.

On fait aux pauvres de larges distributions de riz.

Ensuite on s'asseoit à un grand festin auquel les époux n'assistent pas. C'est seulement lorsqu'il est terminé que les époux prennent ensemble un repas qui leur est servi sur des feuilles de bananier. C'est la seule fois que l'époux indien fasse à sa femme l'honneur de manger avec elle.

Les quatre derniers jours se passent en cérémonies et réjouissances semblables. La fête se termine par une procession aux flambeaux dans les rues. Les époux magnifiquement parés sont assis en face l'un de l'autre, dans un superbe palanquin; quelquefois ils sont portés sur un éléphant.

Quand les familles sont très riches, rien n'égale la splendeur du cortège; la procession est féérique et coûte jusqu'à 30,000 francs et plus. Éléphants, bayadères, cavaliers, musiciens, chars richement ornés, pyramides et feux tournants s'avançant sur des charriots, rues pavoisées et jonchées de verdure, arcs de triomphe, pièces d'artifices, etc., en un mot, tout ce qui fait l'éclat des fêtes orientales s'y trouve réuni avec un goût parfait.

Les mariages des Soudras (4° caste, non-aryenne) se célèbrent avec moins de cérémonies, mais cependant avec toute la pompe qu'ils peuvent déployer.

Les dépenses que l'usage rend obligatoires pour les mariages sont la cause de la ruine de la plupart des Indiens.

Après ces fêtes, la mariée reste chez ses parents jusqu'à ce qu'elle devienne pubère. Ce moment est l'occasion de nouvelles fêtes semblables. Les Soudras font également des fêtes pour la puberté de leurs filles, lors même qu'elles ne sont pas mariées. C'est, dans ce cas, une sorte d'appel aux épouseurs.

N° 3. — Les noces chez les Romains.

Nous pourrions recourir aux érudits pour les cérémonies du mariage chez les Grecs et les Romains, nous nous bornerons à en donner un aperçu en citant l'épithalame de Manlius et de Julie par Catulle :

Collis ô Heliconis alme
Cultor, Uraniæ genus,
Qui rapis teneram ad virum
Virginem, ô hymeneæ, hymen,
Hymen, ô hymeneæ.

« Divin habitant de l'Hélicon, fils d'Uranie, qui mets la tendre vierge aux bras de l'époux, hymen, dieu d'hymenée !

« Ad domum dominam voca
Conjugis cupidam novi
Mentem amore revinciens
Ut timax hœdera, huc et huc
Arborem implicat errans.

« Appelle à une nouvelle demeure dont sera la maîtresse la jeune fille qui désire un époux. Que l'amour les lie tous deux, comme le lierre timide enlace l'arbre capricieusement.

« Vos item simul integræ virgines,
Virgines quibus advenit
Par dies, agite in modum,
Dicite : ô hymeneæ hymen
Hymen ô hymeneæ.

« Nil potest sine te Venus
Fama quod bona comprobet
Commodi capere ; at potest
Te volente. Quis huic deo
Comparare ausit?

« Claudia pandite januæ,
Virgo adest. Video ut faces
Splendidas quatiunt comas
Sed moraris, abiit dies
Prodeas, nova nupta.

« Flere desine. Non tibi
Aurunculeia periculum est,
Ne qua fæmina pulchrior
Clarum ab Oceano diem
Viderit venientem.

« Tollite, ô pueri, faces.
Flammæum video venire
Ite, concinite ia modum
Io hymen, hymeneæ Io,
Io hymen hymeneæ.

« Sordebant tibi villuli,
Concubine hodie atque heri;
Nunc tuum cinerarius
Tondet os miser, ah miser
Concubine nuces da.

« Diceris male a tuis
Unguentate glabris marite
Abstinere. Sed abstine
Io hymen.

« Scimus hæc tibi quæ licent
Sola cognita, sed marito
Ista non eadem licent.
Io hymen. »

« Et vous, vierges pures qu'attend le même bonheur, chantez en cadence : « ô hymen, dieu d'hyménée ! Dieu d'hyménée, hymen !

« Les plaisirs que Vénus donne sans toi entachent la bonne renommée ; avec toi, ils sont légitimes. Quel dieu pourrait-on égaler à toi.

« Que les portes s'ouvrent. Voici la vierge. Les torches secouent leur brillante chevelure. Mais elle tarde et le jour fuit. Viens, nouvelle épouse !

« Sèche tes larmes ; ne crains rien, car jamais une beauté plus grande n'a vu le soleil se lever sur l'Océan.

« Enfants, levez les torches. J'aperçois le flammeum (voile rouge que l'épouse portait pour la cérémonie) qui s'avance. Allez, chantez en cœur : « Io hymen, dieu d'hyménée, Io hymen. »

« Et toi, dont hier et aujourd'hui encore les joues s'ombrageaient d'un léger duvet, mignon désormais inutile, le barbier va raser ton menton. Jette des noix aux enfants.

« Et toi, époux parfumé, tu regrettes, dit-on, tes mignons. Il faut leur dire adieu pour toujours. O hymen, dieu d'hyménée !

« Ce qui t'était permis avant le mariage ne l'est plus aujourd'hui. O hymen, dieu d'hyménée ! »

« Nupta, tu quoque quæ tuus
Vir petit, cave ne neges;
Ne petitum aliundè est;
Io hymen !

« Et toi, jeune épouse, ne refuse rien aux désirs de ton époux, de peur qu'il ne cherche ailleurs. Io hymen !

« Aspice intus ut accubans
Vir tuus Tyrio in toro
Totus immineat tibi.
Io hymen !

« Vois ton époux impatient de quitter le lit de pourpre du festin, tout entier à l'attente et au désir. Io hymen !

« Mitte bracchiolum teres
Prætextate, puellulie;
Jam cubile adest viri
Io hymen !

« Guide de la vierge, adolescent qui portes encore la prétexte, quitte son bras arrondi, car voici le lit nuptial. Io hymen !

« Vos bonæ, senibus viris
Cognitæ bene feminæ
Collocate puellulam.
O hymen !

« Et vous, matrones respectées de tous, placez-y la jeune épouse. Io hymen !

« Jam licet venias, marite,
Uxor in thalamo est tibi
Ore florido nitens ;
Alba Parthenia velut
Luteum ve papaver.

« Tu peux venir maintenant, ô époux, elle est à toi; elle est dans le lit, brillante de jeunesse, les couleurs du pavot pourpré et de la blanche pariétaire se partagent son visage pudique.

« Laudite ut lubet et brevi
Liberos date. Non decet
Tam vetus sine liberis
Nomen esse: sed indidem
Semper ingenerari.

« Soyez tout à l'amour fécond. Donnez vite des rejetons à une race antique dont le nom ne doit pas périr.

« Claudite ostia, virgines;
Lusimus satis. At boni
Conjuges, bene vivete et
Munere assiduo valentem
Exercete juventam. »

« Jeunes filles, fermez la chambre nuptiale et vous, couple charmant, vivez heureux ; que votre vaillante jeunesse ne fasse jamais trève aux amoureux ébats. »

Cet épithalame est complété par un chœur de jeunes gens et de jeunes filles dont nous donnerons seulement une strophe (voir pour le latin, Catulle, LXII, le chant entier) :

« La vigne née solitaire dans un champ nu ne s'élève point et ne porte point de doux raisins ; elle retombe de son poids et confond ses rameaux avec ses racines. Jamais le vigneron ne s'arrête près d'elle. Mais si elle s'accouple à l'orme tutélaire, elle devient aussitôt l'objet de soins empressés. Ainsi, la jeune fille qui vit sans époux vieillit délaissée. Celle au contraire qui contracte une union opportune, obtient à la fois l'amour d'un époux et une affection plus vive de ses parents satisfaits. »

CHAPITRE III

La lune de miel.

Lorsque les fêtes et les cérémonies du mariage sont terminées (après la puberté), dans la nuit du dixième jour seulement, le mari reste seul avec sa femme; il lui adresse de tendres paroles, l'attire à lui et la presse doucement sur son sein, d'abord de la manière que la jeune fille aime le mieux, et chaque fois pendant quelques instants seulement.

Ensuite, il procède aux attouchements et commence d'abord par le haut du corps, parce que c'est plus aisé et plus simple.

Si la jeune fille est timide et complètement ignorante, et s'il n'est pas encore familiarisé avec elle, il essaiera ses premières caresses dans l'obscurité. Si elle se laisse faire, il lui mettra dans la bouche une bamboula (noix et feuille de bétel); il usera de toute son éloquence pour la lui faire accepter; au besoin, il s'agenouillera devant elle; car on sait qu'une femme, quelle que soit sa timidité ou sa colère, ne repousse jamais l'homme qui est suppliant à ses pieds.

Tout en lui donnant la bamboula, il la baisera sur la bouche doucement et gentiment. Puis il la fera causer, en lui adressant des questions sur des choses qu'il dira ne pas connaître et qu'elle pourra expliquer en quelques mots. Si elle ne répond pas, il ne la brusquera pas; il répètera ses questions avec douceur, et la pressera de répondre en la flattant; car, dit Govakamoukka, « les jeunes filles écoutent tout des hommes, mais sans mot dire. »

A force d'instance, il obtiendra qu'elle réponde, au moins par des signes de tête. Quand il lui demandera si elle l'aime, si elle le désire, longtemps elle gardera le silence ; puis, enfin, à force d'être pressée, elle finira par approuver de la tête.

Une amie, présente pour la circonstance, pourra répondre pour elle, et même lui fera dire plus qu'elle n'a dit, ce dont la jeune fille la grondera en souriant, et tout en jetant à son mari un regard d'acquiescement.

Si la jeune fille est familière avec son mari, elle lui mettra au cou une guirlande de fleurs, suivant le désir qu'il lui en aura exprimé ; il profitera de ce moment pour lui toucher les seins et les chatouiller avec les doigts. Si elle l'en empêche, il lui dira : Je ne recommencerai plus, mais à la condition que vous me tiendrez embrassé.

Quand elle sera dans cette position, il lui passera la main à plusieurs reprises sur le cou et tout autour. De temps à autre, il la placera sur ses genoux, la pressera sur son sein, et s'efforcera d'obtenir son consentement à l'union. Si elle ne veut pas céder, il la menacera de faire sur elle et sur lui-même des marques aux bras et aux seins avec les ongles et les dents, et de dire ensuite que c'est elle qui les lui a faites.

Les deux nuits suivantes, comme la jeune fille se confie et s'abandonne davantage, il la caressera par tout le corps avec les mains et la couvrira partout de baisers ; il lui placera les mains sur les cuisses et les palpera doucement. De là, il passera aux aînes ; si elle écarte ses mains, il lui dira : quel mal y a-t-il à cela? et la décidera à le laisser faire.

Cette faveur obtenue, il lui touchera les parties sexuelles, il détachera sa ceinture et le nœud qui retient son vêtement inférieur, et massera le haut de ses cuisses mises à nu. Tout cela se fera sous divers prétextes, mais sans commencer l'union. Puis il lui enseignera les soixante-quatre manières du Kama, en lui exprimant tout son amour et tout ce qu'il espère d'elle. Il lui promettra fidélité pour toujours, et l'assurera qu'elle sera sans rivale.

Enfin, après avoir vaincu sa timidité, il consommera l'union et jouira d'elle sans l'effrayer.

En agissant ainsi, suivant les dispositions d'une jeune fille, l'homme gagne son amour et sa confiance.

On ne réussit ni par une soumission absolue ni par une violence brutale faite à la volonté de la femme; la prude méprise, comme ne connaissant rien au cœur des femmes, l'homme qui tient trop de compte de ses refus; et d'un autre côté, la jeune fille violentée prend en haine celui qui a manqué de ménagements pour elle (a).

(a) Les Pariahs livrent leurs filles à peine nubiles, afin que leur virginité soit matériellement démontrée.
Il en est de même des Arabes de l'Algérie.
Dans ces conditions, la consommation du mariage est un véritable viol.
Le mariage avant l'entier développement, joint à l'excès du travail, fait que les femmes arabes sont petites et chétives pendant que les hommes sont grands et forts.

APPENDICE AU CHAPITRE III

N° 1. — Conseils d'Ovide.

Ovide, *Art d'aimer*, livre I. « Quel amant un peu habile ne joint point aux tendres propos de doux baisers? Si on ne lui en donne point, qu'il s'en prenne à lui-même. D'abord la belle l'appellera méchant, mais en résistant elle désire sa défaite.

« Prenez garde seulement de blesser par de brusques caresses ses lèvres délicates. Après un baiser pris, si vous ne prenez pas tout le reste, vous méritez qu'on vous refuse même les faveurs qu'on vous a accordées; car une sotte timidité a pu seule vous arrêter.

« La violence plaît aux belles. Ce qu'elles veulent donner, elles aiment qu'on le leur ravisse. Toute femme prise de force, dans un mouvement passionné, s'en réjouit et rien ne lui est plus doux.

« Mais si, lorsque vous pouvez la prendre d'assaut, vous la laissez se retirer intacte du combat, son visage en exprimera la joie, mais la tristesse sera dans son cœur. Quand la force triomphe d'une belle, c'est qu'elle l'a bien voulu. »

N° 2. — Le docteur J. Guyot.

VIII° méditation. « La meilleure condition pour le mariage, c'est l'amour réciproque.

« S'il n'existe pas chez la femme, l'homme pourra le créer par l'art qu'il apportera dans ses caresses.

« La femme, dans la première jeunesse, est toujours moins ardente et plus faible que l'homme; les apparences contraires viennent, le plus souvent, de ce que la fonction sensoriale reste inachevée chez la première.

« La lune de miel est un temps d'ivresse donné par la nature aux époux pour se comprendre et s'accorder sur la satisfaction normale et complète des besoins du sens génésique.

« La volupté a cela de particulier qu'elle résulte, pour chacun des deux époux, principalement de celle qui est éprouvée par l'autre.

« Quand on lui a donné sa direction naturelle, l'exercice régulier et normal du sens génésique devient un besoin fonctionnel essentiel à la liberté du cerveau, à la paix du cœur, à la santé du corps. »

CHAPITRE IV

Séduction d'une jeune fille en vue du mariage

(Voir App. 1).

Un homme pauvre mais de bonnes qualités (caste, beauté, science), un homme de famille infime et n'ayant que des qualités médiocres, un riche voisin, un jeune homme sous la tutelle de son père, de sa mère ou de ses sœurs, ne peuvent se marier qu'avec une jeune fille dont ils se sont efforcés de gagner le cœur, depuis son enfance.

Ainsi, un jeune garçon qui vit chez son oncle essaiera de s'attacher la fille de cet oncle, ou quelqu'autre jeune fille dans la maison ou dans les maisons qu'il fréquente, quand bien même elle aurait été promise à un autre.

« Cette conduite, dit Gopotamoukkà, est légitime dans tous les cas; car elle conduit toujours à l'accomplissement du Dharma (le devoir religieux). »

Quand un jeune garçon aura ainsi jeté son dévolu ou son amour sur une jeune fille, il s'efforcera constamment de lui plaire par tous les moyens en son pouvoir.

Quand il s'aperçoit qu'elle l'aime, il se consacre tout entier à satisfaire tous ses goûts et à lui procurer tous les plaisirs qu'elle recherche. Quand elle revient des fêtes, il lui offre des bouquets, des guirlandes pour la tête, des ornements et des anneaux pour les oreilles.

Tout d'abord, il a soin de mettre dans ses intérêts la sœur de lait de la jeune fille; puis il lui enseigne les soixante-quatre moyens de jouissance sexuelle employés par les hommes, et lui vante ses talents en ce genre.

Il est toujours bien habillé et paré et fait aussi bonne figure que possible; car les jeunes filles s'éprennent des hommes de leur intimité qui sont beaux, de bonne mine et toujours bien parés (a).

Une jeune fille trahit toujours son amour par quelques signes ou actes tels que les suivants. Elle ne regarde jamais l'homme en face et éprouve de la gêne et de la honte quand il la regarde (App. 2). Sous quelque prétexte, elle lui montre ses membres; elle le regarde furtivement quand il s'éloigne d'elle, baisse la tête quand il lui adresse quelque question et lui répond avec trouble et par des phrases inachevées; elle aime à rester longtemps dans sa compagnie, parle à ses suivantes sur un ton particulier, afin d'attirer son attention lorsqu'il est à une certaine distance, tient à ne point s'éloigner du lieu où il se trouve, prend quelque prétexte pour lui faire regarder différents objets, lui conte lentement des anecdotes pour prolonger la conversation avec lui; elle baise et presse un enfant qu'elle tient assis sur ses genoux, fait des gestes gracieux ou drôles lorsque ses soubrettes lui tiennent des propos plaisants devant l'homme qui la captive, montre à ses amis de la confiance, du respect et de la déférence, témoigne de la bonté à ses serviteurs, les écoute attentivement lorsqu'ils lui parlent, ou parlent à quelqu'autre de leur maître, se rend chez lui quand elle y est engagée par sa sœur de lait ou par quelque avis de ses domestiques, pour converser et jouer avec lui; elle évite d'être vue de lui en négligé, lui fait remettre par quelque amie ses ornements d'oreilles, anneaux et guirlandes de fleurs qu'il a demandé à voir; elle porte constamment tous les objets dont il lui a fait présent, se montre désolée quand ses parents lui parlent de tout autre prétendant, et se fâche contre quiconque appuie un rival.

(a) Voir au n° 8 de l'Appendice : « les Conseils d'Ovide. »

Voici quelques vers sur ce sujet :

« Celui qui a reconnu à des signes extérieurs les sentiments qu'une jeune fille a pour lui, doit faire tout ce qu'il faut pour s'unir à elle. Il captivera une toute jeune fille par des jeux enfantins ; une grande demoiselle, par ses talents (dans le Kama sans doute), et une personne qui l'aime, par le moyen d'intermédiaires dans lequelles elle ait confiance. »

Quand l'amant possède le cœur de la jeune fille, il achève de la séduire par divers moyens, tels que ceux-ci.

Quand il est avec elle, à quelque jeu ou quelqu'exercice, il lui prend les mains avec une intention marquée ; il pratique sur elle les divers embrassements décrits dans le Soutra.

Parfois, il lui montre une découpure faite dans la feuille d'un arbre et figurant deux amants accouplés ; il s'extasie à la vue des nouveaux boutons des fleurs et des feuilles nouvelles de la poussée de la sève, à l'époque du renouveau (App. 2).

Il lui décrit ses tourments, lui raconte un beau rêve qu'il a fait au sujet d'autres femmes.

Aux assemblées de la caste, il se place près d'elle, et, sous quelque prétexte, il la touche, place son pied sur le sien, lui touche doucement et progressivement les doigts d'un pied avec les siens et les presse avec le bout de ses ongles.

S'il n'est point repoussé, il prendra ensuite ses pieds avec la main et les serrera délicatement. Il lui pressera aussi un doigt de la main entre ses doigts de pied, quand il lui arrivera de se lever ; toutes les fois qu'il recevra d'elle ou lui donnera quelque objet, il lui manifestera, par ses manières et l'expression de ses regards, tout l'amour qu'il ressent pour elle. Il jettera sur elle l'eau qu'on lui aura apportée pour se rincer la bouche (App. 4).

Quand il se trouvera avec elle dans un lieu isolé, il lui fera des caresses amoureuses en lui peignant sa passion, sans cependant la troubler ou la blesser en quoi que ce soit.

Toutes les fois qu'il sera assis à côté d'elle sur le même banc ou le même lit, il l'emmènera à l'écart en lui disant qu'il a besoin de l'entretenir en particulier, et alors il lui exprimera tout son amour par des signes plutôt qu'avec des paroles. Il lui prendra la main et la placera sur son front; si elle est chez lui, il l'y retiendra sous prétexte de préparer pour lui-même quelque médication qui ne peut être efficace que si elle-même y met aussi la main.

Quand elle s'en ira, il la priera instamment de revenir le voir, et lorsque, devenue familière, elle le visitera souvent, il aura avec elle de longues conversations; « car, dit Gothakamouka, quelque soit l'amour d'un homme pour une femme, il ne réussit auprès d'elle qu'à force de lui parler (App. 5).

Enfin, quand il voit que la jeune fille est complètement subjuguée, il peut commencer à en jouir.

Quand un homme ne pourra à lui seul atteindre ce résultat, il emploiera la sœur de lait de la jeune fille (App. 6).

Celle-ci la décidera à venir le voir chez lui et tout se passera alors comme il vient d'être dit.

A défaut de sœur de lait, il enverra vers elle une de ses servantes qui se fera l'amie de la jeune fille et travaillera pour lui.

Il fera en sorte de se rencontrer avec elle dans toutes les réunions publiques et privées, et quand il se trouvera en tête-à-tête avec elle, il en jouira. « Car, dit Vatsyayana, en temps et lieu propices, la femme ne résiste point à celui qu'elle aime (App. 7).

APPENDICE AU CHAPITRE IV

N° 1. — Séduction.

Les agissements préconisés sous ce titre sont, pour la plupart, malhonnêtes, contraires à la sincérité, aux droits des parents et autres, à la parole donnée et aussi à la moralité de la jeunesse.

Ils sont autorisés et même prescrits ici, en vertu de ce principe établi par Manou et reproduit dans le Kama Soutra : que le mode de mariage des Gandharvas, c'est-à-dire par consentement mutuel, prime les trois autres modes, d'où l'on conclut que tout est permis à qui s'efforce de réaliser un mariage par ce mode.

Le poète Kalidaça l'a rendu célèbre dans son beau drame de *Sakountala,* si poétiquement traduit par M. de Chesy.

C'est le mode de mariage des musiciens et des apsaras du paradis d'Indra, mythe atmosphérique qui personnifie le phénomène des vapeurs légères s'unissant pour former des nuages.

N° 2. — Afflux du sang au visage.

En Europe, la honte fait monter le sang à la face et l'on dit que la personne rougit. Dans l'Inde, il faut dire : elle blêmit; tel est l'effet que produit chez les Hindous, qui sont noirs, l'afflux du sang au visage.

N° 3. — Le renouveau.

Tous les poètes de l'Inde célèbrent le renouveau et la grande fête du printemps. Tous les poètes de l'antiquité ont chanté le réveil de la nature et les amours printaniers.

N° 4. — Singulière politesse chez les Hindous.

Jeter de l'eau à la figure d'une personne est, dans l'Inde, une politesse de la part de celui à qui cette eau a servi pour sa toilette.

N° 5. — Liberté des jeunes filles au temps de Vatsyayana.

Tous ces détails indiquent que, du temps de Vatsyayana, les jeunes filles jouissaient d'une liberté très grande dans l'Inde, ce qu'il faut sans doute attribuer à l'influence du Bouddhisme à cette époque. Cette liberté n'existe plus aujourd'hui.

N° 6. — La sœur de lait.

Il est souvent parlé, dans le Soutra, de la sœur de lait ; cela prouve que, du temps de Vatsyayana, les dames Hindoues quelque peu aisées ne nourrissaient poin elles-mêmes leurs enfants et que les sœurs de lait étaient élevées dans la maison.

Il en était de même chez les Romains sous les Césars. On voit dans les poètes que toutes les dames romaines gardaient près d'elles leur nourrice qui devenait pour elles une confidente dévouée.

N° 7. — Motifs de la préférence donnée par Manou au mode de mariage des Gandarvas.

La préférence donnée par Manou au mariage par consentement mutuel, sans l'intervention des parents, malgré les indélicatesses de toutes sortes qu'à nos yeux il entraîne, pourrait avoir son excuse si elle était fondée sur le droit qu'a chaque partie de disposer de soi, ou sur la considération du bonheur futur des deux époux. Mais, pour qui a étudié le livre de Manou et l'Inde, la raison de cette préférence est que les mariages d'amour réciproque sont les plus féconds ; le législateur n'avait en vue que l'accroissement de la population, but unique des règles qu'il a tracées pour les rapports entre les deux sexes.

L'idée du plaisir naturel devait même être écartée lorsqu'un frère était appelé à donner un fils au frère décédé sans enfants, en s'unissant une fois avec sa veuve.

Au point de vue social, le motif du législateur hindou a certainement sa valeur ; mais il ne doit pas primer la justice, ni dispenser de la loyauté.

N° 8. — Conseils d'Ovide pour la séduction.

Ces conseils pour la séduction d'une jeune fille ressemblent fort, d'ailleurs, à ceux qu'Ovide donne pour faire la conquête d'une belle.

« Si votre belle, dit-il, n'a pour vous que des rigueurs, ne perdez pas courage elle s'adoucira. Cédez d'abord pour vaincre ensuite.

« Quelqu'office qu'elle exige, remplissez-le promptement ; blâmez ce qu'elle blâme, approuvez ce qu'elle approuve, assurez ce qu'elle assure, niez ce qu'elle nie, riez ou pleurez avec elle, composez votre visage sur le sien ; si elle veut manier le *dévidoir*, son coup joué, manquez le vôtre exprès et passez-lui la main.

« Tenez vous-même le parasol déployé sur sa tête, frayez-lui le chemin à travers la foule ; approchez avec empressement le marchepied de son lit ; mettez ou ôtez la chaussure de ses pieds.

« Fussiez-vous transi de froid, réchauffez dans votre sein ses mains glacées ; n'ayez pas honte de tenir le miroir devant elle, le plaisir vous dédommagera de cet office servile.

« La nuit, quand elle reviendra chez elle au sortir d'un souper, mettez-vous à sa disposition si elle demande quelqu'un.

» Si votre belle vous ordonne de vous trouver quelque part, soyez-y avant l'heure prescrite ; si elle vous appelle de la campagne, volez chez elle ; qu'aucun obstacle ne vous arrête.

« Si vous ne pouvez faire à votre maîtresse que de légers présents, ayez soin de les bien choisir et de les offrir à propos.

« Quand vous serez décidé à faire quelque chose que vous croirez utile, faites en sorte que votre amie l'ait demandé.

« Vous voulez donner la liberté à un esclave, qu'il la fasse solliciter par elle ;

vous voulez accorder à un autre la grâce d'un châtiment, qu'elle vous en ait l'obligation; en agissant ainsi elle s'imaginera qu'elle a tout pouvoir sur vous.

« Faites-lui croire que vous êtes ravi de ses parures et de ses charmes. Admirez ses bras quand elle danse, sa voix quand elle chante et, quand elle a cessé, regrettez qu'elle ait sitôt fini.

« Exprimez d'une voix tremblante de plaisir le ravissement de ses caresses; surtout sachez dissimuler avec adresse; que votre visage ne démente jamais vos paroles et que votre maîtresse ne puisse jamais soupçonner votre sincérité.

« Tâchez, au prix même de tous les ennuis, de vous attacher son cœur par l'habitude, le plus puissant des liens. Qu'elle vous voie, qu'elle vous entende sans cesse; soyez nuit et jour près d'elle. Mais quand vous serez bien sûr qu'elle peut vous regretter, éloignez-vous pour qu'elle sente le vide. Le repos, d'ailleurs, vous sera utile : un champ reposé rend la semence avec usure. Mais ne prolongez pas trop votre absence. Car le temps dissipe les inquiétudes et les regrets; l'amant qu'on ne voit plus est bientôt oublié et sera vite remplacé. »

CHAPITRE V

De la jeune fille qui fait la conquête d'un époux.

Quand une jeune fille pourvue de bonnes qualités, d'une bonne éducation, appartient à une famille sans position, et, pour ce motif, n'est point recherchée en mariage par les membres de sa caste ; ou bien quand une jeune fille qui observe les règles de de sa famille et de sa caste, est orpheline et sans parents qui s'occupent d'elle, elle doit chercher elle-même à se marier quand le moment est venu.

Elle s'efforcera de faire la conquête d'un jeune homme vigoureux et de bonne mine, ou bien d'un homme que, par sa faiblesse d'esprit, elle espère décider à se marier avec elle, même sans le consentement des parents du jeune homme.

Elle emploiera tous les moyens pour le captiver et le verra et l'entretiendra fréquemment. Sa mère aussi se servira de ses amies et de sa sœur de lait pour amener de fréquentes rencontres, soit chez ses amies, soit ailleurs, avec le mari convoité. La jeune fille, de son côté, tâchera de se trouver seule avec lui, en lieu sûr et non troublé, et, de temps en temps, lui fera des présents de fleurs, de parfums et de noix et de feuilles de bétel.

Elle lui montrera les talents qu'elle possède, tels que ceux de masser, d'égratigner et de presser avec les ongles ; causera avec lui des choses qui lui plaisent ou l'intéressent, et même discutera avec lui les voies et moyens pour gagner le cœur d'une jeune fille.

Les anciens auteurs sont d'avis que la jeune fille, même quand elle aime, ne doit point faire les premières avances ; elle doit seulement encourager l'homme qui la recherche, lui permettre quelques privautés et recevoir les manifestations de son amour sans paraître s'apercevoir de sa passion.

Quand il essaiera de prendre des baisers, elle ne s'y prêtera pas tout d'abord ; quand il lui demandera l'union, elle n'y consentira pas ; elle lui permettra seulement, tout en faisant beaucoup de difficultés, des attouchements à ses parties cachées, et résistera à toute autre tentative.

C'est seulement lorsqu'elle sera bien certaine de son amour et de sa constance à toute épreuve qu'elle consentira à se donner à lui s'il est décidé à se marier de suite avec elle (App. 1).

Quand elle aura ainsi perdu sa virginité, elle en fera la confidence à ses amies (a).

(a) Sans doute pour notifier son mariage. Dans ce cas, comme dans tous les autres, l'union sexuelle précède la consécration religieuse ; le véritable sacrement pour les Hindous paraît être la promesse du mariage cimentée par l'union sexuelle qui est nécessaire et suffisante pour assurer l'exécution de la promesse.

APPENDICE AU CHAPITRE V

N° 1. — Fleurtage dans les chants des Bayadères.

Tout le manège de la jeune fille est figuré très exactement dans un chant des Bayadères intitulé : *Entretien d'un homme et d'une femme en route* (voir les *Chants des Bayadères*, traduit du tamoul, par M. Lamairesse).

Entretien d'un homme et d'une femme en route.

1. L'Homme. — Toi qui es belle comme une paonne et qui portes des bijoux des neuf espèces de pierres précieuses, où vas-tu avec tes lèvres de corail et tes yeux bleus comme la fleur Nilopalam ?

. . . .

DE LA JEUNE FILLE QUI FAIT LA CONQUÊTE D'UN ÉPOUX

6. La Femme. — Je m'appelle Poulocadi (nymphe terrestre) et je vais puiser de l'eau.

7. L'Homme. — Je te suis pour remplir ta cruche et ensuite pour te la placer sur la tête.

. . . .

10. La Femme. — Je sais ce que tu veux de moi. Les hommes doivent-ils se permettre de suivre les femmes en route ?

. . . .

15. L'Homme. — Je suis venu mettre à tes pieds toutes mes richesses, quand je t'ai vue passer seule si légèrement.

16. La Femme. — Je ne te comprends pas ; tu n'as aucun droit de me suivre, tu feras bien de t'en retourner.

21. L'Homme. — J'ai couru après toi, sans reprendre haleine ; prends pitié de mon tourment.

26. La Femme. — Tu me parles sans retenue, veux-tu aussi m'insulter en tirant ma pagne ? N'es-tu pas honteux de mes refus ?

. . . .

33. L'Homme. — Il n'est point de rebuts ni de honte pour les amoureux. Si tu le veux, je te remettrai une promesse de mariage par écrit.

34. La Femme. — Puisque tu prends cet engagement, je t'avouerai que je me suis prise d'amour, malgré moi, sur le chemin.

34. L'Homme. — Si tu y consens de bon cœur, je te ferai goûter le plaisir charnel.

38. La Femme. — Fais-le sans plus discourir et tes traits ne sortiront jamais de mon cœur.

39. L'Homme. — Tu me promets de ne jamais m'oublier et moi je te dis que tu as une habileté que n'aura jamais aucune fille, fût-elle venue au monde sept fois.

40. La Femme. — Les filles possèdent l'habileté ; elles ne déclarent jamais les premières leur amour. Mais cesse de parler. Occupe-toi aux œuvres du livre des sciences d'amour (Kamasoutra).

. . . .

42. La Femme. — Presse d'abord mes seins, ô mon bien-aimé, en regardant ma figure et en suçant mes lèvres.

. . . .

46. La Femme. — Pénètre-moi, membre contre membre, et en serrant mes cuisses. Donne-moi toute ta vie.

. . . .

49. L'Homme. — Je t'étreins si amoureusement dans mes transports, que les perroquets et les coucous chantent.

. . . .

54. La Femme. — Tu pars déjà. Arrête-toi et dis-moi si tu es satisfait, car tu me laisseras ainsi la joie au cœur.

55. L'Homme. — Je m'en vais chez moi et je t'enverrai mon frère aîné pour consommer notre union.

56. La Femme. — Que pourrai-je faire si tu me trompes en me promettant de m'épouser? Personne ne nous a vus ici.

57. L'Homme. — Ne crains rien, je prends à témoins le ciel et la terre, le soleil et la lune.

58. — La Femme. — C'est assez, je t'en remercie, mon amant; tu peux te retirer, je m'en vais aussi chez moi.

N° 2. — Fleurtage chez les Chinois.

Il est intéressant de rapprocher du fleurtage hindou, si passionné, le fleurtage chinois si formaliste.

La jeune chinoise qui se marie elle-même (Jules Arène, *La Chine familière et galante*):

« La Jeune fille. — Triste, les sourcils froncés, je brode pour tuer le temps; de mes manches j'essuie mes larmes; je n'ai pas le courage de me coiffer près de la fenêtre et je m'en veux à moi-même; la destinée des jolies femmes, c'est chose connue, est mauvaise! Je m'appelle Sou-yu-Tchiaou, ma mère est veuve, notre avoir est mince. J'ai aujourd'hui dix-huit ans et n'ai point de mari. Ma mère est toute confite en dévotion et néglige les affaires de la maison.

« La Mère. — J'ai appris l'arrivée d'un bonze pèlerin qui fait des conférences dans la pagode Poutousse, et je me suis levée de bonne heure pour l'entendre; je vais sortir, applique-toi à broder jusqu'à mon retour; à midi je préparerai de quoi apaiser notre faim.

« La Jeune fille (elle chante). — Toute seule enfermée dans la chambre intérieure. Toute seule! seule je m'assieds, seule je me couche! Pauvres jolies femmes, quelle est votre destinée? Beaucoup de tristesses, beaucoup de larmes.

« (Elle parle). — Pourquoi la porte de notre maison reste-t-elle close? Si j'allais l'entrebâiller et me distraire un peu? Je sais bien qu'il ne convient pas à une jeune fille comme moi de se tenir à la porte. Mais, pour un instant!... Je crois qu'il ne se passera rien d'extraordinaire.

« Le Jeune homme (il chante). — Je me promène pour me distraire. Passons devant la porte de la famille Soun: — j'aperçois une charmante créature, aussi belle que Tchango (la déesse de la lune), j'aperçois son joli visage si tendre qu'un souffle le déchirerait. A sa vue, j'ai perdu l'âme et l'esprit.

« Attention! ce doit être la fille de la veuve Shen, la plus belle fille de tout l'empire. En faire ma femme serait le comble de tous mes vœux. Je voudrais causer avec elle; malheureusement les rites le lui défendent. De plus, je n'ai rien de commun avec elle. Je suis un fils de famille et j'ai l'orgueil de mon rang. J'hésite et mon cœur est en feu. Laisserai-je passer l'occasion qui est si favorable aujourd'hui? Je vais feindre de perdre un objet; c'est un bon moyen d'arriver au mariage.

« Une question, s'il vous plaît, Mademoiselle; c'est ici la porte ou demeure de madame Soun; maman Soun est-elle chez elle?

« La Jeune fille. — Ma mère n'est pas à la maison.

« Le Jeune homme. — Ah, vous êtes alors mademoiselle Soun? je vous salue.

« La Jeune fille. — Je vous salue. Une question, Monsieur ; quel est votre haut nom? Quels sont vos riches prénoms? pour quelle affaire me demandez-vous si ma mère est chez elle ?

« Le Jeune homme. — Mon nom est Phon, mon prénom est Pang, mon nom de fantaisie Yun Tchang. J'ai appris que dans votre demeure vous éleviez bien les coqs : je veux en acheter une paire.

« La Jeune fille. — Nous avons, en effet, des coqs ; mais en l'absence de ma mère, il m'est difficile de les vendre.

« Le Jeune homme. — Alors je prends la liberté de me retirer. (A part) J'enlève mon bracelet, je veux qu'il devienne le gage de mes fiançailles. Je vais le laisser tomber de ma manche en saluant. Si elle le ramasse, il y a huit ou neuf chances sur dix pour que le mariage se fasse. Je vais de ce pas prier ma mère de chercher une tierce personne pour arranger l'affaire.

« La Jeune fille (elle chante). — En me quittant, il souriait, il m'a saluée, et c'est exprès qu'il a laissé tomber ce bracelet de jade. Pourquoi ne deviendrions-nous pas mari et femme ? pourquoi n'imiterions-nous pas les couples de canards-mandarins qui s'ébattent au milieu des nénuphars? J'aurais ainsi jusqu'à ma mort quelqu'un sur qui m'appuyer.

« Une Entremetteuse (qui l'a vue de loin ramasser le bracelet). — Ces deux personnes se souriaient, leur passion est brûlante : il ne manque qu'un tiers pour régler le mariage. Le courtage de cette affaire ne m'échappera pas. Ce jeune roué connaît très bien son affaire.

(A la jeune fille qui considère le bracelet de jade en soupirant) :

« — Mademoiselle, je vous l'amènerai et vous causerez à votre aise, cela vous convient-il ?

« La Jeune fille. — Madame, nous sommes bien pauvres, je n'ai pas de gage à lui envoyer.

« L'Entremetteuse. — En échange du bracelet, des pantoufles brodées suffiront.

« La Jeune fille. — Maman, des pantoufles brodées de mes mains, je peux donc les envoyer ?

« L'Entremetteuse. — Parfaitement, vous le pouvez.

« La Jeune fille. — En voici une paire.

« L'Entremetteuse. — Mademoiselle, dans trois jours je viendrai vous rapporter une réponse.

« La Jeune fille. — Maman, cette aventure, vous seule la connaissez. Attention à ne rien en dire. Je vous prie de choisir un jour pour me l'amener. Je vous devrai la même reconnaissance qu'à la mère qui m'a donné le jour. Même n'étant que la deuxième femme, je vivrai heureuse avec lui et il me fermera les yeux.

« L'Entremetteuse. — Il faut patienter trois jours dans l'attente du moment heureux. Je me retire.

« La Jeune fille. — Je remonte la mèche de la lampe et j'attends le phénix.

« L'Entremetteuse. — C'est mon affaire, je me charge de faire entrer le papillon dans le jardin.

« La Jeune fille. — Je ne vous ai pas traitée avec assez d'égards.

« L'Entremetteuse. — C'est moi qui vous ai dérangée. »

CHAPITRE VI

Formes du mariage.

1° Quand la jeune fille qu'un jeune homme a séduite est entièrement à lui, il se comporte publiquement avec elle comme avec une épouse ; il fait apporter de la maison d'un brahmane le feu consacré, répand sur la terre l'herbe Kousha, fait une oblation au feu et se marie selon les prescriptions religieuses relatives à ce genre de mariage, sans témoin.

Après la cérémonie, le jeune homme informe les parents de la jeune fille du fait accompli. D'après les anciens auteurs, le mariage contracté en présence du feu est indissoluble. On en fait part aussi à tous les parents des conjoints, et on s'efforce d'obtenir leur assentiment.

Tel est le mariage selon le mode des Gandharvas.

Lorsqu'une jeune fille ne peut suivre ou ne veut pas déclarer son intention de se marier avec lui, l'amant l'obtiendra de l'une des manières suivantes.

Par le moyen d'un intermédiaire il attirera la jeune fille chez lui sous quelque prétexte, et lorsqu'elle sera venue, il fera apporter de la maison d'un brahmane le feu consacré, et procèdera au mariage comme il est dit plus haut.

Lorsque la jeune fille qu'il désire doit en épouser un autre prochainement, il perdra son rival dans l'esprit de la mère, et, de connivence avec celle-ci, il fera venir la fille dans une maison du voisinage où il aura fait apporter le feu consacré, et procèdera à son mariage comme il est dit plus haut.

Ou bien il opérera de la même manière avec la connivence du frère de la jeune fille, qu'il aura mis dans ses intérêts par tous les moyens possibles.

(Ces cas peuvent se rattacher au mode des Gandharvas ; le consentement de la jeune fille est supposé exister tacitement).

2° Avec la connivence de la sœur de lait de la jeune fille, il fait endormir ou enivrer celle-ci, et l'amène dans quelque endroit sûr, et là il en jouit. A son réveil, il accomplit la cérémonie religieuse (c'est là le mode dit des Vampires, de Manou).

3° Quand la jeune fille se rend à un jardin public ou à un village du voisinage, l'amant tombe sur les hommes qui la gardent, les met en fuite ou les tue, puis il enlève la jeune fille et procède ensuite au mariage.

(C'est le mode dit des géants ; d'après Manou, celui des Kshatryas ou guerriens ; il rappelle l'enlèvement des Sabines et celu des nobles Damoiselles, au moyen âge (*a*).

La conclusion de Vatsyayana, conforme à la loi de Manou, est que chacun des divers modes de mariages ci-dessus mentionnés est préférable à tous ceux qui viennent après dans l'ordre suivi.

On ne doit recourir à l'un d'eux que quand tous ceux qui le précèdent dans l'énumération donnée sont d'une application impossible.

(*a*) Il est à remarquer que, parmi ces modes de mariage décrits par le Kama Soutra, il n'en est pas un seul qui ne renferme quelque chose de malhonnête. Le P. Gury, *Th. mle.* 857, dit :

« L'enlèvement consiste à emmener par violence une femme d'un lieu dans un autre où elle est au pouvoir du ravisseur pour cause de mariage.

« L'enlèvement annule le mariage entre le ravisseur, c'est-à-dire celui pour lequel on enlève la femme, et la femme enlevée. »

APPENDICE AU CHAPITRE VI

N° 1. — Ce qui constitue le lien ou le sacrement d'après les Brahmes et d'après l'Église.

Un rapprochement entre la doctrine brahmanique sur le mariage, et celle de l'Église, peut présenter un certain intérêt, au moins de curiosité.

Le P. Gury, *Théologie morale* :

765. « La matière éloignée du sacrement de mariage est le corps des fiancés qu'ils se livrent réciproquement dans le contrat. La matière prochaine est la remise même du corps qui se fait par des paroles ou des signes exprimant le consentement.

766. « La forme consiste dans l'acceptation réciproque des contractants, exprimée par des paroles ou des signes. »

D'après cet alinéa, le sacrement est tout entier dans le consentement mutuel des contractants, d'où beaucoup d'anciens docteurs concluaient que l'absence des formalités religieuses, quoique pouvant constituer un péché en soi, n'annulait pas le mariage, même au point de vue religieux ; mais le Concile de Trente a décidé (P. Gury) :

837. « Ceux qui essaieront de contracter mariage autrement qu'en la présence du curé, ou d'un autre prêtre avec la permission du curé ou de l'évêque, et de deux ou trois témoins, ceux-là, le saint Synode les déclare absolument incapables de contracter mariage, et annule le contrat. »

852. « La présence du curé à la déclaration du consentement mutuel valide le mariage, lors même qu'il serait contraint par la violence ou par la crainte ; il suffit qu'il sache, soit de bon, soit de mauvais gré, ce qui se fait, même s'il affecte de ne pas comprendre, par exemple en fermant les yeux et se bouchant les oreilles. »

Remarquons que cela peut se faire dans un lieu quelconque et sans aucune cérémonie accessoire.

La doctrine des anciens casuistes aurait aujourd'hui l'avantage de supprimer la question du mariage purement civil et de son insuffisance religieuse.

Chez les Bouddhistes, il n'y a point de cérémonie religieuse pour le mariage ni la naissance, attendu que la naissance est considérée par eux comme un mal et conséquemment le mariage.

Cependant on ne peut méconnaître la bonne impression que peut faire sur les époux le mariage chrétien, surtout quand il est accompagné de conseils éloquents. Nous avons entendu des prêtres catholiques et des ministres protestants parler avec beaucoup d'âme dans ces occasions.

TITRE VII

LE HAREM ROYAL

CHAPITRE I

Rapports du roi avec ses femmes.

Les épouses du roi vivent dans l'oisiveté, le luxe et les divertissements ; on ne leur donne jamais rien à faire de fatiguant.

Elles assistent aux fêtes, concerts, spectacles, y sont traitées avec honneur, et on leur offre des rafraîchissements.

Il leur est interdit de sortir seules ; et on ne laisse pénétrer dans le harem que des femmes qui sont parfaitement connues des gardiens et surveillants.

Les femmes attachées au service des femmes du harem porten au roi, chaque matin, des fleurs, des muguets et des habits, présents de ses épouses. Le roi en fait don à ces femmes, ainsi que des objets de même nature qu'il a portés la veille.

Dans l'après-midi, le roi, paré de tous ses ornements, rend visite à ses épouses, également parées pour le recevoir ; il rend à toutes des hommages et leur assigne leur place, puis il engage avec elles une conversation gaie.

Ensuite, il visite les vierges veuves remariées, les concubines et les bayadères, chacune dans sa chambre (v. App. 2).

Quand le roi a terminé sa sieste, la dame de service chargée de lui désigner l'épouse avec laquelle il doit passer la nuit vient le trouver, accompagnée des servantes de l'épouse dont le tour est arrivé et de celles dont le tour peut avoir été passé par erreur et pour cause d'indisposition.

Ces suivantes présentent au roi des essences et des parfums envoyés par leurs maîtresses et marqués du sceau de leur anneau, elles lui expliquent les motifs de cet envoi.

Le roi accepte le présent de l'une d'elles qui, par ce fait, se trouve informée de son choix.

Quelques rois, par scrupule ou par compassion, prennent des aphrodisiaques, afin de pouvoir servir plusieurs épouses dans une même nuit. D'autres, au contraire, ne s'unissent qu'avec celles qu'ils préfèrent et délaissent les autres. La plupart donnent à chacune son tour.

APPENDICE AU CHAPITRE I

1. — Sérails musulmans.

On voit que l'usage imposait aux rois quelques égards envers leurs épouses.

Le sérail n'eut une importance capitale que pour les princes musulmans. Ceux-ci, dans l'Inde, se pourvoyaient avec les filles des Hindous brahmaniques prises de gré ou de force à leurs parents. Tous les musulmans agissaient ainsi (c'était le mode des géants).

Le sérail a été une cause de ruine pour l'empire turc; les sultans et hauts dignitaires ont de tout temps épuisé et épuisent encore aujourd'hui le trésor public pour les dépenses du sérail. Certains sultans ont fait une telle consommation de femmes qu'elles enchérissaient sur le marché, et y devenaient très rares.

2. — Les Bayadères.

La première classe des courtisanes dont il sera question au dernier Titre n'est plus guère représentée dans l'Inde que par les bayadères.

A l'époque où écrivait Vatsyayana, c'est-à-dire avant la conquête musulmane, il ne devait exister dans l'Inde que des bayadères brahmaniques attachées au culte, où leur fonction officielle consiste à chanter et à danser chaque matin et chaque soir, dans les temples et aussi les cérémonies publiques.

A chaque pagode de quelque importance est attachée une troupe de bayadères dont le nombre n'est jamais au-dessous de huit, et auxquelles des musiciens sont toujours adjoints. Chaque troupe fait aux personnages haut placés des visites qui sont pour elles des occasions de danses et de gratifications.

Elles sont appelées dans les familles pour danser, surtout aux fêtes données à l'occasion des mariages.

La plus grande partie des dons qu'elles reçoivent dans ces occasions leur est reprise par les brahmanes et les musiciens qui les accompagnent. Leur profit le plus clair leur vient de leurs amants.

Les bayadères sont aujourd'hui les seules femmes dans l'Inde auxquelles il soit permis de danser et d'être aimables pour les hommes. Entretenir une bayadère n'est pas seulement, chez les Indiens, un luxe de bon ton et de bon goût, comme l'est chez nous celui des chevaux, mais c'est encore une œuvre méritoire. Souvent les brahmanes chantent des vers dont le sens est : « Le commerce avec une bayadère est une vertu qui efface les péchés (la pénitence est douce !...)

Comme toutes les personnes du sexe sans aucune exception, les bayadères ont, en public, la réserve la plus absolue, et sont également traitées avec la même réserve par les hommes.

Les bayadères peuvent être prises dans toutes les castes au-dessus de celle des bergers (basse caste de Soudras).

Celles des jeunes filles qui doivent entrer dans le sacerdoce sont mariées au dieu de la guerre dès qu'elles sont pubères.

Lorsqu'elles sont devenues vieilles, on les réforme; les brahmanes qui ont exploité leur jeunesse, leur appliquent avec un fer chaud sur la cuisse (comme aux chevaux réformés) la marque de la pagode où elles ont servi, et on leur délivre un diplôme qui leur donne le droit de mendier (l'abbé Dubois, *Mœurs et coutumes de l'Inde*, dit cela des belles femmes que les brahmes prenaient dans les foules les jours des grandes fêtes et qu'ils consacraient au dieu de la pagode; voir le volume : *Chants des bayadères*).

Le costume des bayadères est fort gracieux et très riche ; elles portent une ceinture d'or, des bijoux en or au sommet de la tête, des anneaux aux oreilles, aux bras, aux pieds; ceux-ci, quand elles dansent, résonnent et accompagnent leurs mouvements.

Elles sont généralement jolies et gracieuses, et toujours bien faites.

Leur danse est une pantomime très étudiée où figure généralement une seule bayadère, accompagnée par des musiciens dont la musique barbare est peu agréable pour des Européens. Hors des pagodes, cette pantomime représente généralement les diverses phases d'une lutte amoureuse chantée par les musiciens qui accompagnent la bayadère.

Le caractère de la pantomime et du chant est reproduit, autant qu'il est possible de le faire en français, dans la chanson intitulée : *Entretien d'un homme en route* (ci-dessus, page 138).

Dans les fêtes et les temples, elles chantent des hymnes en l'honneur des dieux où leurs aventures galantes et guerrières.

Lorsqu'elles se produisent devant les Européens, les bayadères se livrent quelquefois à des fantaisies ; par exemple, elles parodient les danses et les manières de nos demi-mondaines.

Quelquefois plusieurs bayadères se réunissent pour exécuter certaines figures d'ensemble, toujours sur place et sans se transporter sur un certain espace.

Les bayadères brahmaniques, à cause de leur caractère sacré, ne se donnent que très secrètement aux Européens, parce qu'ils sont réputés impurs ; il n'en est pas de même des bayadères musulmanes qui sont de simples danseuses.

Il est même d'usage de les offrir aux Européens devant lesquels on les fait danser ; mais ce sont des beautés fort dangereuses, ainsi que l'ont éprouvé Jacquemont et d'autres voyageurs.

Leurs danses, beaucoup plus gracieuses et animées que celles des bayadères brahmaniques, ressemblent aux danses espagnoles et mauresques.

En Algérie, il y a aussi des danseuses qui s'exhibent dans les fêtes arabes et même européennes. Elles sont bien inférieures aux bayadères de l'Egypte et de l'Inde. Leur pantomime, également sur place, consiste surtout en mouvements des hanches et du ventre, qui plaisent beaucoup aux Arabes, mais qui, dans l'Inde, seraient regardés comme indécents ; c'est par le geste et le regard que les bayadères de l'Inde sont provoquantes.

CHAPITRE II

Des intrigues du roi.

Le roi ne se contente pas toujours de ses épouses ; il a aussi des caprices, même pour des femmes mariées.

Le roi et les ministres ne vont jamais chez les sujets ; ceux-ci ont toujours les yeux fixés sur eux pour les imiter. En conséquence, ils ne doivent faire publiquement aucun acte qui puisse être censuré. Un poète a même écrit :

« Un roi qui a à cœur le bien de son peuple, respecte toutes les femmes des autres.

« Un roi qui triomphe des six ennemis de l'homme conquiert toute la terre (les six péchés capitaux de l'Inde ; la gourmandise est inconnue des Orientaux ; et la paresse consiste pour eux dans l'*ignorance spirituelle*). »

Quand le roi juge bon d'écarter ce scrupule, il doit agir de l'une des manières suivantes (*a*).

A certaines époques, les femmes des villes et des villages visitent les épouses du harem, et passent la nuit dans leurs appartements à converser et se divertir, puis s'en vont le matin.

Une dame du service du roi, qui s'est liée à l'avance avec la belle que le roi désire, l'engage le matin, au moment où elle va

---

(*a*) Les casuistes hindous ont toujours, pour dispenser de tout scrupule en amour, une raison péremptoire à leurs yeux : la nécessité de ne pas mourir d'amour.

s'éloigner, à visiter avec elle, en détail, le palais. Dans un a parte, elle emploie toutes les ressources de son esprit à la persuader de répondre aux désirs du roi. Si elle éprouve un refus, elle n'en laisse voir aucun déplaisir, se montre toujours très courtoise, lui fait accepter des présents dignes d'un roi, l'accompagne à une certaine distance du palais et la congédie en termes très affectueux.

La personne que désire le roi peut aussi venir au harem sur l'invitation de l'une des épouses du roi, qui aura fait sa connaissance par l'intermédiaire du mari ou d'une des suivantes des femmes du harem. Surviendra alors l'affidée du roi, qui agira comme il est dit ci-dessus.

Ou bien la première épouse du roi, sous prétexte de se faire enseigner par elle quelque talent, mandera au palais la femme convoitée.

Ou si le mari de cette femme a quelque chose à redouter du roi ou d'un ministre, elle la décidera, à l'aide d'un intermédiaire, à venir au palais solliciter sa protection. Les choses se passeront ensuite comme dans les cas précédents.

On agira de même, si le mari de la femme est dans le besoin ou l'oppression; ou s'il sollicite quelque chose ou aspire à la faveur du prince, ou veut s'élever, ou bien s'il est tenu à l'écart par les membres de sa caste, ou si c'est un espion au service du roi.

Si la personne désirée par le roi vit avec un homme qui n'est pas son mari, le roi la fait arrêter, la fait déclarer esclave pour inconduite et la place au harem.

Si la femme convoitée est régulière, l'ambassadeur du roi, à son instigation, dénonce le mari; puis on fait emprisonner la femme, comme étant l'épouse d'un ennemi du roi; ensuite, on la fait entrer au harem.

(Ces deux procédés se passent de commentaires, le dernier surtout).

Un roi ne doit jamais aller chez un sujet pour une intrigue amoureuse, plusieurs rois ont payé de leur vie cette imprudence.

Certains usages locaux favorisent les amours royales.

Chez les Andras, le roi exerce le droit du seigneur;

Chez les Vatsagoulmas, les femmes des ministres servent le roi la nuit;

Les Vaïdarbhas qui ont de belles femmes, les envoient, par amour pour leur prince, passer un mois au harem;

Chez les Aparatakas, ceux qui avaient de belles femmes les donnaient en présent aux ministres du roi;

Enfin, dans le pays des Sourashtras, les femmes de la ville et de la campagne entrent au harem pour le plaisir du roi, soit individuellement, soit par groupes.

APPENDICE AU CHAPITRE II

N° 1. — Les amours du roi Agnivarna.

Nous empruntons à la traduction du *Raghou-Vança de Kalidasa*, par M. Hippolyte Fauche, le *Tableau des amours du roi Agrivarna*, le prince charmant de l'Inde; ce tableau est pour les Hindous l'idéal des voluptés royales.

« Après avoir tenu pendant quelques années les rênes de l'État, Agnivarna l'impudique, les abandonna aux ministres et se livra tout entier aux femmes luxurieuses. Dans le palais où toujours résonnait le tambourin, et où la fête du lendemain surpassait celle de la veille, le roi, incapable de supporter l'intervalle d'une seule minute sans volupté, nuit et jour s'amusait avec ses femmes.

« Il avait des étangs remplis de lotus que ses folâtres concubines faisaient trembler des palpitations de leurs seins dressés comme des piques; des cachettes pour la volupté s'y dérobaient sous les fleurs. Brûlant d'amour, il se plongeait dans l'onde; là, ses femmes, sans fard comme sans voile, excitaient ses désirs par leurs mouvements gracieux et lascifs. Avec elles, il portait ses pas vers des lieux disposés avec art pour des buvettes, où il prenait le rhum enivrant. Sur son sein reposaient continuellement une lyre aux sons enchanteurs et une belle à la voix douce, aux yeux charmants. Frappant de ses mains le tambourin, agitant ses guirlandes et ses bracelets, habile musicien, il ravissait l'âme; à l'entendre, les danseuses oubliaient leurs pantomimes; il mangeait alors de baisers leurs visages et soufflait sur leurs bouches le vent amoureux de ses lèvres. Plus d'une fois, ses amantes qu'il avait trompées le lièrent en punition avec leurs ceintures, le menaçant du bout du doigt, le châtiant d'un regard courroucé et du froncement de leurs sourcils. En proie à un violent amour et à la jalousie, les reines saisissaient l'occasion de toute fête pour combler d'elles-mêmes ses vœux. C'était lui-même qui peignait de fard les pieds de ses épouses, mais c'était pour admirer ces pieds charmants et tout ce que laissaient entrevoir les ceintures relâchées et les robes mal attachées. Parfois ses désirs voluptueux rencontraient des obstacles : une bouche se détournait d'un baiser, des mains retenaient une ceinture qu'il voulait dénouer, mais ces manèges n'étaient que du bois jeté dans le feu de l'amour.

« Harassées de voluptés, les épouses s'endormaient sur sa vaste poitrine, d'où leurs seins potelés effaçaient l'onguent du sandal.

« Laissait-il, dans un rêve, échapper le nom d'une rivale, celles qui étaient avec lui mouillaient de larmes le bord de la couverture et brisaient de dépit leurs bracelets à force de s'agiter dans la couche.

« Essayait-il de se dérober pour quelque rendez-vous nocturne, ses femmes aux aguets le ramenaient. — Pourquoi, libertin, vas-tu porter ailleurs ce qui nous appartient ?

« Quand il se levait de sa couche, ses amantes, enlaçant son cou de leurs bras, pressant de la plante de leurs pieds les pointes de ses pieds, se faisaient donner le baiser d'adieu.

« Sa couche, jaune de sandal, rouge de laque, remplie de ceintures brisées et de bouquets déliés, attestait la fougue de ses assauts.

« Alors venaient vers lui ses autres épouses irritées ; il cherchait à les apaiser, joignant les mains, mais sa faiblesse dans l'amour les irritait de nouveau. Voulait-il s'éloigner sous prétexte d'affaires avec un ami, elles le prenaient aux cheveux et l'arrêtaient en disant : « Ah traître, cet ami est une amie ; ta fuite n'est qu'une ruse.

« Quand il leur échappait, il prenait le chemin de la campagne, où il était guidé par des confidentes vers des berceaux de lianes mystérieux. Là, sur des lits de fleurs préparés, il savourait la volupté dans les bras d'une jolie suivante (chez les grecs, on aurait dit *une belle esclave*; mais l'esclavage n'a jamais existé dans l'Inde).

« L'été, il passait les nuits sur les terrasses de son palais, savourant le clair de lune sans nuage qui dissipe les fatigues de la volupté.

« Là, ses femmes, vêtues de l'air, à la taille charmante, le ravissaient avec leurs ceintures d'or ; lumineuses et gazouillantes, elles l'enivraient des vapeurs embaumées de l'encens et de l'aloès.

« Ce monarque puissant, redouté de ses voisins, n'avait jamais pu se vaincre lui-même. Il devint malade de la poitrine. Quand il connut son état, il ne voulut pas d'autre médecin que ses femmes ; frappé mortellement dans leurs bras, il voulut y mourir.

« Il s'éteignit comme une lampe épuisée, sans postérité, au milieu de ses épouses qui le tenaient embrassé. »

Ce tableau idéal a au moins le mérite de nous faire voir que les Hindous, même dans leurs plus grands excès de plaisir, sont restés décents et même aimables et qu'ils n'ont rien fait ou imaginé qui inspire la répulsion ou le dégoût.

On ne saurait en dire autant des Romains ; ils nous révoltent par des lubricités sans nom et à peine concevables. Pour faire ressortir le contraste, après Kalidaça, citons Suétone.

N° 2. — Débauches des empereurs romains.

TIBÈRE DANS SA RETRAITE DE CAPRÉE.

Tibère, retiré dans l'île de Caprée (située près de Naples, au fond de la plus belle baie du monde), rassemblait de toutes parts des troupes de jeunes filles et de mignons et des inventeurs d'accouplements monstrueux, qu'il appelait spinthaies, pour que, se tenant enlacés et formant une triple chaîne, ils se prostituassent mutuellement devant lui de manière à rallumer ses désirs.

Il avait fait disposer en plusieurs endroits des chambres ornées de tableaux et de statuettes représentant les scènes et les figures les plus lascives, et meublées des livres d'Éléphantis, pour qu'on ne manquât pas de modèles pour les postures qu'on avait ordre de prendre.

En public, il jouait le rôle de Jupiter caressant Léda, et du minotaure s'unissant à Phasiphaé.

Lorsque la représentation de ces scènes mythologiques comprenait un meurtre, celui-ci était commis réellement sur le théâtre avec ses détails cruels ; tels, par exemple, la mort d'Hippolyte, le supplice de Prométhée.

Il dressait de très petits enfants à s'ébattre et à jouer entre ses cuisses pendant qu'il nageait (c'étaient ses petits poissons), et à le lécher et le mordre doucement ; il apprenait à d'autres enfants, non encore sevrés, à lui prendre la verge comme ils eussent pris le sein de leur mère et à pratiquer la succion.

CAÏUS CALIGULA.

Caligula abusa de Valérius Catullus, jeune homme d'une famille consulaire, et commit l'inceste avec ses deux sœurs. Il invitait à souper, avec leurs maris, les femmes les plus distinguées ; il les passait en revue en les examinant comme ferait un marchand d'esclaves, menait dans une chambre voisine celle qui lui plaisait et, rentrant avec les souillures de la débauche, il louait ou blâmait ce que leur jouissance ou leur corps avait de bon ou de mauvais.

NÉRON.

Sans parler des hommes libres avec lesquels il eut commerce, des femmes mariées qu'il corrompit, Néron fit violence à la vestale Rubria. Il fit couper les testicules à un jeune garçon nommé Sporus et s'efforça même de le métamorphoser en femme. On le lui amena en grande pompe avec la dot et le voile rouge (flammeum), suivant l'usage du mariage, et il lui donna le rang d'épouse.

Il finit par imaginer comme un jeu de nouvelle espèce de se mettre dans la peau et à la place d'une bête du cirque et de s'élancer sur les parties naturelles ou non d'hommes et de femmes attachés nus à des poteaux; il faisait ces outrages, dans les lieux publics, aux adolescents et aux vierges chrétiennes. De là vient la bête dont il est parlé dans l'Apocalypse et qui désigne Néron (Renan).

DOMITIEN.

Domitien n'avait pas les vices monstrueux de Tibère et de Néron. Cependant il partagea et il développa la corruption générale.

Dans une fête solennelle, il fit descendre dans l'arène des femmes parmi les gladiateurs et les bestiaires.

Il fit courir des jeunes vierges dans le stade et présida lui-même à la course, vêtu d'un habit de pourpre à la grecque, portant sur la tête une couronne d'or où étaient représentés Jupiter, Junon et Minerve, et ayant auprès de lui le flamendial et les prêtres de la famille Flavia.

(Dans cette occasion comme dans beaucoup d'autres, Domitien voulut affirmer son zèle pour le paganisme).

Pour plaire au peuple, il continua les représentations à la fois si impudiques et si cruelles des scènes mythologiques. Martial, son protégé, nous en a transmis le souvenir dans les épigrammes suivants du Livre I :

6. Sur le spectacle de Phasiphaé.

« Croyez que Phasiphaé s'est accouplé avec le taureau de Crète ; tout ce que la renommée nous en a dit, la scène le reproduit devant nos yeux. »

9. Sur un condamné donnant une représentation véritable du supplice de Prométhée.

« Tel Prométhée, enchaîné sur un roc, en Scythie, nourrit de ses entrailles renaissantes un vautour insatiable, tel ce Lauréolus, attaché à une véritable croix, vient d'offrir sa poitrine nue à un ours de Calédonie.

« Ses membres déchirés palpitaient et son corps tout entier n'était plus un corps. Ce scélérat avait sans doute dépassé les crimes dont parle l'antiquité. »

10. « Dédale, quand tu es ainsi déchiré par un ours de Lucanie, que tu voudrais alors avoir des ailes. »

Ces scélérats, ces victimes, étaient les chrétiens condamnés comme criminels d'État.

On se faisait scrupule de prendre les gladiateurs ; ceux-ci étaient des prisonniers de guerre qu'on n'avait pu utiliser autrement, parce qu'ils étaient trop incultes pour être vendus assez cher comme esclaves et trop insoumis pour être incorporés dans les légions.

HÉLIOGABALE.

Héliogabale parcourait les rues de Rome dans les attitudes et la compagnie les plus indécentes sur un char traîné par des femmes nues.

CHAPITRE III

Intrigues des femmes du harem.

Les femmes du harem sont sévèrement gardées et ne peuvent voir aucun homme (App. 1 et 2). Presque toutes brûlent de désirs qu'elles satisfont entre elles, par des procédés indiqués au chapitre de l'auparishtaka, et au moyen desquels la femme peut remplacer l'homme (a).

Elles ont encore recours aux moyens suivants.

Elles habillent en homme leur sœur de lait, leurs amies et leurs suivantes, et se font caresser l'yoni à l'aide de végétaux tendres (fruits ou racines), qui ont ou reçoivent la forme et les dimensions d'un linga, ou bien elles embrassent une statue dont le linga est figuré en érection (App.).

Des moyens inverses sont employés par certains hommes (voir dans Lucien l'outrage fait par un jeune homme à la Vénus de Paros dont il était amoureux).

Parfois, et avec l'aide de leurs suivantes, les femmes du harem y introduisent des hommes déguisés en femme. Leurs sœurs de lait et leurs affidées s'efforcent de décider des hommes à venir au harem, en leur vantant la bonne fortune qui les y attend; elles

---

(a) La titillation et la succion des mamelons, ainsi que nous l'avons vu, déterminent constamment l'érection du clitoris, et la friction de cet organe simultanée avec la succion forte des mamelons amène nécessairement le spasme *génésique*.

leur décrivent l'intérieur du palais, les facilités pour s'y introduire et en sortir; elles indiquent les fortes saillies des corniches, les grandes dimensions des portiques, des corridors et des issues, la négligence des sentinelles et les absences fréquentes des gardiens du harem. Mais ces émissaires ne doivent jamais tromper un homme pour le décider à tenter l'aventure, car cela entraînerait probablement sa mort.

Quant à l'homme, il fera bien de ne point s'introduire dans le harem à cause des terribles mésaventures auxquelles il s'expose.

Si toutefois il s'y détermine, il devra reconnaître s'il y a une sortie assurée, si le jardin de plaisance ou bien un mur de ronde entoure étroitement le harem (App. 1), si les sentinelles manquent de vigilance et si le roi est parti en voyage. Dans ce dernier cas, lorsqu'il sera appelé par les femmes du sérail, il observera avec soin les lieux, et entrera de la manière que les femmes lui auront indiquée. S'il est adroit et avisé, il parcourra chaque jour les environs du harem, se liera avec les sentinelles, se fera l'ami des femmes de service du sérail qui peuvent avoir connaissance de son dessein et leur témoignera son regret de ne pouvoir l'exécuter.

Enfin, il prendra pour entremetteuse une femme qui a ses entrées au harem, et il s'étudiera à connaître les espions du roi.

Si l'entremetteuse ne peut entrer au harem, il se tiendra à quelque endroit d'où il peut voir la femme qu'il aime.

Si cet endroit est gardé par des sentinelles, il se déguisera en prenant le costume d'une suivante de la femme désirée, qui vient ou passe par cet endroit.

Quand la femme le regardera, il lui fera connaître ses sentiments par des gestes et des signes, lui fera voir des dessins à double sens, des guirlandes de fleurs et des anneaux.

Il observera avec beaucoup d'attention les signes qu'elle fait, ses gestes ou ses paroles; et alors il essaiera de pénétrer dans le palais.

S'il est certain qu'elle vient dans quelque lieu particulier, il s'y cachera, et, au moment fixé, il entrera au harem avec elle, comme s'il était un des gardiens.

Il peut aussi entrer et sortir dans un lit plié, ou dans une couverture de lit, ou bien se rendre *invisible* : pour cela il lui suffit de se frotter les yeux avec un collyre obtenu en mêlant avec une quantité égale d'eau les cendres provenant de la combustion, sans fumée, d'une mangouste, des yeux d'un serpent et du fruit de la longue courge tumbi !!!

Duyana, les brahmanes et les yoguis, donnent encore d'autres moyens de se rendre invisible.

L'homme peut aussi, pour entrer au harem, saisir l'occasion de la fête de la huitième lune, pendant laquelle les femmes de service du palais sont toutes très affairées et en désarroi.

On introduit des jeunes gens au harem, ou on les en fait sortir, lorsqu'on y apporte ou on en fait sortir du mobilier, ou pendant les fêtes où l'on prend des boissons et des rafraîchissements, quand les femmes de service sont extraordinairement occupées et pressées, ou quand on déplace une des épouses, ou quand on les conduit aux jardins publics ou aux fêtes, ou bien lors de leur retour au palais, ou enfin quand le roi est parti pour un lointain pélerinage.

Les femmes du harem connaissent mutuellement leurs secrets, et comme elles ont toutes le même but, elles s'entraident.

Un jeune homme qui est l'amant de toutes peut continuer ce commerce très longtemps sans être découvert.

Chez les Aparatakas, les épouses du roi ne sont pas bien gardées, et les femmes qui ont accès dans le harem y introduisent avec elles beaucoup de jeunes gens.

Les épouses royales du pays d'Ahira se livrent aux kshatryas mis en sentinelle dans le harem.

Celles du pays des Vatsagoulmas font venir au harem, à l'aide de messagères, des hommes qui peuvent leur plaire.

Chez les Vaïdharbas, les fils des épouses royales ont leur entrée au harem et sont les amants de toutes les épouses, excepté de leur mère.

Dans le Stri radjyas, les femmes du roi ont pour amants les hommes de sa caste et de sa famille.

Au pays de Ganda, elles se donnent aux brahmanes, à leurs amis, à leurs serviteurs et esclaves.

Dans le Sandhava, à leurs domestiques, marmitons, etc.

Chez les Haïmavat, des hommes hardis corrompent les sentinelles et entrent au harem.

Chez les Vanyas et Kalmyas, les brahmanes, au su du roi, entrent au harem avec des bouquets pour les épouses, conversent avec elles derrière un rideau, et des doux propos passent aux doux exercices.

Enfin, les femmes du roi de Prashyas cachent dans le harem un jeune homme pour chaque groupe de femmes.

APPENDICE AU CHAPITRE III

N° 1. — Description du harem d'Agra.

Tous les détails donnés dans ce chapitre montrent que les anciens rois de l'Inde brahmanique n'étaient guère plus jaloux des femmes de leur harem que les maris hindous ne l'étaient, en général, de leurs épouses.

On retrouve là encore la douceur et l'apathie du caractère indien.

Il en est autrement des Musulmans de l'Inde, en partie d'origine Afgane ou Mongole.

Ils gardent étroitement leurs femmes, et les harems de leurs princes étaient et sont encore aujourd'hui très surveillés.

On peut en juger par les dispositions du sérail qui forme partie du Tage d'Agra, le Versailles des empereurs mongols, qu'on préfère au palais de Louis XIV, bien qu'il ait coûté moins de cent millions, au lieu d'un demi-milliard.

Le harem se compose de deux parties attenant l'une à l'autre, mais parfaitement distinctes; l'une est occupée par les femmes musulmanes, pour la plupart des Cachemiriennes qui sont blanches comme des européennes.

L'autre est occupée par des femmes hindoues, et fut probablement construite sur le modèle des harems des anciens rois du pays.

Le harem musulman borde, sur l'un de ses côtés, le magnifique jardin du palais. Tout est en marbre; à l'étage, on y remarque quelques trous des boulets de lord Clive, lorsqu'il prit la citadelle d'Agra (le Tage).

Les chambres sont des cellules de quatre mètres carrés ; elles ont chacune, du côté opposé au jardin, ayant vue sur le paysage et sur la Joumma, une ouverture fermée par une claire-voie découpée dans le marbre, qui empêche de rien voir du dehors.

Il y a aussi, dans chaque chambre, sur une autre face, une petite ouverture par laquelle on introduisait la nourriture de la recluse, et qu'on refermait ensuite.

Ces chambres forment deux goupes que sépare un palier assez grand, qui servait pour la récréation des femmes pendant deux heures par jour.

L'escarpolette était fort en usage parmi ces dames.

Le harem hindou est, comme toutes les habitations des indigènes, disposé en forme de cloître autour d'une cour rectangulaire assez grande.

Tout autour, à l'étage, sont de petites chambres précédées de portiques et de balustrades donnant sur la cour.

Cette disposition permettait de laisser aux femmes la liberté de circuler sous les portiques et de se visiter entre elles, liberté que n'avaient point les femmes étrangères de l'autre harem, sans doute des esclaves.

La cour intérieure du harem hindou servait pour les représentations théâtrales et autres scènes de jongleurs, de saltimbanques, et aussi pour les cérémonies religieuses.

Les femmes assistaient à ces représentations, appuyées sur les balustrades des portiques et sans qu'on pût avoir aucune communication avec elles depuis la cour.

Du côté opposé du jardin, en face du harem étranger, se trouvaient les bains du sérail, d'une richesse et d'une beauté merveilleuses.

L'or, en lames épaisses, artistement travaillé ou en filets délicats, court partout sur les caissons des plafonds et les parois en marbre des murs.

Pour se rendre au bain, les favorites avaient à traverser le jardin, un des plus beaux du monde, dont toutes les allées sont dallées en marbre et dont les parterres sont parsemés de vastes bassins en marbre blanc avec jets d'eau.

Certaines heures de la journée étaient réservées aux femmes du harem pour leur promenade dans le jardin où elles étaient seules.

Le cicerone montre aux visiteurs un long couloir souterrain qui descend du jardin au bord de la Joummâ, et il explique que, vers son extrémité, on abattait les femmes coupables ou trop âgées, et qu'ensuite leurs corps étaient jetés à la rivière.

On se débarrassait ainsi des vieilles parce que le harem n'eût pas suffi à loger ces inutilités, et qu'il ne convenait pas que des femmes, après avoir été les favorites de l'empereur, pussent habiter ailleurs que dans son palais ou dans la mort.

N° 2. — La vie du sérail.

Avec l'aide d'un officier de marine français, une femme européenne s'est évadée du sérail de Constantinople. Réclamée par le sultan, elle a déclaré qu'elle se tuerait plutôt que d'y rentrer.

Cependant Lady Montagu, la Sévigné des Anglais, nous a donné au xviii° siècle, dans ses *Lettres* si intéressantes, une description fort gracieuse de la vie et des plaisirs des femmes du sérail dans l'intimité desquelles elle a été admise en sa qualité de femme de l'ambassadeur d'Angleterre près du sultan. Le tableau qu'elle en trace est loin d'être triste. Les danses et les jeux après le bain solliciteraient le pinceau d'un artiste.

Peut-être Lady Montagu n'a-t-elle vu que les beaux côtés, et n'a-t-elle conversé qu'avec les privilégiées, comme la mère du sultan régnant dont elle parle beaucoup. Peut-être le sérail a-t-il déchu avec la puissance des sultans.

TITRE VII

DEVOIRS DES ÉPOUSES

CHAPITRE I

Devoirs d'une femme quand elle est la seule épouse.

Une femme vertueuse se conforme aux désirs de son mari comme s'il était un dieu. Elle s'assied toujours après lui et se lève avant lui (App. 1).

Elle prend sa charge de la famille et de la maison. Elle tient tout dans le plus grand état de propreté (App. 2).

Elle entoure la maison d'un petit jardin où elle apporte tout ce qu'il faut pour les sacrifices du matin, de midi et du soir, aux dieux domestiques.

Elle révère elle-même le sanctuaire des dieux du foyer car, ainsi que le dit Gonardiya, rien ne gagne le cœur d'un mari, d'un maître de maison, comme l'observation des rites domestiques.

Elle aura tous les égards possibles pour son beau-père et sa belle-mère, et pour tous les membres de la famille de son mari.

Elle évite la société des mendiantes, des *religieuses bouddhistes mendiantes* (a), des femmes perdues, des voleuses, des diseuses de bonne aventure et des sorciers.

(a) Les mots en italique prouvent qu'à l'époque où écrivait Vatsyayana le bouddhisme était encore en vigueur dans l'Inde.

Elle ne fait rien avant d'en avoir obtenu le consentement de son mari (App. 3).

Quand elle va trouver son mari en particulier, elle doit être parée de ses ornements et de fleurs diverses et porter une robe de plusieurs couleurs. Mais son habillement ordinaire de tous les jours sera léger et collant.

Au cas où il aurait quelques torts de conduite à son égard, elle ne lui en fera pas de reproches, malgré son déplaisir.

Elle soigne sa tenue de manière à toujours plaire à son mari.

Elle garde ses secrets, lui prête toute l'aide possible dans ses affaires lorsqu'il est obligé de s'absenter pour quelque voyage.

Elle ne porte que des ornements de bon augure et observe les fêtes en l'honneur des dieux. Elle ne sort que pour les deuils et les fêtes de famille. Elle prend soin des intérêts de son mari.

Quand il arrive de voyage, elle le reçoit dans sa tenue ordinaire, pour qu'il voie comment elle a vécu pendant son absence. Elle lui apporte quelque présent et des objets qui peuvent être offerts pour le culte de la divinité.

C'est ainsi, conclut l'auteur, qu'une femme d'une bonne conduite, épouse ou vierge remariée, ou concubine, doit vivre purement, toujours dévouée à l'homme auquel elle est unie, faisant tout pour son bien et pour lui plaire.

Les femmes qui tiennent cette conduite possèdent le Dharma, l'Artha et le Kama, obtiennent une haute considération et, généralement, conservent tout l'amour de leur mari (App. 4).

APPENDICE AU CHAPITRE I

Respect des femmes hindoues pour leur mari.

N° 1. — Les dames indiennes sont très respectueuses envers leur mari. Elles ne l'appellent que mon maître, mon seigneur, et, quelquefois même, mon dieu, tandis que celui-ci, au contraire, ne leur parle que d'un ton de supériorité. Si un mari en prenait un autre, en public surtout, sa femme s'en offenserait comme d'une inconvenance.

Une femme indienne prépare le repas de son mari et le sert; mais elle ne mange jamais qu'après lui, et que ses restes.

Elle ne l'accompagne jamais à la promenade; en voyage, elle marche derrière lui à une certaine distance, sans pouvoir lui adresser la parole.

N° 2. — Manou, livre IV. « Renfermées sous la garde d'hommes fidèles et dévoués, les femmes ne sont point en sûreté; celles-là seulement sont bien en sûreté, qui se gardent elles-mêmes de leur propre volonté. »

« On ne parvient point à tenir les femmes dans le devoir par des moyens violents. Mais un mari y réussit en assignant pour fonctions à sa femme le compte des recettes et des dépenses, la purification des objets et du corps, l'accomplissement de son devoir, la préparation de la nourriture et l'entretien des ustensiles de ménage. Mettre au monde des enfants, les élever et s'occuper chaque jour des soins du ménage et de l'entretien du feu consacré, tels sont les devoirs des femmes mariées dans l'Inde ; nulle n'en est affranchie. »

N° 3. — Même livre. « Jour et nuit les femmes doivent être tenues dans la dépendance par leurs protecteurs : une femme est sous la tutelle de son père pendant son enfance; de son mari, pendant sa jeunesse; de son fils, pendant sa vieillesse ; elle ne doit jamais se conduire à sa fantaisie. »

« Si les femmes n'étaient pas surveillées, elles feraient le malheur des deux familles. » Manou a donné en partage aux femmes l'amour de leur lit, de leur siège et de la parure, la concupiscence, la colère et la perversité. »

« Aucun sacrement n'est pour les femmes accompagné de prières. »

Il n'en était point ainsi chez les Ariahs védiques. Il est impossible de pousser plus loin le mépris de la femme.

L'idée de son infériorité a été générale dans l'antiquité; nous la trouvons aux premiers temps de la Grèce, dans le Mythe de Pandore, raconté si malicieusement par Hésiode (400 ans avant Homère) dans sa Théogonie.

Pour se venger des humains dans la demeure desquels brillait le feu dérobé par Prométhée, Zeus (Jupiter) leur prépare un fléau. Par son ordre, Vulcain façonne, avec de l'argile, la pudique image d'une vierge. Athéné (Minerve) la revêt d'une blanche tunique, lui attache sa ceinture, lui jette sur la tête un voile d'un merveilleux travail, orne ses cheveux de fleurs et place sur sa tête une couronne d'or, chef-d'œuvre de l'illustre boiteux.

« Lorsqu'il a préparé ce présent fatal, le dieu amène la jeune fille dans l'Assemblée des dieux et des hommes. Ils admirent ce piège cruel à l'appât duquel la race des mortels n'échappera pas.

« C'est d'elle que nous vient la race des femmes; c'est d'elle que viennent ces funestes compagnes de l'homme, qui s'associent à sa prospérité et non à sa misère, comme les frelons méchants et parasites que les abeilles nourrissent à l'abri de leurs ruches. Bien des maux nous viennent de ce cruel présent. Si nous fuyons l'hymen et le commerce inquiet des femmes, nous n'avons aux jours de la triste vieillesse personne qui nous soutienne et nous console, et des parents éloignés se partagent entre eux notre héritage. »

« Le sort nous a-t-il uni à une épouse vertueuse et chérie, le mal se mêle encore au bien dans toute notre vie. Mais s'il nous fait rencontrer quelque femme d'une race perverse, alors nous vivons dans l'amertume, portant au fond de notre cœur un éternel ennui, un chagrin que rien ne peut guérir. »

On lit dans les *Travaux et les Jours*:

« Garde qu'une femme impudique ne te séduise le cœur par de douces paroles et ne s'introduise dans ta maison. Se fier à la femme, c'est se fier aux voleurs. »

« N'aie qu'un fils pour soutenir la maison paternelle. C'est ainsi que les maisons prospèrent. »

On ne s'attendait guère, sans doute, à trouver dans Hésiode ce conseil de Malthus si fort suivi de nos jours.

Hésiode fait dire à Télémaque recevant des hôtes qui le louent d'être le fils d'Ulysse : « On n'est jamais sûr d'être le fils que de sa mère. »

Nous trouvons, même dans quelques docteurs chrétiens, le préjugé contre les femmes : « Fœmina infirmius, le sexe est faible, » a dit saint Augustin ; mais à cause de ses autres qualités, le bouddhisme et le christianisme ont mis le sexe faible au niveau du sexe fort.

Dans l'Inde, la condamnation prononcée par Manou a ôté à la femme le respect des autres et d'elle-même.

Aux reproches les plus graves la femme hindoue répond : « Après tout, je ne suis qu'une femme. »

La femme occupe cependant une bien meilleure place chez les Hindous que chez les Musulmans dans la famille où elle est beaucoup plus utile, plus libre et plus respectable. Toutefois, comme elle n'a ni instruction, ni valeur morale, on n'a pour elle d'autres sentiments que ceux qu'on a en France pour une bonne domestique. Souvent ses fils l'injurient. Manou ne prescrit aucuns égards envers la mère, tandis que le Bouddha a fait à son sujet mille recommandations qui sont pieusement suivies encore de nos jours.

N° 4. Manou, livre IX :

« La femme qui ne trahit point son mari, dont les pensées, les paroles et le corps sont purs, parvient, après la mort, au même séjour que son époux » (cette perspective serait peu encourageante pour beaucoup de françaises).

« Les femmes mariées doivent être comblées d'égards et de présents par les père et mère, et les frères de leurs maris, lorsque ceux-ci désirent une grande postérité. »

« Partout où les femmes sont honorées, les divinités sont satisfaites ; lorsqu'on ne les honore pas, les actes pieux sont sans fruits. »

« Lorsqu'une femme brille par sa parure, toute la famille resplendit également ; mais si elle ne brille pas, la famille ne jette aucun éclat. »

Tous ces préceptes commandent aux maris la fidélité, la douceur et la bonté matérielles, mais ne consacrent aucun droit pour la femme, et n'assurent point sa dignité et sa considération, ainsi qu'on le voit dans plusieurs passages du *Kama Soutra*, qui permettent aux maris toute licence.

Devoir conjugal.

N° 5. — L'auteur ne dit rien du devoir conjugal. Sans doute il le considère comme compris dans la généralité des rapports sexuels au sujet desquels il dit, au titre IV, que l'homme doit *faire tout pour le plaisir de la femme*.

C'est là un principe altruiste dont il faut, sans doute, faire honneur à l'influence du bouddhisme (religion absolument altruiste) sur les idées de l'époque. Son application qui tend à augmenter l'amour conjugal, fin honnête, et même à entretenir la santé, fin légitime, peut être justifiée presque toujours. L'église, qui interdit le mariage pour cause d'impuissance, ne le défend pas aux personnes stériles et aux vieillards.

Le père Gury dit, à l'article 378 de la *Th. morale* :

« Les époux se doivent : 1° une affection mutuelle; 2° la société conjugale et la cohabitation ; 3° les aliments et ce qui est nécessaire pour une position honorable; 4° le devoir conjugal quand il est sérieusement demandé et lorsqu'il n'y a pas de raison pour le refuser. »

Vatsyayana ne prévoit même pas comme possible dans l'Inde le refus de la femme. Ce cas se présente en Europe et il est réglé en théologie. Le père Gury dit :

915, I. « Il y a une obligation de justice, grave en principe, de rendre le devoir conjugal à l'autre époux qui le demande sérieusement et raisonnablement, parce que d'après la nature du contrat conjugal, les époux se doivent mutuellement la puissance sur leur corps pour l'amour conjugal. »

II. « Il peut y avoir obligation de demander le devoir conjugal par charité ou à cause d'une autre vertu, surtout de la part de l'homme, si la demande est nécessaire pour entretenir ou ranimer l'amour conjugal. »

« L'obligation de le rendre cesse pour l'un des époux quand cesse pour l'autre le droit de l'exiger, ce qui arrive : 1° *si l'un des époux a commis un adultère.* » (Le droit est égal pour les deux époux, contrairement à ce qui a lieu dans l'Inde où une femme ne doit même pas reprocher à son mari l'adultère; on verra plus loin l'épouse indienne servir d'entremetteuse à son mari).

« 2° . . . .

« 3° Si celui qui le rend peut craindre raisonnablement un préjudice ou un danger pour sa santé. »

916. « Les époux sont tenus d'habiter ensemble et l'un d'eux ne peut s'absenter longtemps sans le consentement de l'autre ou sans nécessité ; car cette obligation découle de celle de rendre le devoir conjugal. Or les causes légitimes de s'absenter pour longtemps sont : l'intérêt public, la subsistance ou le salut de la famille, un mal à éviter de la part de ses ennemis. Mais le mari qui va habiter longtemps ailleurs doit emmener son épouse pour qu'elle habite avec lui. »

« Un époux qui refuse le devoir conjugal pèche gravement, s'il y a danger d'incontinence ou d'un grave ennui pour l'autre. Il ne pèche pas en le repoussant lorsque l'autre époux le demande avec excès. »

« Un époux n'est pas dispensé de le rendre parce qu'il craint d'avoir trop d'enfants, car la procréation des enfants est la fin principale du mariage et n'est pas un inconvénient intrinsèque de ce même mariage. »

CHAPITRE II

Devoirs de l'épouse la plus âgée envers les épouses plus jeunes de son mari.

L'homme peut pendant la vie de sa première épouse en prendre d'autres pour les motifs suivants :

Folie ou mauvais caractère de la femme, aversion du mari (a), stérilité, absence de progéniture mâle, incontinence de la femme.

Quand la femme est stérile ou n'a pas de fils, elle doit elle-même engager son mari à prendre une autre femme, donner à celle-ci une position supérieure à la sienne, la considérer comme une sœur, lui prodiguer les bons conseils, traiter ses enfants comme s'ils étaient les siens propres et en agir de même à l'égard de ses serviteurs, de ses amis et parents.

Quand il y aura plusieurs femmes, la plus âgée fera alliance avec celle qui la suit immédiatement en âge et en rang et tâchera de brouiller avec la favorite actuelle la femme que la favorite a remplacée auprès du maître ; puis, ayant ligué toutes les femmes contre la favorite, elle prendra alors le parti de celle délaissée et, sans se compromettre d'aucune façon, elle fera dénoncer la favorite comme méchante et querelleuse.

Si la favorite se querelle avec l'époux, la première femme feint pour elle de la sympathie, l'excite et aggrave autant qu'il est en elle le dissentiment. Mais si, en dépit de tous ses efforts, l'époux continue à aimer la favorite, elle changera de tactique et s'emploiera à les concilier afin de ne point tomber elle-même en disgrâce (b).

(a) Manou, livre IX. « La femme acariâtre doit être remplacée de suite ; la femme stérile, après huit ans ; celle qui ne donne que des filles, après onze ans.

(b) Dans ces conseils se retrouve toute la duplicité brahmanique.

CHAPITRE III

Devoirs de la plus jeune épouse.

La femme la plus jeune regardera la plus âgée comme sa mère et ne fera, à son insu, de don à personne, pas même à ses propres parents. Elle lui dira tout, et n'approchera son mari qu'avec sa permission. Quoi que celle-ci lui confie, elle ne le divulguera point, et elle prendra soin de ses enfants comme des siens propres.

Quand elle sera seule avec son époux, elle lui complaira en tout, mais elle ne lui parlera jamais du chagrin qu'elle peut éprouver à cause d'une rivale.

Elle se contentera d'obtenir secrètement des marques particulières de son affection, de l'assurer qu'elle ne vit que pour lui, et par l'amour qu'il lui témoigne.

Avec les autres épouses de son mari elle ne parlera jamais, soit par orgueil, soit par colère, de son amour pour son mari, ni de l'amour que celui-ci a pour elle; car un mari n'aime point les indiscrétions sur des détails intimes.

Elle dissimulera, autant que possible, à la vue de la première épouse les efforts qu'elle fait pour captiver son époux. Si cette première épouse a été prise en aversion par le mari, ou si elle n'a pas d'enfants, elle s'intéressera à sa situation, et engagera le mari à avoir pour elle de bons procédés; mais elle-même s'efforcera de la surpasser par sa bonne conduite.

CHAPITRE IV

Devoirs d'une veuve vierge remariée.

Comme la veuve vierge remariée a eu, avant son second mariage, une existence plus libre et une connaissance plus grande des choses du mariage qu'une jeune fille, elle apportera chez son nouvel époux plus d'expérience des plaisirs et des goûts plus mondains. Si, plus tard, il y a séparation entre eux, elle ne gardera pas les présents qu'elle a reçus de son mari, sauf ceux qui ont fait l'objet d'un mutuel échange entre eux, à moins qu'elle n'ait été renvoyée par lui (alors elle ne restitue rien).

Elle prendra dans la maison conjugale la même situation que les femmes de la famille de son mari; mais elle devra se montrer supérieure à elles pour les soixante-quatre talents voluptueux.

Elle ne se liera pas avec les autres épouses, mais plutôt avec les amis et les serviteurs de la maison.

Elle se montrera également supérieure aux autres épouses pour les soixante-quatre voluptés.

Elle accompagnera son mari aux fêtes, réunions, parties de plaisir; elle engagera son mari à donner lui-même de ces sortes de fêtes ou parties de plaisir.

Elle mettra en train toutes sortes de jeux et amusements.

APPENDICE AU CHAPITRE IV

Souvent, dans l'Inde, on marie des filles presque dans l'enfance à des vieillards veufs qui prennent une épouse parce que sa présence est obligatoire dans les sacrifices aux mânes. Delà le grand nombre des veuves vierges. On voit par ce qui précède qu'elles se remariaient du temps de Vatsyayana.

C'est d'après un préjugé religieux que les femmes veuves ne peuvent se remarier; les Hindous sont convaincus qu'elles portent malheur. C'est peut-être un calcul du législateur pour qu'une femme ait tout intérêt à prolonger les jours de son mari.

Plusieurs tentatives ont été faites pour faire disparaître ce préjugé, mais on n'a pu y parvenir.

Dans le sud de l'Inde, toutes les veuves, *sans exception*, ne se remarient point. Mais à Calcutta, elles le font aujourd'hui généralement; à l'instigation du vice roi, les brahmanes ont eux mêmes donné l'exemple, et cet exemple a été suivi.

A Pondichéry, M. de Verninac, alors qu'il y était gouverneur, avait fait, dans ce sens, de généreux efforts qui ont été bien près d'aboutir.

Dans l'Atharva-Véda, ont voit que les veuves pouvaient, à certaines conditions, se remarier. Ce livre a précédé celui de Manou qui est fort dur pour les veuves.

Devoirs de la veuve

Aussitôt qu'un indien vient d'expirer, l'usage exige que sa veuve se pare magnifiquement, qu'elle se précipite sur le cadavre de son mari et le tienne embrassé en poussant de grands cris jusqu'à ce que les parents l'en arrachent.

Quelques jours après, en présence de ses parents et de ses amis qui cherchent à la consoler, on lui rase la tête et on lui enlève le tally que son mari, le jour de son mariage, lui avait attaché au cou. A partir de ce moment, et jusqu'au jour de sa mort, elle porte le deuil de son époux. Le deuil consiste à se faire raser la tête une fois par mois, à ne point faire usage de bijoux ni de bétel, à ne se vêtir que de toile blanche, à ne tracer sur son front aucun des signes de sectes religieuses, et enfin à n'assister jamais aux fêtes de famille ou publiques où sa présence porterait malheur.

Les suttys ou sacrifices des veuves

Les suttys sont aujourd'hui interdits dans l'Inde anglaise, mais ils n'ont complètement cessé que depuis un petit nombre d'années.

Cette coutume barbare paraît avoir été en honneur d'abord chez les anciens rajahs du pays et dans la caste des Kshatryas, car il n'est fait mention dans les anciens auteurs que des suttys des ranies ou reines.

Le sacrifice n'était pas toujours volontaire; c'était de force, bien souvent, qu'on y traînait la victime.

Les suttys dans le Mahabarata

Parmi les héroïnes du dévouement dont parle le Mahabarata, il ne cite qu'incidemment le sacrifice de Madri, la deuxième épouse du roi Pandou, père putatif des cinq héros célébrés dans ce vaste poème encyclopédique.

Voici, en raccourci, la légende de la mort du roi Pandou, et du sacrifice de Madri son épouse.

Le roi Pandou, étant à la chasse, aperçut deux gazelles accouplées; aussitôt, il leur décoche une flèche et tue le mâle. Celui-ci était un brahmane qui avait eu la fantaisie de prendre cette forme de gazelle pour s'unir à son épouse.

Au moment d'expirer, il dit au roi Pandou : Puisque, cruel Kshatrya, tu m'as ravi l'existence, avant que j'eusse parfait mon désir, tu subiras la peine du talion; car, toi aussi, tu mourras dans les bras de ton épouse avant d'avoir joui complètement, et de plus tu seras frappé d'impuissance. Pandou, en effet, épousa deux femmes et n'eut point d'enfants; mais cependant, il en obtint cinq par l'opération miraculeuse des Dieux Indra, Yama et les deux Açvins.

Un jour que le roi Pandou se promenait dans la forêt avec Madri, sa deuxième épouse, excité par la vue de ses charmes, il voulut s'unir avec elle malgré qu'elle s'y refusât, redoutant pour lui le fatal moment; Pandou, aveuglé par sa passion, l'y contraignit; il s'unit donc à elle, mais il fut frappé de mort dans ses bras.

Après ce fatal événement, Madri, l'âme troublée et s'accusant d'être la cause de la mort du roi, dit à Kounti, la première épouse : Maintenant que ce monarque est mort dans mes bras, je te demande en grâce, illustre Kounti, de me laisser monter sur son lit funéraire; car il est juste que je suive ce monarque chez les mânes, puisque c'est dans mes bras qu'il a trouvé le chemin de la mort. La noble Kounti reprocha à Madri sa faiblesse pour ce prince, puisqu'elle connaissait son impuissance et la malédiction qui pesait sur lui : tu n'aurais pas dû lui laisser accomplir cette fantaisie érotique, que je lui ai toujours refusée. Pourtant, fille de Balkan, tu es heureuse, car il t'a été donné de voir une fois le visage enflammé par le désir, et le membre dressé de ce vertueux monarque, ce qui ne m'est jamais arrivé à moi.

Ne m'en veux pas de cela, noble dame, repartit Madri et veuille me laisser suivre notre époux dans la mort; accorde-moi cette grâce, vertueuse Kounti; adopte mes deux enfants, et veuille avoir pour eux les mêmes soins maternels que pour les tiens.

Kounti, comme première épouse, aurait souhaité d'accompagner le roi dans l'autre monde; c'était son devoir comme son droit; mais, cédant aux instances de Madri, elle consentit à la laisser monter sur le bûcher, à sa place (à cause des enfants, la plus jeune des épouses devait survivre à l'époux).

Après cet accord, les deux nobles épouses, aidées de leurs cinq fils, s'empressèrent de dresser le bûcher; lorsqu'il fut terminé, elles y placèrent le corps de Pandou, et Madri s'étendit à son côté. Elle dit alors à Kounti : « La flamme de ce bûcher me purifiera de mon péché, et, pure de toute souillure, je suivrai notre époux au Swarga; veuillez donc, noble dame, y mettre le feu. » Kounti y porta aussitôt la flamme et le funèbre sacrifice s'accomplit.

Il n'est question des suttys ni dans les Védas, ni dans les Pouranas, ni dans le Ramayana, ni dans les lois de Manou, ni dans le Kama Soutra.

Les grecs d'Alexandre les trouvèrent en usage chez un peuple au moins du Punjab. D'abord propre aux Rajahs, cette coutume paraît s'être étendue sous l'empire des religions sectaires. Elle était assez répandue et très connue du temps de Properce, sous Tibère.

Properce, Livre III, Elégie XIII, en faisant la critique des femmes de son temps, fait l'éloge du dévouement des femmes indiennes qui accompagnent leurs maris dans la mort.

L'Inde, dit-il, nous envoie l'or de ses mines; la mer rouge, ses précieux coquillages; Tyr, sa pourpre; l'arabe nomade, le cinname; voilà les armes qui triomphent de la plus fière vertu.

Vois s'avancer, magnifiquement parée, cette femme chargée du patrimoine de toute une famille; elle étale à nos yeux les dépouilles de ses amants.

On demande sans pudeur, on donne de même.

Heureuse cette loi des nations lointaines de l'Orient!

Fortunés époux ! Quand la dernière torche a été lancée sur le lit funéraire, les femmes du mort, les cheveux épars, se disputent l'honneur de quitter la vie pour le suivre. Honte à celle qui n'obtient pas la faveur de mourir. La rivale préférée s'élance triomphante sur le bûcher, et va, au milieu des flammes qui la consument, placer sa bouche sur celle de son époux.

Chez nous, l'hymen est perfidie; on n'y connaît ni le dévouement d'Evadné, ni la fidélité de Pénélope.

CHAPITRE V

Devoirs d'une femme qui ne compte plus pour son mari.

Une femme prise en aversion par son mari et qui est tourmentée par les autres femmes, fera alliance avec la favorite et prendra soin, comme une mère, des enfants de son mari ; elle se rendra favorables ses amis et lui fera connaître par eux son dévouement pour lui.

Quand il est couché, elle n'ira vers lui que dans un moment où cela lui plaira, et ne lui résistera jamais, ni ne s'entêtera à rien.

Quand il arrivera à son mari de se quereller avec l'une de ses femmes, elle les réconciliera ; et, si celui-ci désire voir quelque femme en secret, elle facilitera leur rencontre. En même temps, elle étudiera les côtés faibles de son mari, mais n'en fera part à personne ; enfin, elle fera tout ce qu'il faut pour qu'il la regarde comme une femme bonne et dévouée.

CHAPITRE VI

L'homme qui a plusieurs épouses.

Un homme qui a plusieurs épouses doit être galant pour toutes.

Il doit veiller sur leur conduite et ne jamais révéler à l'une d'elles ce qui se passe dans l'intimité avec une autre.

Il ne doit point leur permettre de lui parler de leurs rivales, ni de se dénigrer mutuellement.

Il plaira à l'une d'elles par sa confiance secrète ; à l'autre, par des égards particuliers ; à une troisième, par des compliments ; à toutes, par des promenades aux jardins publics, par des divertissements, des présents, des honneurs rendus à leurs parents, des marques de confiance, et, enfin, par des témoignages d'amour qu'il donnera à chacune.

Une jeune femme qui a bon caractère et une conduite conforme aux préceptes du saint livre, s'attache son mari et triomphe de ses rivales.

Bhabravya enseigne qu'un mari doit se lier avec une jeune femme qui lui dira les secrets des autres femmes, et le renseignera sur la conduite des siennes propres.

Mais Vatsyayana est d'avis qu'un mari ne doit point exposer sa jeune épouse à être corrompue dans la société d'une intrigante de cette espèce, qui prendrait sur elle l'ascendant que les mauvaises femmes savent toujours conquérir sur l'esprit des autres.

APPENDICE AU CHAPITRE VI

Chez les musulmans, où la polygamie est la règle, le Koran formule le même précepte que le 1er alinéa du 6e chapitre

« Chaque épouse a droit à la part de Dieu ou minimum de galanterie périodiquement obligatoire. »

Un chef arabe auquel je demandais des nouvelles de sa santé, se lamenta de ne plus pouvoir servir qu'une fois par nuit chacune de ses quatre épouses (il avait passé la cinquantaine).

Dans l'Inde, les femmes sont toujours traitées avec douceur.
Les maris renvoient leurs femmes, mais ne les battent pas.
En Europe, c'est généralement le contraire qui a lieu, au moins dans le peuple.
Il est même des femmes du peuple qui aiment les maris énergiques. On connaît la chanson de Béranger : «Collin bat sa ménagère... » et les vers de Jules Barbier sur la fille des faubourgs qui veut « un amant qui la fouaille, depuis le soir jusqu'au matin ».

Le Père Gury dit, Théologie morale, 379 : Le mari est tenu de punir son épouse lorsqu'elle commet une faute, dès que c'est nécessaire pour la corriger et prévenir tout scandale.

381. Il doit ordinairement user, en commençant, des paroles bienveillantes, et, si cela ne suffit pas, avoir recours à une punition sévère (c'est là, évidemment, un reliquat du moyen âge).

« Le confesseur ne doit pas ajouter foi tout de suite aux paroles d'une femme qui se plaint de son époux, parce que les femmes sont d'habitude portées à mentir. »

On remarquera que ni le P. Gury, ni le catéchisme, ne parlent d'obéissance due par la femme au mari, tandis que le code civil la prescrit. Napoléon a même insisté sur ce point au Conseil d'Etat.

Condition des femmes dans l'Inde

Les travaux des femmes, dans l'Inde, sont toujours très doux.
Les soins très simples du ménage remplis, leur seule occupation est de filer. Tous les autres ouvrages sédentaires qui, en Europe, sont confiés aux femmes, sont, dans l'Inde, exécutés par les hommes.

Il est vrai que les femmes des basses classes travaillent avec les maçons, les terrassiers, les cultivateurs ; mais elles sont toujours très ménagées, et ne remplissent que des tâches faciles.

Autrefois, les deux sexes allaient nus, jusqu'à la ceinture, dans tout le sud de la presqu'île. Cet usage existe encore sur la côte du Malabar et dans tous les pays circonvoisins.

Le morceau de toile qui compose l'habillement des femmes des Soudras ne couvre juste que ce que la pudeur empêche de laisser à découvert.

Les femmes riches se chargent de bijoux et ne s'en dépouillent jamais.

Les femmes Hindoues sortent librement pour leurs dévotions, leurs affaires et les besoins de leur maison ; par exemple, pour quérir de l'eau aux fontaines publiques; et, bien que toute intimité avec les hommes leur soit interdite, elles peuvent, néanmoins, sans se compromettre, converser avec ceux qui viennent dans leur maison comme connaissances et amis.

TITRE IX

RAPPORTS AVEC LES FEMMES DES AUTRES

CHAPITRE I

Obstacles aux rapports avec une femme mariée.

Il est permis de séduire la femme d'un autre, si l'on court le danger de mourir d'amour pour elle (a).

L'intensité de cet amour a dix degrés marqués par les effets suivants :

1° Amour des yeux ; 2° attachement d'esprit; 3° idée fixe ; 4° perte du sommeil; 5° amaigrissement; 6° aversion pour les divertissements ; 7° oubli de la décence ; 8° la folie ; 9° évanouissement ou affaissement; 10° enfin la mort (App. I).

D'après Vatsyayana, on reconnaît qu'une jeune femme est ou non passionnée : à sa conduite, à sa conversation et aux mouvements de son corps.

En règle générale, dit Gonikapoutra, la beauté d'un homme impressionne toujours une femme, et celle d'une femme toujours

---

(a) Ce principe, largement interprété par les intéressés, autorise toutes les entreprises ; il peut s'accommoder à tout en théorie et s'accommode à tout réellement en pratique dans l'Inde. Il est fondé sur la croyance que les âmes des hommes qui meurent d'un désir non satisfait errent pendant un certain temps à l'état de mânes avant de transmigrer.

un homme; mais le plus souvent, diverses considérations les empêchent de donner une suite à cette impression.

En amour, voici ce qui est particulièrement propre à la femme. Elle aime sans s'inquiéter de ce qui est bien ou mal (App. 2). Elle ne cherche point à faire la conquête d'un homme par intérêt. Quand un homme la courtise, son premier mouvement est de le repousser, alors même qu'elle le désire ; mais elle cède à des insances réitérées (App. 3).

Au contraire, l'homme épris d'une femme maîtrise sa passion par scrupule ou par raison, et bien qu'il ne puisse détourner ses pensées de cette femme, il résiste même lorsqu'elle s'efforce de l'entraîner.

Quelquefois il fait une tentative auprès d'elle et renonce à elle s'il échoue.

Quand il a réussi, il arrive souvent qu'il devient ensuite indifférent.

Une femme peut repousser les avances d'un homme pour les motifs suivants.

Attachement à son mari; crainte d'avoir des enfants illégitimes; manque d'occasion favorable; offense pour déclaration trop brusque; différence de rang; incertitude au sujet d'absences de l'homme pour voyages; crainte que l'homme en aime un autre ; pensée que ses amis sont tout pour lui; crainte d'indiscrétion; timidité à l'égard d'un homme illustre ou trop puissant ou trop habile; crainte de la fougue de sa passion si elle est une femme gazelle (yoni n° 1); pensée qu'autrefois elle a été liée d'amitié avec lui (App. 4); mépris pour son manque d'usage du monde ; défiance de sa mauvaise réputation; dépit de ce qu'il ne comprend pas l'amour qu'elle ressent pour lui.

Si elle est une femme éléphant, la pensée qu'il est un homme lièvre ou froid; la crainte qu'il lui arrive quelque chose à cause de sa passion pour elle ; défiance de ses propres charmes; crainte d'être découverte; désillusion à la vue de ses cheveux blancs, de son apparence chétive; crainte qu'il soit l'affidé de son mari pour éprouver sa fidélité; pensée qu'il est d'une vertu trop sévère.

APPENDICE AU CHAPITRE I

Maladies provenant de l'érotisme

N° 1. — Les principales affections qui mettent en jeu et surexcitent le système génital, sont :

L'érotomanie ou délire érotique, qui a son siège exclusivement dans la tête; les quatre autres affections ont leur siège dans le cervelet et le système génital.

L'*érotomanie* (qui affecte l'un et l'autre sexe) est chaste dans sa manifestation; l'activité vitale, toute dans le cerveau, se communique rarement aux parties génitales. On comprend, d'après cela, comment on a pu accuser les Jésuites de tendances érotomanes sans accuser leurs mœurs. En rapprochant ce fait des deux causes d'anaphrodisie signalées à l'appendice du chapitre II, titre V, et de l'anaphrodisie résultant de la chasteté habituelle, on s'explique la continence des prêtres.

L'*hystérie*, nommée aussi maladie vaporeuse ou prurit ou attaque de nerfs, a son siège dans la matrice, et, de là, s'irradie au cerveau. Elle n'a lieu qu'entre l'âge de la puberté et celui du retour. Elle est toujours accompagnée de désordres dans le système génital. Elle affecte mille formes, depuis la plus légère attaque de nerfs, jusqu'aux accès épileptiques.

Les nombreuses causes d'hystérie se rencontrent dans le tempérament même de la femme, et dans les agents intérieurs ou extérieurs propres à augmenter la vitalité de l'utérus.

La pudeur donne à la majeure partie des femmes hystériques la force de dissimuler, pendant l'accès même, leurs sensations génitales.

Le satyriasis, la nymphomanie ou fureurs utérines, dépendent : le premier, du cervelet d'où il s'irradie aux parties génitales ; la seconde, du cervelet et de l'exaltation des organes génitaux.

Les symptômes sont la tristesse, l'isolement, la turgescence et le prurit des organes génitaux.

La nymphomane s'efforce, mais en vain, de résister au désir, et elle s'isole pour le satisfaire. Devant un homme, elle ne peut contenir ses gestes, elle perd toute décence dans sa tenue et son langage. Alors, ses parties se gonflent, s'enflamment, et laissent couler une humeur fétide. Ordinairement, les fourmillements qu'éprouve la partie, et la constriction du vagin, provoquent l'éjaculation d'une humeur laiteuse fournie par les cryptes muqueuses et les glandes vulvo-vaginales.

C'est parmi les filles dont les désirs sont longtemps et violemment comprimés que se trouvent les nymphomanes.

(On sait que c'est la même cause qui occasionne la rage chez les animaux, l'espèce canine notamment).

Le priapisme est une érection violente et permanente du membre viril, le plus souvent sans désir vénérien. Le malade, loin d'éprouver du plaisir dans le coït, n'en ressent, le plus souvent, que fatigue et douleur; et, quelquefois, de graves hémorragies uréthrales s'en suivent. Lorsque le priapisme n'est pas le symptôme d'une maladie du cervelet, il provient, soit d'une irritation directe de la partie, soit de l'usage d'aphrodisiaques dangereux tels que les cantharides et le phosphore.

Nº 2. — « On peut tout supposer et tout attendre d'une femme amoureuse » (Balzac). Cette idée a été développée dans plusieurs romans remarquables, notamment dans celui de *M. de Camors*, par Octave Feuillet.

Les auteurs l'ont empruntée au cœur humain et à la satyre VI de Juvénal.

« Si, pour remplir un devoir, il faut courir un danger, le courage manque aux femmes ; pour le mal rien ne les arrête. Faut-il accompagner en mer un époux, la sentine est infecte et le ciel tourne; on vomit sur le mari. Pour suivre un amant, l'estomac est de fer; on partage le repas grossier des matelots; on se promène de la proue à la poupe, le cœur ne se soulève jamais; on s'amuse à manier le câble, etc. »

Nº 3. — Ovide, *Art d'Aimer*, livre I. — La séduction.

« Si la pudeur empêche la femme de faire des avances ou de se rendre à la première demande, elle n'en aime pas moins céder. C'est à l'homme d'employer les prières. Voulez-vous obtenir, sollicitez, soyez pressant, que la femme connaisse votre amour, votre passion. Cependant, si vous voyez que vos prières irritent, arrêtez-vous, revenez sur vos pas, simulez le renoncement à vos désirs. Combien de femmes regrettent ce qui leur échappe et détestent ce qu'on leur offre avec instance! En cessant d'être moins pressant, vous cesserez d'être importun. Quelquefois aussi, vous devrez ne point manifester l'espoir d'un prochain triomphe, et, quelquefois, vous vous ferez désirer. »

Quelquefois, l'amour doit s'introduire sous le voile de l'amitié ; plus d'une vertu a été prise à ce piège, et l'ami est devenu bientôt un amant (dans plusieurs romans c'est ainsi que la femme entraîne un homme arrêté par des scrupules de délicatesse).

Vous trouverez mille femmes d'humeur différente; prenez mille moyens pour les gagner. Vous devez aussi les faire varier, selon l'âge. Une vieille biche flaire de loin le piège. Si vous vous montrez trop savant avec une novice, trop entreprenant avec une prude, vous éveillerez leur méfiance, et elles se mettront sur leurs gardes. C'est ainsi que, souvent, celle qui a craint un homme honnête s'abandonne à un habile vaurien.

Nº 4. — On a vu, au chapitre des empêchements au mariage, que l'amitié doit exclure l'amour. C'est là, certainement, un sentiment qui a sa délicatesse et qui indique le haut prix que, dans l'Inde, à cette époque, on attachait à l'amitié. En France, on a peine à croire à des rapports de pure amitié entre un homme et une femme, tous deux jeunes, quoique beaucoup d'hommes y soient réellement portés, surtout dans la première jeunesse, pour des femmes un peu moins jeunes. Ces amours platoniques sont généralement plus durables et plus dévoués que les amours charnels.

CHAPITRE II

Hommes heureux auprès des femmes.

Les hommes qui ont des succès auprès des femmes sont :
Ceux qui possèdent la science de l'amour ; les conteurs agréables ; ceux qui, dès leur enfance, ont vécu dans la compagnie des femmes ; ceux qui savent gagner leur confiance ; ceux qui leur envoient des présents ; les beaux parleurs ; ceux qui savent complaire à leurs désirs ; ceux qui n'ont pas encore aimé d'autre femme; les courtiers d'amour ; ceux qui connaissent leurs côtés faibles ; ceux qui sont désirés par les femmes honnêtes, ont bon air, bonne mine ; ceux qui ont été élevés avec elles ; leurs voisins ; les hommes qui se donnent tout entiers aux plaisirs charnels, fussent-ils même leurs propres serviteurs ; les amants des sœurs de lait ; les hommes qui étaient mariés il y a peu de temps (et devenus veufs) ; ceux qui aiment le monde et les parties de plaisir ; les hommes généreux ; ceux renommés pour leur force (hommes taureaux) ; les hommes braves et entreprenants ; les hommes supérieurs à leur mari en connaissance, en belle prestance, en bonnes qualités, en générosité ; les hommes qui s'habillent et vivent magnifiquement (a).

Quand on tient à sa réputation, on ne cherche jamais à séduire une jeune femme craintive, timide, à laquelle on peut se fier, qui est bien gardée ou qui a un beau-frère ou une belle-mère (l'absten-

---

(a) Sur cette longue liste les dames hindoues n'ont que l'embarras du choix ; l'occasion d'empêcher un homme de mourir d'amour ne leur manque jamais.

tion est donnée ici comme règle de prudence, mais non de morale (ou de religion).

Quand une femme s'offense et repousse d'une manière blessante l'homme qui la courtise, il doit y renoncer de suite. Quand, au contraire, en le grondant, elle continue à se montrer gracieuse et affectueuse pour lui, elle ne doit rien négliger pour continuer à s'en faire aimer.

CHAPITRE III

Femmes qui se donnent facilement.

Voici maintenant la liste des femmes faciles :

Celles qui se tiennent toujours sur la porte de leur maison ou regardent constamment dans la rue ; celles qui vont toujours causer chez leurs voisins ; celles qui regardent les hommes fixement ou de côté (a) ; les courtières d'amour ; celles dont on ne connaît pas bien la caste et la famille ; celle qui aime trop le monde ; la femme d'un acteur ; une veuve ; une femme pauvre ; la femme avide de plaisir ; la femme orgueilleuse de ses talents ; celle dédaignée par ses égales en beauté et en rang ; la femme vaine et frivole ; celle qui fréquente les femmes galantes ; celle dont le mari est souvent absent, en voyage, ou vivant à l'étranger. La femme dont le mari a pris une seconde épouse sans raison légitime ; celle qui n'a pas eu d'enfant de son mari et qui a perdu tout espoir d'en avoir de lui ; celle qui, étant mariée, reste abandonnée à elle-même, dont personne ne s'occupe ; celle qui affiche un amour excessif pour son mari ; celle dont le mari a plusieurs jeunes frères (b). La femme

(a) Cela revient à dire qu'une honnête femme ne doit pas du tout regarder les hommes.

(b) On sait que, dans l'Inde, les jeunes frères vivent en communauté avec leur aîné, de là un désordre si fréquent que la femme de l'aîné est toujours supposée de mœurs faciles. C'est de là sans doute qu'est née la polyandrie. Dans le Mahabarata, les cinq fils de Pandou ont la même femme légitime. La polyandrie existe légalement sur une large base au Thibet et dans les provinces de l'Inde limitrophes de cette contrée.

qui a pour époux un homme qui lui est inférieur par le rang et les capacités; celle dont l'esprit est troublé par la sottise et les mauvais procédés de son mari; celle qui a été mariée enfant à un homme riche, et qui, devenue grande, ne l'aime point, et veut un amant possédant les qualités qui la captivent; celle dont le mari est quinteux, jaloux, débauché. La femme d'un joaillier; une femme jalouse, ambitieuse, galante. La femme avide, peureuse, boîteuse, naïve, difforme, triviale, de mauvaise odeur, maladive, vieille (*a*).

Dans toute l'Inde, le chef du village, le préposé du roi et le glaneur de blé (*b*) obtiennent les faveurs des femmes du village rien qu'en les demandant, c'est pourquoi on donne à cette classe de femmes le nom de femmes galantes ou catins.

Les trois hommes sus-désignés ont commerce avec elles à l'occasion du travail commun, de la rentrée des blés en magasin, du nettoyage des habitations, du travail dans les champs, des divers achats, ventes et échanges.

De même les contrôleurs des étables jouissent des femmes dans les étables; les employés chargés de la surveillance des veuves, des femmes sans soutien et de celles qui ont quitté leurs maris, ont commerce avec ces femmes (*c*).

Ceux qui sont avisés rôdent la nuit dans le village à cette fin, pendant que les villageois s'unissent à leurs belles filles restées seules en

---

(*a*) Les catégories des femmes faciles sont si nombreuses qu'elles doivent comprendre presque toutes les personnes du sexe. Aussi un ministre protestant écrivait-il au milieu de notre siècle qu'il n'existait presque point de femmes vertueuses dans l'Inde.

(*b*) C'est une sorte de valet public entretenu par tous les habitants du village, et qui travaille pour eux tous; il fait les besognes communes et celles de propreté et d'hygiène publiques. Il semble qu'alors cet emploi n'était pas méprisé. Aujourd'hui, dans le sud de l'Inde, le valet du village est un pariah (hors caste), avec lequel aucune femme de caste, même inférieure, ne voudrait avoir de rapports.

(*c*) D'après ces détails, dans ce temps-là, une femme de la campagne se donnait toutes les fois qu'elle en avait l'occasion; cela a lieu généralement encore aujourd'hui; le dévot auteur du *Kama-Soutra* trouve cela tout naturel et n'a de blâme ni pour les employés qui tiraient un tel parti de leur situation, ni pour les pères et les frères qui avaient commerce avec leurs belles-filles et leurs belles-sœurs; il leur conseille seulement le secret dans certains cas. En Russie, du temps de l'esclavage, cette promiscuité a existé chez les Mougicks (Leroy Beaulieu).

l'absence de leurs fils. Enfin les contrôleurs des marchés ont continuellement commerce avec elles au moment où elles viennent faire leurs achats au marché.

APPENDICE AU CHAPITRE III

Les latins : Ovide, Catulle, Martial, Juvénal et Pétrone.

A en croire les poètes et Suétone, il n'y avait guère plus de mœurs à Rome sous les douze Césars que dans l'Inde, où la décence était du moins toujours observée. Citons les auteurs.

Ovide, *les Amours*, livre II. « Conseils aux maris. »

« Cruel mari, tu as donné un gardien à ta tendre épouse : peine inutile ! Une femme se garde elle-même et celle-là seule est chaste qui ne l'est point par crainte.

(Pensée exprimée par Manou dans les mêmes termes).

« C'est sottise de s'offenser de l'infidélité d'une épouse ; c'est bien mal connaître les mœurs d'une ville fondée par les deux jumeaux fils de Mars et de Vénus.

« Pourquoi prendre une femme belle si on la veut vertueuse ?

« Sois un mari complaisant, ton épouse te donnera beaucoup d'amis. Cultive-les et tu auras un grand crédit; tu seras de toutes les parties fines et galantes et mille objets précieux orneront ta maison sans te rien coûter. »

La Lesbie de Catulle était une femme mariée et cependant, par libertinage ou par cupidité, « elle se livrait », dit le poète, « au coin des rues aux amoureux caprices des enfants de Romulus. » Il est vrai que Catulle, comme tous les jeunes romains de son temps, avait toujours un mignon en même temps qu'une maîtresse.

Martial, livre XII. A Milon.

« Tu vends de l'encens, du porc et des bijoux, et la denrée suit l'acheteur ; mais ta meilleure marchandise est ta femme, car vendue et revendue on ne l'emporte jamais. »

Un mari qui ne fut pas complaisant ce fut Jean de Laval, sire de Châteaubriant. Françoise de Foix, son épouse, fut attirée par ruse à la cour de François Ier, malgré son mari qui l'aurait tuée pour la soustraire aux poursuites du roi, si celui-ci ne l'avait éloigné.

Prise de force par le roi, elle consentit ensuite à être sa maîtresse en titre ; elle le fut durant neuf années pendant lesquelles, à l'occasion, elle eut encore quelques autres amants. Délaissée ensuite par le roi, elle retourna chez son mari qui lui fit ouvrir les quatre veines.

Catulle (84), sur le mari de Lesbie, sa maîtresse.

« En présence de son mari, Lesbie me dit mille injures. Le sot est au comble de la joie. Butor, tu ne te doutes de rien. Si elle ne pensait pas à moi, elle se tairait, et ton honneur serait sauf. »

Le même (85), sur Gellius.

« Gellius est mince comme une feuille : qui pourrait s'en étonner? Il a une mère si bonne, si vaillante, une sœur si jolie, un oncle si complaisant ; il compte dans sa famille tant d'aimables cousines ! Comment pourrait-il engraisser? Aussi, en ne comptant que ses exploits incestueux, on devine la cause de sa maigreur.

Martial, livre XII, 20. A Fabullus.

« Vous demandez, Fabullus, pourquoi Timon n'a pas de femme ? Il a une sœur. »

Le même. A Chloé.

« Tu t'offres au premier venu. Que tu es populaire ! Tu mérites le nom de Demophyle (amante du peuple). »

Properce, X. A sa maîtresse.

« Tes amants sont plus nombreux que ceux de Laïs et de Phryné. Il n'est rien que l'amour ne se permette dans Rome. A quoi sert d'avoir élevé des autels à la pudeur, si l'épouse peut rejeter à son gré toute contrainte. Bien coupable fut la main qui peignit la première des objets obscènes et souilla par de honteuses images la chasteté de nos demeures; elle corrompit l'innocence en flattant les yeux. »

Juvénal, dans la Satyre X, parle des nombreux maris qui, impuissants ou odieux à leurs femmes, recouraient à des esclaves pour leur faire des enfants, afin de s'assurer leur fortune.

« Sans moi, dit un esclave, ta femme fût restée vierge ; elle voulait fuir vers un autre hymen, mais je l'ai retenue pâmée sous mes caresses, pendant qu'à la porte de ta chambre nuptiale, tu pleurais en entendant les cris de plaisir poussés par ta femme et les craquements du lit. »

« Dans combien de maisons l'adultère a maintenu le lien conjugal presque détaché ! »

Pétrone. C'est dans le *Satyricon* de Pétrone qu'on voit le mieux jusqu'où allaient les débordements des femmes; nous en détacherons comme renfermant les traits les plus saillants la peinture des mœurs d'une des initiées aux mystères de Priape. Elle complète ce que nous disons dans l'Introduction sur le culte de ce dieu. Nous engageons le lecteur à se reporter au texte de Pétrone dont l'enjouement ne peut être reproduit dans l'abrégé auquel nous devons nous borner.

« Vers le soir, dans un lieu solitaire, passent près de nous deux femmes d'assez bonne tournure, nous les suivons et entrons après elles dans une chapelle où nous distinguons grand nombre de femmes armées d'énormes phallus ; à notre vue celles-ci poussent un cri immense ; nous nous échappons avant qu'elles puissent nous saisir.

« A peine sommes-nous dans notre logis que nos deux femmes y pénètrent; l'une, Quintilla, voilée, l'autre, Psyché, sa suivante, tenait par la main Panychis, jolie petite fille d'environ sept ans. Quintilla me fait promettre de ne point divulguer les mystères de Priape, puis se jetant sur ma couche, elle demande un calmant pour la fièvre qui la consume. Je me mets en devoir tandis qu'Aschitte tient tête à Psyché et que Giton s'amuse avec Panychis ; mais glacés par la surprise nous restons impuissants. Quintilla sort furieuse, puis revient avec des inconnus qui nous saisissent et nous transportent dans un palais somptueux. Là, Psyché nous garotte avec des rubans, m'abreuve de Satyrion et en inonde le corps d'Aschyte, tandis que la petite fille, pendue au cou de Giton, lui donne mille baisers.

« Pour notre châtiment, un baladin, vêtu d'une robe couleur de myrthe, retroussée jusqu'à la ceinture, tantôt nous éreinte de ses violents assauts, tantôt nous souille de ses baisers immondes, jusqu'à ce que Quintilla, qui présidait une baguette à la main et la robe également relevée, ordonne qu'il nous laisse aux mains d'une troupe de lutteurs qui nous frottent d'huile et nous raniment. Nous mettons des habits de table et prenons à un banquet excellent arrosé de vieux Falerne une part assez belle pour qu'à la fin le sommeil nous gagne. — « Eh quoi ! s'écrie Quintilla, vous dormez alors que cette nuit appartient tout entière à Priape ».

« Après une trêve à l'orgie, la bruyante musique d'une joueuse de cymbales nous réveille tous. Le festin recommence avec une gaieté toute bachique. Le baladin me crache sur la face un baiser infect, se campe sur mon lit, relève, malgré nous, nos tuniques et me broie à plusieurs reprises, chaque fois longtemps, mais toujours au-dessus de son but. Sur son front baigné de sueur, des ruisseaux de fard coulaient dans les rides creusées dans son masque de craie. Sa face ressemblait à un vieux mur décrépit que sillonne la pluie.

Ascytle, à son tour, subit le même supplice. Comme Giton se tordait de rire, Quintilla le remarque, et ayant appris qu'il est mon favori, elle lui colle un baiser, puis elle passe la main sous sa tunique et le tâte. — Tu seras bon, dit-elle, demain pour mes prémisses ; aujourd'hui j'ai été trop largement servie pour goûter un aussi mince besogneur. Mais toi, je vais te pourvoir à ta convenance.

« Elle appelle près d'elle Panychis. Je fais des objections à cause de l'âge. — Bah ! répond Quintilla, j'ai commencé plus tôt et je ne sais plus quand. A son âge j'ai trouvé un pied à chausser.

« A la demande et aux applaudissements de tous, l'adolescent et la fillette se prennent pour époux. Précédée du baladin qui porte un flambeau, Panychis marche vers l'hyménée, la tête haute et couverte du flammeum, entre deux files de femmes ivres qui battent des mains. Quintilla saisit lubriquement Giton et l'entraîne vers la chambre à coucher. Les voilà clos et dans le même lit ; tout le monde au seuil de la porte. Quintilla regarde leur jeu par une ouverture habilement dissimulée et elle m'attire pour regarder avec elle. Comme nos deux visages se touchent, elle becquette mes lèvres par intervalles.

Tout à coup se précipite dans la salle avec fracas et l'épée haute un soldat de la garde nocturne suivi d'une troupe de jeunes gens. Il apostrophe Quintilla : Coquine ! tu donnes à un autre la nuit que tu m'avais promise ! Eh bien, vous allez voir tous deux que je suis un homme. »

« Il me fait attacher étroitement sur Quintilla étendue à terre, bouche contre bouche, membres contre membres. Puis, sur son ordre, le baladin assouvit sur moi pleinement son immonde passion.

« On entend un cri : c'est Panychis qui, sous les efforts de Giton, est devenue femme. Ému par cette découverte, le soldat s'élance brusquement vers eux et enlace de ses bras nerveux, tantôt l'épouse, tantôt l'époux, tantôt tous deux à la fois. La petite crie de douleur et implore merci ; mais le bourreau s'acharne jusqu'à ce qu'une vieille dévouée à Quintilla se précipite dans la salle en criant : « Aux voleurs ! la garde, la garde, on dévalise le voisin ! » Alors le soldat détale avec ses compagnons, et nous fuyons ce lieu de tortures.

CHAPITRE IV

Manière de faire la connaissance d'une femme que l'on désire.

Voici comment on se lie avec la femme que l'on aime.

1° On s'arrange de manière à être vu d'elle, soit en allant chez elle ou la recevant chez soi ; soit en faisant sa rencontre chez un ami, un membre de la même caste, un médecin ou un ministre, ou bien aussi, à des mariages, des sacrifices, des fêtes, des funérailles, des parties aux jardins publics (Appendice N° 1).

2° Dans chaque rencontre, on la regarde, de manière à lui faire connaître ce qu'on éprouve pour elle ; on se tire la moustache, on se mord la lèvre inférieure, on fait du bruit avec les ongles ou avec les ornements que l'on porte, et d'autres signes de même sorte. Lorsqu'elle vous regarde, on parle d'elle, par comparaison avec d'autres femmes, à ses amis, et l'on fait montre de générosité et d'amour du plaisir. Quand, sous ses yeux, on est assis à côté d'une autre femme, on affecte l'ennui, la distraction, la fatigue, l'indifférence à ce que dit cette amie ; on tient, avec un enfant, ou avec quelqu'autre, une conversation à double entente, ayant trait en réalité à celle que l'on aime, bien qu'il paraisse être question d'une autre, et, de cette manière indirecte, on lui manifeste son amour, tout en n'ayant point l'air de s'adresser à elle.

On trace sur le sol, avec les ongles ou un stylet, des figures qui se rapportent à elle. En sa présence, on embrasse un enfant, on lui donne avec la langue un mélange de feuilles et de noix de bétel et on lui caresse le menton avec la main. Tout cela doit être fait en temps et lieu opportuns (tout cela est plus bizarre que malin; Chauvin en sait aussi long et va plus vite en besogne).

3° On dorlote un enfant assis sur elle, et on lui donne un jouet que l'on reprend pour lui parler; puis on le lui rend et ainsi on entre en connaissance avec elle et dans les bonnes grâces de ses parents. On prend prétexte de ce commencement pour venir souvent à la maison; et, dans ces occasions, on parle d'amour quand elle n'est pas dans la même pièce, mais assez rapprochée pour entendre.

On devra la charger d'un dépôt ou d'un gage, en reprendre de temps à autre une partie; on lui donne à garder pour soi quelques parfums ou des noix de bétel. Ensuite le soupirant amènera une liaison entre elle et sa propre femme, de telle sorte qu'elles aient entre elles des conversations confidentielles et des a parte (joli rôle pour sa moitié); afin de multiplier les occasions de se voir, il s'arrangera pour que les deux familles aient le même forgeron, le même joaillier, le même vannier, le même terrassier, le même blanchisseur. Il pourra alors lui rendre ouvertement de longues visites sous prétexte d'affaires, en faisant sortir une affaire d'une autre.

Toutes les fois qu'elle a besoin de quelque chose, ou d'argent, ou d'apprendre un des soixante-quatre arts, lui faire voir qu'il veut et peut faire ce qu'elle désire et lui montrer tout ce qui peut lui plaire. De même, l'entretenir en compagnie des faits et gestes des gens et de divers sujets, tels que les bijoux, les pierres précieuses. Dans ce cas, lui montrer certains objets dont elle ne connaît point les prix et, si elle conteste les évaluations, ne point la contredire et se montrer d'accord avec elle en tout point (*App.* 2).

Telle est la manière d'entrer dans l'intimité d'une femme.

APPENDICE AU CHAPITRE VI

Ovide, *Art d'aimer*, livre I.

N° 1. — « Au cirque, asseyez-vous auprès de votre maîtresse, approchez-vous d'elle le plus possible, pressez-la de votre corps en prétextant le peu d'espace. Entrez en conversation en lui parlant d'abord de choses générales.

« S'il tombe un peu de poussière sur son sein, enlevez-la d'un doigt léger. S'il n'y a rien, ôtez-le quand même.

« Relevez avec empressement ses vêtements, s'ils tombent à terre, et empêchez que rien ne les salisse.

« Veillez à ce que ceux qui sont assis derrière elle n'appuient pas leurs genoux contre ses blanches épaules. Les cœurs légers se prennent par de petits soins. Que d'amants ont été largement payés d'avoir éventé une beauté, d'avoir à propos arrangé pour elle un coussin ou placé un banc sous ses pieds! »

N° 2. — « Lorsque, autour de la table du festin, vous serez assis près d'une belle sur le même lit, vous pourrez dire, à mots couverts, mille choses que la belle sentira s'adresser à elle, lui faire lire votre amour dans des emblèmes. Que votre regard décèle votre flamme, que votre visage muet exprime votre passion. Saisissez le vase qu'elle vient de porter à sa bouche et buvez du même côté (en Allemagne les époux, pendant toute leur vie, boivent à table dans le même verre). Prenez des mets qu'elle aura touchés, et qu'alors votre main rencontre la sienne.

« Gagnez l'amitié de son époux. Si l'on boit à la ronde, laissez-le boire avant vous. Mettez sur sa tête votre couronne; lors même qu'il serait d'un rang inférieur au vôtre, faites qu'il soit servi toujours le premier; soyez toujours de son avis.

« Simulez une légère ivresse et, à la faveur de cette feinte, tenez à votre belle des propos galants. Souhaitez-lui d'heureuses nuits, des nuits de bonheur partagé. Au moment où l'on se lève de table, profitez du mouvement qui se fait alors pour vous approcher de votre belle, lui serrer la taille et, de votre pied, toucher le sien.

« Alors commencez hardiment l'attaque; dites et faites croire que vous êtes mortellement blessé. En jouant l'amour vous éprendrez réellement.

« Soyez prodigues de promesses; ce sont elles qui entraînent les femmes. Prenez tous les dieux à témoin de vos engagements. Pour tromper Junon, Jupiter jurait par le Styx; il livre en riant aux enfants d'Éole les parjures des amants.

« Croyons, *car cela est nécessaire* (a), qu'il y a des dieux *qui ne sont pas*

(a) Les mots en italiques prouvent qu'Ovide était sceptique, au moins en ce qui concerne les dieux, comme, du reste, tous les gens instruits de son temps.

inertes (*a*) et qui nous voient ; vivons dans l'innocence, la bonne foi et le respect religieux des serments, et ne nous jouons que des belles. C'est le seul cas où nous ne devons pas avoir honte de la fraude. Trompons le sexe trompeur. Les femmes ont le privilège de la perfidie ; qu'elles tombent dans les pièges qu'elles-mêmes ont dressés.

(*a*) Allusion aux écoles philosophiques qui admettaient un dieu ou des dieux inertes, c'est-à-dire qui niaient la providence.

CHAPITRE V

Comment on reconnaît les sentiments et les dispositions d'une femme.

Quand on s'efforce de séduire une femme, il faut reconnaître ses dispositions et agir comme il suit.

Si elle écoute les doux propos, mais sans manifester en aucune manière ses intentions, il faut recourir à une entremetteuse.

Si, après une entrevue, elle se rend à une seconde mieux parée qu'à la première, ou si elle vient trouver le poursuivant dans un lieu solitaire, celui-ci peut être certain qu'elle ne lui opposera qu'une faible résistance.

Une femme qui encourage un homme et ne se donne pas est une tricheuse en amour ; mais, à cause de l'inconstance de l'esprit féminin, elle peut finir par céder, si on reste toujours en liaison intime avec elle (App. 1).

Quand une femme fuit les attentions d'un homme et, par respect pour lui et pour elle-même, évite de se trouver avec lui ou de s'approcher de lui, il peut la séduire, mais avec beaucoup de difficulté, soit en s'efforçant de se mettre avec elle dans des termes de familiarité, soit en se servant d'une entremetteuse très habile.

Lorsqu'une femme se rencontre seule avec un homme et lui touche le pied, et puis par crainte ou indécision prétend qu'elle l'a fait par mégarde, on peut en venir à bout par la patience et par des efforts continuels comme les suivants.

Quand il lui arrive d'aller dormir dans son voisinage, l'homme passera autour d'elle son bras gauche, et verra si, au réveil, elle le repousse sérieusement ou de manière à laisser deviner qu'elle désire qu'il recommence. Dans ce dernier cas, il l'embrassera plus étroitement. Si alors elle se dégage et se lève, mais sans rien changer à sa manière d'être habituelle avec lui, il en concluera qu'elle ne demande pas mieux que de se rendre. Si, au contraire, elle ne revient pas, il lui enverra une entremetteuse. Si elle reparaît ensuite, il pourra la croire consentante.

Quand une femme offre à un homme l'occasion de lui manifester son amour, il doit en jouir de suite.

Voici les signes par lesquels elle fait connaître son amour.

Elle se rend chez l'homme qui lui a plu sans en avoir été priée.

Elle se fait voir à lui dans des lieux secrets.

Elle lui parle en tremblant et sans articuler les mots.

Elle a les doigts des pieds et des mains humides de sueur; le sang lui monte au visage par l'effet du plaisir qu'elle éprouve quand elle le voit.

Elle se complaît à lui *masser* (a) le corps et à lui presser la tête.

Quand elle le masse, elle n'y emploie qu'une main et, avec l'autre, elle touche et embrasse des parties de son corps.

Elle laisse ses deux mains posées sur son corps sans mouvement comme par l'effet d'une surprise ou de la fatigue.

Elle place une de ses mains au repos sur son corps, et quand il serre cette main entre deux de ses membres, elle la laisse ainsi longtemps sans la retirer.

Enfin, quand elle a résisté un jour jusqu'au bout aux efforts de l'homme pour la posséder, elle retourne le lendemain pour le masser comme auparavant.

Quand une femme, sans encourager ni éviter un homme, se cache et s'isole, il faut recourir à une servante qui l'approche (App. 2).

(a) Le mot en italiques doit, dans certains cas, être remplacé par *pincer avec les doigts*, ce qui, de la part de quelques personnes, est une caresse.

Si, malgré cela, elle continue à s'isoler, on ne peut la séduire qu'à l'aide d'une entremetteuse habile. Mais si elle ne fait rien répondre par celle-ci, il faut réfléchir avant de faire de nouvelles tentatives.

APPENDICE AU CHAPITRE V

Ovide, *Art d'aimer*, livre I.

N° 1. — « Sondez d'abord le terrain par un billet doux qui fasse votre première déclaration, qu'il exprime votre tendresse et renferme, quelque soit votre rang, de vives prières.

« Promettez, promettez beaucoup, cela coûte si peu. C'est là une richesse que tout le monde possède. Quand vous aurez donné, on vous quittera, car on sera payé d'avance. L'important et le difficile, c'est d'obtenir une première faveur avant d'avoir rien donné ; pour ne pas en perdre le prix, on vous en accordera toujours de nouvelles.

« Si on vous renvoie votre billet sans le lire, ne vous rebutez pas de ce refus et insistez. Si, après avoir lu votre lettre, on la laisse sans réponse, continuez vos écrits, on finira par vous écrire. Peut-être vous priera-t-on de cesser vos poursuites ! Continuez-les, on désire ce qu'on repousse ; vous verrez bientôt vos vœux accomplis.

« Si vous rencontrez votre maîtresse couchée dans sa litière, abordez-la, mais comme par hasard. Prenez garde qu'un rival ne vous entende et exprimez-vous par des phrases à double sens. »

N° 2. — « N'épargnez rien pour gagner la femme de chambre, si elle est la confidente de sa maîtresse. Saisissez le moment où celle-ci se plaindra de l'infidélité de son époux et de l'offense d'une rivale. Que, le matin, la soubrette, en peignant ses cheveux, attise son courroux ; qu'elle lui dise à demi-voix : — Non, je ne pense pas, vous ne pouvez lui rendre la pareille. Qu'ensuite elle parle adroitement de vous ; qu'elle jure que vous êtes fou d'amour, que vous en mourrez, surtout qu'elle se hâte de peur que l'orage ne se dissipe. La colère d'une belle est comme le nuage qui lance l'éclair, mais se fond vite.

« Attachez-vous les valets eux-mêmes. Vous pouvez, sans vous dégrader, les saluer chacun par son nom et leur prendre la main. Ajoutez à cela quelques petits cadeaux s'ils vous en demandent ; mettez dans vos intérêts tout ce monde, y compris le portier et l'esclave qui veille à la porte de la chambre à coucher. »

CHAPITRE VI

CONCLUSION DU TITRE IX

La connaissance d'une femme une fois faite, si elle trahit son amour par divers signes extérieurs et par les mouvements de son corps, l'homme ira jusqu'au bout; toutefois, avec une vierge, il usera de délicatesse et de précaution.

Quand il a triomphé de sa timidité, il fait avec elle un échange de présents, habits, anneaux, fleurs; ces présents doivent être beaux et de prix. Il lui demandera de porter dans ses cheveux ou à la main les fleurs qu'il lui aura données. Puis il l'emmènera à l'écart, la baisera et l'enlacera. Enfin, au moment où il échangera avec elle du béthel et des fleurs, il lui touchera et lui pressera l'yoni, et, après l'avoir excitée, il arrivera à ses fins.

Quand on courtise une femme, il ne faut pas, dans le même temps, chercher à en séduire une autre. Mais quand on a réussi auprès de la première et joui d'elle assez longtemps, on peut conserver son affection en lui faisant des présents qui peuvent la satisfaire et ensuite entreprendre une autre conquête (App. 1).

Quand on voit le mari se rendre à quelque endroit voisin de la maison, il ne faut rien faire à la femme, lors même qu'il est facile d'obtenir son consentement (a).

En résumé, l'homme se fait introduire près de la femme et en-

---

(a) Il faut sans doute attribuer à quelque superstition ce scrupule fort surprenant après une absence si complète de scrupules dans tout ce qui précède.

gage une conversation avec elle. Il lui fait connaître son amour par des insinuations et, si elle l'encourage, commence sans hésiter un siège en règle.

Une femme qui, à la première entrevue, manifeste son amour par des signes extérieurs, s'obtient très facilement. De même, une femme qui, aux premiers propos d'amour qu'on lui adresse, exprime ouvertement de la satisfaction, peut être de suite considérée comme prise. En règle générale, quand une femme, qu'elle soit sage, naïve ou confiante, ne déguise point son amour, elle a déjà capitulé.

Voici quelques aphorismes en vers à ce sujet.

« Le désir qui nait de la nature et est augmenté par l'art, et dont la prudence écarte tout danger, acquiert force et sécurité. Un homme habile et de ressources observe avec soin les pensées et les sentiments des femmes et évite tout ce qui peut les blesser ou leur déplaire; de cette manière, il réussit généralement auprès d'elles.

Un homme habile qui a appris par les Shastras les moyens de faire la conquête des femmes des autres, n'est jamais *un mari trompé*.

Il ne faut pas, cependant, se servir de ces moyens pour séduire les femmes mariées, parce qu'ils ne réussissent pas toujours, qu'ils exposent à de cruelles mésaventures et à la perte du Darma (mérite religieux) et de l'Artha (la richesse).

L'art de la séduction a été décrit ici pour le bien de tous et pour apprendre aux maris à garder leurs femmes : on ne doit pas s'en servir *uniquement* pour prendre les femmes des autres (*a*).

(*a*) Voir l'observation en tête de l'Appendice.

APPENDICE AU CHAPITRE VI

L'hypocrisie de cette justification finale est manifeste. Ce qu'il faut blâmer surtout dans notre auteur, c'est d'autoriser la séduction faite de propos délibéré.

On voit, dans des romans remarquables et dans la vie réelle, des amants qui ne se sont donnés l'un à l'autre qu'après avoir résisté sincèrement à leur passion et à qui leur honorabilité sur tous les autres points a fait presque pardonner l'irrégularité de leur union tenue plus ou moins secrète. Telle paraît avoir été la liaison de Properce avec Cynthie qui était mariée et à laquelle le poète adressa des éloges et des regrets éloquents qu'il faut citer.

N° 1. — Élégie XIX. « Sa danse est plus gracieuse que celle d'Ariadne conduisant les chœurs. Sa lyre le dispute à celle des Muses. Ses écrits surpassent ceux de l'antique Corine et ses poésies celles de la célèbre Érinne.

« La couche du maître des dieux la recevra un jour, car la terre n'a pas vu depuis Hélène une beauté si accomplie. »

L. II, Élégie XV. « Que de fois j'ai partagé ta couche, et cependant mes *présents ne m'ont point acheté une de ces nuits fortunées;* qu'on me serre les bras avec une chaîne d'airain, pour voler vers toi, ô mon amie ! je saurai briser l'airain le plus dur. Oui, Cynthie, je serai à toi jusqu'à ma dernière heure ; fidèles au même serment, le même jour nous emportera tous deux.

« Je ne crains point, ô ma Cynthie, le séjour des ombres, mais seulement que ton amour fasse défaut à ma tombe, car le mien m'a pénétré si profondément que ma cendre ne pourra s'en séparer.

« Non ego nunc tristes vereor, mea Cynthia, manes
Sed ne forte tuo careat mihi funus amore. »

Properce, plus jeune que Cynthie, lui survécut sans l'oublier ; de sa tombe, elle lui inspira encore de beaux vers.

L. IV, Élégie VII. L'ombre de Cynthie.

« Je la vis s'incliner sur ma couche. Elle avait les mêmes yeux, la même chevelure que sur le lit funèbre ; mais ses vêtements étaient à demi-brûlés.

« Perfide, me dit-elle, faut-il que le sommeil ferme déjà tes yeux ; as-tu déjà oublié nos amoureux larcins et cette fenêtre à laquelle je me suspendais tour à tour de chaque main pour me jeter dans tes bras. Souvent les rues furent les témoins de nos caresses, la voie fut échauffée de nos vêtements et par nos poitrines serrées l'une contre l'autre. Où sont tes muets serments ? Personne ne m'a fermé les yeux à mon dernier instant. Ingrat ! pourquoi n'as-tu pas apporté toi-même la flamme sur mon bûcher.

CONCLUSION DU TITRE IX

« J'en jure par le Destin, et que Cerbère épargne mon ombre si ma parole est vraie, je ne te fus jamais infidèle ; si je mens, que le serpent siffle sur mon tombeau et repose sur mes tristes restes ; pour moi, je me tais sur tes nombreuses perfidies.

« Aujourd'hui, si les enchantements de Doris ne t'ont rendu ma mémoire indifférente, écoute ma prière :

« Que ma nourrice Parthénie ne manque de rien dans sa tremblante vieillesse, elle qui a toujours favorisé ton amour sans recevoir de présents. Brûle les vers que tu fis pour moi ; arrache de mon tombeau le lierre qui brise mes os ; sur les bords fleuris de l'Anio, élève à ma cendre une colonne où tu graveras une épitaphe digne de Cynthie.

« Ne dédaigne point un songe qui vient par la porte pieuse ; la nuit permet aux ombres d'errer à leur gré, mais le matin nous rappelle aux rives du Léthé. Adieu, sois maintenant à d'autres ; bientôt je te possèderai seule et mes ossements se presseront contre les tiens. »

TITRE X

DU COURTAGE D'AMOUR

CHAPITRE I

Des auxiliaires pour les intrigues amoureuses.

Charayana dit qu'on peut se lier, pour être assisté par eux dans des affaires de cœur, avec des gens de condition inférieure : des buandiers, des barbiers, des vachers, des fleuristes, des droguistes, des aubergistes, des mendiants, des marchands de bétel, de pithamardas (magisters), des vitas (parasites) et des vidashka (bouffons).

On peut aussi avoir pour amies officieuses les femmes de ces gens.

Les auxiliaires nécessaires dans les intrigues amoureuses doivent posséder les qualités suivantes : adresse, hardiesse, pénétration, absence de scrupule et de honte, observation et appréciation exacte de tout ce qui se dit et se fait et de l'intention.

Bonnes manières, connaissance des temps et des lieux favorables pour chaque chose, initiative, intelligence vive, jugement rapide, esprit de ressources pour parer à tout sur le champ.

On distingue plusieurs sortes d'entremetteuses ou messagères d'amour (a) :

1° *L'entremetteuse qui fait tout* est celle qui, ayant remarqué l'amour mutuel de deux personnes, s'emploie spontanément à les réunir l'une à l'autre (b).

2° *L'entremetteuse pour son propre compte*, c'est la femme qui va trouver un homme dont elle veut être la maîtresse, ou bien celle qui, chargée d'une intrigue, travaille pour elle-même (App. 1).

3° La femme mariée qui sert d'intermédiaire à son époux (c).

4° L'entremetteuse qui porte seulement une lettre ; elle apporte la réponse, le plus souvent orale (d).

5° Quand le billet doux est caché dans un bouquet de fleurs et la réponse de même, on dit que la messagère est muette.

6° *L'entremetteuse qui fait l'office du vent* est celle qui porte un message à deux sens dont le véritable ne peut être compris que par la personne à laquelle on s'adresse ; la réponse peut se rendre de même.

Une femme astrologue ou diseuse de bonne aventure, la soubrette, la mendiante, l'ouvrière, sont d'habiles entremetteuses qui gagnent vite la confiance des femmes.

Elles savent brouiller les gens entre eux quand il le faut, vanter les charmes d'une femme et ses talents dans l'art des voluptés.

Elles savent aussi parler hardiment de l'amour d'un homme,

(a) Dans cette énumération que nous abrégeons, on reconnaît encore l'amour des écrivains de l'Inde pour les catégories et les divisions qui dépasse même la manie casuistique.

(b) C'est l'entremetteuse que, par un jeu d'esprit, Socrate loue beaucoup à la fin du *Banquet*, disant que le métier le plus beau est celui qui rapproche les cœurs en éveillant la sympathie mutuelle.

(c) Dans ce passage et dans un autre concernant les intrigues du roi (titre VIII, chap. II), on voit que la susceptibilité légitime des épouses était peu ménagée. Probablement celles qui consentaient à cette complaisance le faisaient par un calcul personnel, comme Livie pour Auguste et Mme de Pompadour pour le parc aux Cerfs de Louis XV.

(d) D'après le père Gury, un serviteur ne peut, sans péché mortel, à moins d'une raison grave (par exemple la crainte de perdre un moyen d'existence qu'il ne retrouvera pas), accompagner son maître chez une concubine, ni porter des messages à une courtisane.

de son habileté dans les plaisirs sexuels et des femmes, même plus belles que celle qu'il poursuit, qui seraient heureuses de l'avoir pour amant; elle explique les entraves que sa situation de famille met à ses démarches.

Enfin, une entremetteuse peut, par des propos adroits, donner à un homme une femme qui ne pensait même pas à lui ou à laquelle il n'aurait pas osé aspirer.

Elle sait aussi ramener une femme à l'homme qu'elle a quitté pour un motif quelconque et réciproquement.

APPENDICE AU CHAPITRE I

La femme de chambre qu'Ovide conseille de gagner est souvent une entremetteuse qui travaille pour elle-même; le poète indique la conduite à tenir avec elle.

N° 1. — Livre I. « Vous me demandez s'il est avantageux de coucher avec la confidente? Il est telle suivante que, par là, vous mettrez mieux dans vos intérêts; telle autre qui vous servira moins bien, car elle voudra vous garder pour elle-même le plus possible. D'ailleurs ce jeu, s'il était découvert, vous ferait éconduire avec quelque ridicule. Si cependant celle que vous avez prise pour mercure-galant vous plaît beaucoup par sa beauté, hâtez-vous de jouir de sa maîtresse et que la soubrette ait ensuite son tour.

« Quand vous aurez commencé l'attaque de la confidente, pressez-la vivement et remportez vite la victoire, car c'est alors seulement que vous serez à l'abri de toute trahison de sa part. Si vous êtes vous même discret, vous aurez en elle une complice d'un dévouement à toute épreuve. »

N° 2. — L. III. « Je me suis plaint, il m'en souvient, de la défiance qu'il fallait avoir de ses amis; ce reproche ne s'applique pas seulement aux hommes. Si vous êtes trop confiantes, jeunes beautés, d'autres chasseront sur vos brisées et vous aurez fait lever le lièvre pour une autre.

Cette amie complaisante qui vous prête sa chambre et son lit, plus d'une fois je me suis trouvé en tête-à-tête avec elle. Si vous voulez que la réponse ne s'attarde pas, évitez d'employer une messagère trop jolie.

CHAPITRE II

Rôle de l'entremetteuse

L'entremetteuse gagne la confiance de la femme en se conformant à son humeur et à ses volontés; ensuite elle s'efforce de lui faire prendre son mari en haine ou en mépris. Elle commence par des conversations artificieuses, par exemple en lui indiquant des recettes pour avoir des enfants, en causant avec elle de tout le monde, en lui racontant beaucoup d'histoires, surtout sur les autres femmes mariées, en exaltant sa beauté, sa sagesse, sa générosité, son bon naturel (a).

Puis elle lui dira : Quel malheur qu'une femme comme vous soit affligée d'un tel mari! Belle dame, il n'est même pas digne d'être votre valet.

Elle lui parlera ensuite de sa froideur, de sa jalousie, de sa malhonnêteté, de son ingratitude, de son aversion pour les plaisirs, de sa sottise, de sa ladrerie et de tous les autres défauts qu'il peut avoir et qu'elle peut connaître.

Si le mari est un homme lièvre (n° 1) et la femme une femme cavale (n° 2), ou éléphant (n° 3), elle fera ressortir ce genre d'infériorité relative du mari (b).

(a) L'entremetteuse faisait l'office du Roman moderne qui, dans tous les cas, donne tort au mari. Elle jouait le rôle qu'Ovide prête à la femme de chambre gagnée par l'amour. Ce rôle de dénigrement est loin de justifier l'éloge humoristique que Socrate faisait du métier d'entremetteuse.

(b) L'auteur ne dit rien du cas de l'union supérieure ou très supérieure. Donc les dames indiennes le trouvent toujours bon; ailleurs, les goûts sont partagés; quelques belles pensent que tout dépend de l'habileté du jeu.

Une fois le terrain déblayé du mari, l'entremetteuse parle de la soumission et de l'amour du soupirant. Quand elle a fait quelque progrès dans la confiance de la femme, elle lui dit : « Belle dame, ce jeune homme, après vous avoir vu, a perdu la raison ; l'infortuné qui a le cœur très tendre n'a jamais souffert aussi cruellement, très probablement il succombera.

Si la jeune femme l'écoute avec faveur, le lendemain l'entremetteuse, après avoir reconnu ses bonnes dispositions sur son visage, dans ses yeux et dans son langage, reprendra avec elle son entretien sur l'amoureux, lui contera au long les amours d'Indra avec Ahalya (*a*) et ceux de Dushyanti avec Sakountala (*b*) et d'autres semblables.

Elle vantera alors la force du jeune homme, ses talents et son habileté dans les soixante-quatre sortes de voluptés ; elle dira aussi les bontés qu'a eues pour lui quelque femme remarquée, quand bien même cela ne serait pas vrai.

En outre l'entremetteuse observera avec beaucoup d'attention la manière d'être de la femme ; si celle-ci est favorable, son accueil sera empressé, affectueux.

Elle aura avec l'entremetteuse des a parte où elle lui contera ses peines ; elle sera pensive, poussera de gros soupirs, lui fera des présents, lui rappellera les occasions de fêtes, lui exprimera toujours en la congédiant (*c*) le désir de la revoir et lui dira plaisamment : Ah ! belle langue, pourquoi me dites-vous ces vilaines choses ? Elle discourera sur le péché qu'elle commettrait, ne dira rien des entrevues et entretiens qu'elle aura eus avec l'amant, mais se fera interroger à ce sujet ; elle finira par rire du désir du soupirant, mais sans montrer aucun mécontentement.

Quand la femme a ainsi laissé voir ses sentiments, l'entremetteuse lui apporte des témoignages d'amour, comme des feuilles et

---

(*a*) Ahalya, la femme du sage Gautama, séduite par Indra.
(*b*) Sujet du poème tant admiré de *Gœthe*.
(*c*) Dans l'Inde, c'est toujours la personne qui reçoit une visite qui indique le moment de la séparation.

des noix de bétel, des parfums, des fleurs, des bagues, des anneaux, tous portant les marques des ongles et des dents de l'homme et d'autres signes. Sur un habillement qu'il enverra seront imprimées avec du safran ses deux mains jointes ensemble comme dans un transport d'amour.

L'entremetteuse montrera aussi des figures d'ornement de différentes sortes découpées sur des feuilles, des pendants d'oreilles et des guirlandes de fleurs contenant des billets doux et des déclarations d'amour. Elle décidera la femme à lui envoyer en retour des présents affectueux. Après que les deux amants ont échangé des présents, l'entremetteuse arrangera une rencontre entre eux.

Babhravya est d'avis que, pour ne point être remarqués, ils doivent choisir le moment où le public est occupé par des fêtes civiles ou religieuses, par le bain ou par quelque calamité publique.

Gonikaputra, au contraire, pense que ces rendez-vous doivent se donner dans la demeure d'une amie, d'un mendiant, d'un astrologue ou d'un ascète (a).

Vatsyayana décide qu'il faut simplement choisir un lieu qui a une entrée et une sortie faciles et disposé de façon que ceux qui s'y trouvent puissent s'en aller librement et en évitant toute rencontre fâcheuse.

(a) On voit que, à cette époque, les Ascètes se prêtaient à plus d'un rôle.

TITRE XI

CATÉCHISME DES COURTISANES

CHAPITRE I

Des différentes classes de courtisanes.

Les hommes sont avides de plaisir et une certaine classe de femmes d'argent; on a du consacrer la dernière partie du *Kama-Soutra* aux moyens que celles-ci emploient pour se faire donner de l'argent ou, en d'autres termes, à l'art des courtisanes (*App*. 1).

On peut ranger parmi les courtisanes diverses classes de femmes :

L'impudique; — la servante ou soubrette; — la femme galante ou catin (femme de la campagne); — l'ouvrière libre (*a*); — la bayadère; — la femme qni a quitté sa famille; — celle qui vit de sa beauté; — enfin celle qui exerce régulièrement le métier ou la la profession de courtisane (*b*).

(*a*) On voit par cette énumération combien était servile et dégradée la situation de la domestique, de la femme de la campagne et de l'ouvrière, c'est-à-dire des quatre cinquièmes des femmes. Il est vrai que les Indiens n'attachaient à l'acte charnel aucune idée de faute, mais seulement celle de complaisance, et le plus souvent d'obéissance.

(*b*) On a vu que les courtisanes de premier rang avaient tous les talents et toutes les connaissances que réclame une profession libérale. Aujourd'hui la *profession* n'existe plus que pour les bayadères.

Ces différentes sortes de courtisanes ont des rapports avec différentes sortes d'hommes. Tout ce qui va être dit sur les courtisanes s'applique à ces rapports.

APPENDICE AU CHAPITRE I

N° 1. — Bartiahari, stance 90. « Les courtisanes sont les feux du dieu de l'amour, elles l'alimentent avec leur beauté, et les libertins viennent y sacrifier jeunesse et richesse.

« Qui pourrait se prendre à ces esclaves vénales, jouet immonde des espions, des soldats, des voleurs, des esclaves, des comédiens et des débauchés ? »

N° 2. — Properce, dans une boutade, préfère à une maîtresse des filles publiques :

« Moi qui fuyais la route battue par un grossier vulgaire, je trouve douce aujourd'hui l'eau fangeuse d'un marais.

« Malheur à qui aime à frapper à une porte fermée! Combien je préfère cette femme qui s'avance le voile relevé, libre de tout gardien. Souvent, il est vrai, elle foule les boues de la voie Sacrée (le boulevard de Rome), mais pour l'aborder, point d'obstacle. Elle ne promène pas un amant, elle ne demande pas ce qu'un père verra dissiper avec chagrin ; jamais elle ne s'écrie : Que je suis inquiète ! Pars vite, je t'en conjure, mon mari revient aujourd'hui de la campagne. Filles de l'Euphrate et de l'Oronte (leurs vallées fournissaient Rome de belles Syriennes), je suis à vous désormais; je ne veux pas des larcins d'une chaste couche, puisqu'il n'est point de liberté pour les amants. »

N° 3. — La Tour des Regrets. Les Chinois usent beaucoup des courtisanes et leur consacrent des chants populaires; l'un de ces chants décrit leur punition dans la vie future (à laquelle la plupart des Chinois ne croient guère).

Louis Arène, *la Chine familière et galante*, la Tour des regrets.

« Le juge des morts, Yen Wanzi : Pourquoi comparais-tu prématurément devant ce tribunal? Tu as donc dans le séjour des vivants beaucoup péché. Avoue toutes tes fautes, si tu veux éviter les derniers supplices.

« La courtisane. — Je ne suis pas une fille de bonne famille. On m'avait mise dans une maison de prostitution (*a*); dans un pareil lieu, je ne pouvais échapper

---

(*a*) En Chine et au Japon, le gouvernement fait entrer d'office dans les maisons de prostitution les femmes qui ne peuvent pas acquitter la taxe personnelle.

à ma destinée. Mon bras plié a servi d'oreiller à mille individus. Ils aimaient en moi mon corps et ma chair blanche comme on aime une pierre précieuse ; je les aimais parce qu'ils avaient beaucoup d'argent dans la ceinture. Je me suis amusée beaucoup sans prévoir que ce bonheur serait anéanti.

« Puis, je suis tombée malade. Misérable vieux, misérable vieille ! Ils m'ont chassée. Je me suis réfugiée dans un lieu d'aisances pour y passer mes jours.

« Mes jeunes amants d'autrefois ne sont plus revenus. Mes vêtements, mes ornements de tête, j'ai tout vendu ; pas de combustible, pas de riz. Ma vie était amère comme la gentiane. Je vous en prie, monsieur Yen, soyez indulgent, épargnez une jeune femme tendre comme la fleur et faites-moi renaître honnête femme.

« Yen Wang, frappant du poing sur son tribunal : Tu as commis force mauvaises actions et tu voudrais transmigrer dans le sein d'une honnête femme ! Tu as brouillé le père et le fils, fait battre le frère contre le frère et occasionné leur séparation.

« A cause de toi, combien d'hommes ont vendu leur maison, leur patrimoine ! Tu as semé la discorde entre le mari et la femme ; à cause de toi, combien de gens se sont rasé la tête et se sont faits bonzes (*a*) ; pour toi, amis d'un jour, vieux amis, se sont détestés. Petits diables, entraînez cette prostituée à la Tour des Regrets !

« La petite femme dans la tour : On m'a enveloppée dans une grossière natte de roseaux ; des cordes serrent ma poitrine. Ah que je souffre. Noirs corbeaux, cessez de m'arracher les yeux ; chien jaune, cesse de me déchirer le cœur, le foie, les entrailles.

Les riches négociants, autrefois mes amis, ne m'ont même pas acheté un cercueil, j'espère en vain renaître (*b*). On trouverait plutôt sur une même fleur dix couleurs différentes.

(*a*) Le peuple les appelle des *ânes pelés* ; le bouddhisme a donc bien peu de faveur. Les Chinois ont leurs contes sur les bonzes et les bonzesses, comme le moyen âge en avait sur les nones et les moines (voir Louis Arène).

(*b*) De même qu'autrefois les Grecs et les Romains et encore aujourd'hui, les Indiens, les Chinois croient que les mânes des morts privés de sépulture (les larves) errent indéfiniment.

CHAPITRE II

Des mobiles qui doivent diriger les courtisanes.

Quand une courtisane aime l'homme auquel elle se donne, ses actes sont naturels ; quand, au contraire, elle n'a en vue que l'argent, ils sont artificiels ou contraints. Dans ce cas, elle doit cependant se conduire comme si elle aimait véritablement, car les hommes ont confiance dans les femmes qui paraissent les aimer (*App.* 1). En affirmant son amour, elle doit paraître désintéressée, et, pour ne point compromettre son crédit, elle doit s'abstenir de s'approprier de l'argent par des moyens illégitimes (*a*).

Une courtisane doit se tenir bien parée à la porte de sa maison, et, sans se montrer trop, regarder dans la rue de manière à être vue comme un objet sur un étalage. Elle doit lier amitié avec les personnes qui peuvent l'aider à enlever des hommes à d'autres femmes et à s'enrichir, ou bien la protéger contre les insultes ou les vexations ; tels sont les gardes de ville ou de police, les agents et satellites des tribunaux, les astrologues, les hommes puissants ou les prêteurs d'argent, les savants, les maîtres des soixante-quatre arts libéraux, les bouffons, les bateleurs, les marchands de fleurs, les parfumeurs, les débitants, les laveurs, les barbiers et

---

(*a*) Ovide, *Art d'aimer*, livre III. « Femmes, usez d'abord de dissimulation et dès le premier abord ne montrez pas votre cupidité ; à la vue du piège qu'on lui tend, un nouvel amant s'échappe et s'enfuit. »

Ainsi qu'on le voit plus loin, il n'y a, aux yeux de Vatsyayana, d'autre moyen illégitime d'acquérir de l'argent que le vol direct.

les mendiants; et toutes autres personnes qui peuvent lui servir pour un but quelconque.

Les hommes qu'elle peut prendre uniquement pour leur argent sont ceux qui sont en possession légale de leur héritage ; les jeunes gens ; les hommes qui sont libres de tout lien ; les fonctionnaires publics ; ceux qui ont des revenus ou des moyens d'existence assurés ; les bellâtres, les vantards, les eunuques qui dissimulent leur état ; les hommes qui détestent leurs égaux ; ceux qui sont naturellement généreux ; ceux qui ont du crédit auprès du roi et des ministres ; les hommes toujours heureux dans leurs entreprises; ceux qui s'enorgueillissent de leurs richesses, les frères qui désobéissent à leurs aînés, les hommes sur lesquels les membres de leur caste tiennent l'œil ouvert; les fils uniques de pères riches, les ascètes tourmentés par les aiguillons de la chair (*a*), les hommes braves, le médecin du roi, les anciennes connaissances.

La courtisane peut avoir des rapports avec des hommes doués d'excellentes qualités, uniquement par amour ou par amour-propre, tels sont :

Les hommes de haute naissance (*App.* 2), les savants, les hommes de bonne compagnie et de bonne tenue, les poètes (*App.* 3), les conteurs agréables ; les hommes éloquents ou énergiques ou habiles dans des arts variés; les devins, les grands esprits; les hommes d'une grande persévérance, ceux d'une ferme dévotion ; ceux qui ne se fâchent jamais ; ceux qui sont généreux, affectionnés à leurs parents, qui aiment tous les amusements de société ; ceux qui sont exercés à terminer les vers commencés par d'autres et à d'autres jeux d'esprit ; ceux qui ont une très belle santé ou un corps parfait ou une très grande force ; ceux qui ne boivent jamais avec intempérance, ceux qui sont puissants, sociables, aimant le sexe et gagnant les cœurs, sans se laisser complètement dominer; ceux qui ignorent l'envie ou les soupçons jaloux *(App.* 4).

Quant à la courtisane, elle doit être belle et aimable et avoir sur

---

(*a*) On voit que les ascètes brahmaniques succombaient souvent à la tentation, puisque Vatsyayana recommande aux courtisanes de les tenter.

le corps des signes de bon augure. Elle doit aimer les bonnes qualités chez les hommes, tout en poursuivant la richesse. Elle doit se complaire aux unions sexuelles résultant de l'amour et être pour ces unions de la même caste que les hommes auxquels elle se livre. Elle doit chercher sans cesse à augmenter son expérience et ses talents, se montrer toujours libérale et aimer les plaisirs et les arts (*a*).

L'auteur énumère ensuite les qualités que doivent posséder toutes les femmes. Ce sont celles qu'on peut leur demander en tout pays, et, en outre, la connaissance du *Kama-Soutra* et des soixante-quatre talents qu'il enseigne (*b*).

Vient ensuite la liste des hommes que les courtisanes doivent éviter. Ce sont les mêmes qu'en tout pays et en outre : les sorciers, les hommes qui se laissent acheter, même par leurs propres ennemis, enfin les hommes timides à l'excès (*App.* 5).

D'après l'avis de quelques anciens casuistes, ajoute l'auteur, les courtisanes peuvent se donner par amour, crainte, vengeance, chagrin ou dépit, curiosité, et pour l'argent, le plaisir ou l'assiduité et la constance des rapports, pour se faire un ami ou se débarrasser d'un amour importun; à cause du dharma (mérite religieux), de la célébrité et de la ressemblance avec une personne aimée, de la constance ou de la pauvreté d'un homme, ou de sa cohabitation dans le même endroit, ou parce qu'il est du même numéro qu'elle pour l'union sexuelle, ou enfin dans l'espoir de faire quelque coup de fortune.

Mais Vatsyayana décide que les seuls mobiles d'une courtisane doivent être : l'amour, le désir d'échapper à la misère et celui d'acquérir la richesse.

L'argent doit être son objectif principal et elle ne doit point le sacrifier à l'amour. Mais, en cas de crainte ou de difficultés à

(*a*) Ce sont les qualités que l'on trouve généralement en Europe chez les femmes de théâtre.

(*b*) A cette longue et sèche énumération nous substituerons les leçons qu'Ovide donne aux belles sur les qualités et les manières qu'elles doivent avoir; se reporter au n° 3 de l'Appendice du chapitre III du titre I.

surmonter, elle peut prendre en considération la force ou d'autres qualités.

En outre, quand un homme, quel qu'il soit, la prie de s'unir à lui, elle doit, afin de se faire valoir, ne pas consentir de suite et se renseigner sur lui par des affidés adroits et sûrs (*App.* 6). Quand elle a la certitude que, dans celui qui la recherche, tout est à son gré, elle emploie le Vita et d'autres intermédiaires pour se l'attacher.

L'un d'eux l'amène chez elle ou la conduit chez lui, sous quelque prétexte. Elle le reçoit de son mieux, lui fait quelque présent qui éveille sa curiosité et son amour; par exemple, un don affectueux, en lui disant qu'il lui était destiné : elle l'amuse longtemps par une conversation et des récits agréables et en faisant ce qu'il aime, comme de la musique, du chant. Quand il est rentré chez lui, elle lui envoie fréquemment une suivante exercée aux propos plaisants et qui lui remet un petit présent.

Elle lui rend elle-même, sous prétexte d'affaires, quelques visites en se faisant accompagner du Pithamarda.

Il y a quelques vers à ce sujet :

« Quand son amant vient la voir, la courtisane lui donne un mélange de feuilles et de noix de béthel, des guirlandes de fleurs et des onguents parfumés. »

« Après avoir montré son habileté dans les arts libéraux (le chant, la danse, etc.), elle l'amuse longtemps avec sa conversation. »

« Elle lui fait aussi quelques présents d'amour, et fait avec lui un échange d'objets à l'usage de chacun d'eux; en même temps elle lui montre son habileté dans les soixante-quatre voluptés. »

« Quand une courtisane est dans ces termes avec son amant, elle doit le captiver par des présents affectueux, par sa conversation et par les plaisirs tendres qu'elle lui fait goûter. »

APPENDICE AU CHAPITRE II

N° 1. — Pour stimuler l'amour.

Ovide, *Art d'aimer*, livre III.

« Femmes, faites en sorte que nous nous croyions aimés; ce n'est pas une chose si difficile; nous nous persuadons aisément ce que nous désirons. Qu'une femme jette sur un jeune homme un regard amoureux; qu'elle pousse quelques soupirs; qu'elle lui reproche de venir si tard; qu'elle ajoute les larmes et le dépit d'une fausse jalousie, comme si elle redoutait une rivale; qu'elle lui meurtrisse le visage avec ses ongles, il sera bientôt persuadé, et d'un ton compatissant : « elle est éprise, »dira-t-il; « elle brûle pour moi ». Qu'avec cela il ait bonne mine, qu'il s'admire dans son miroir et il croira pouvoir toucher le cœur même d'une déesse. »

N° 2. — Déjazet.

Ce cas fut, une fois du moins, celui de l'actrice Déjazet.
Le duc d'Orléans (fils du roi Louis-Philippe), tout jeune encore, lui avait adressé un billet ainsi conçu : » Où? quand? et combien? »
Elle répondit : « Où vous voudrez, — quand vous voudrez, — pour rien. »
On sait que Déjazet était bonne, comme le veut Tibulle, livre II, élégie 4.
« O toi qui fermes ta porte à l'amant qui n'a point assez d'or, puissent tes richesses être dévorées par le feu et que personne ne verse de l'eau sur la flamme. Que nul ne donne une larme à ta mort; que nul n'accompagne ta cendre ! Celle, au contraire, qui se sera montrée bonne et point avare, on la pleurera au pied du bûcher enflammé, eût-elle vécu cent ans. Quelque vieillard fidèle à l'objet de ses anciennes amours viendra, chaque année, porter des couronnes au tombeau qu'il lui aura élevé. »
Entre mille traits, on cite de Déjazet celui-ci particulièrement :
« C'est toujours la même chose et cela fait toujours plaisir. »
Elle écoutait aussi très volontiers cet autre conseil de Tibulle qui, parmi les amants qui n'ont point assez d'or, recommande particulièrement l'adolescent.
« Et toi, Chloé, épargne un jouvenceau épris de ta beauté. Ne lui sois point cruelle; ne lui demande point de présents. C'est le vieillard qui doit te donner de l'or pour que tu réchauffes sa glace. Mieux vaut cent fois que l'or l'adolescent dont la barbe sans rudesse ne déchire point le visage qu'il embrasse, dont un doux éclat colore les joues. Enlace au-dessous de ses épaules tes bras d'ivoire et méprise les trésors des rois. Vénus te verra le presser sur ton sein haletant, confondu tendrement avec toi; elle te verra attacher sur sa bouche frémissante de ces humides baisers où les langues s'entrechoquent et lui imprimer sur le cou avec la dent des marques d'amour. »

N° 3. — Les Poètes.

Ovide, *Art d'aimer*, livre III. « Jeunes beautés, montrez vous faciles aux poètes ; un dieu les anime et les muses les favorisent. Mieux que tous les autres, ils savent aimer, célébrer la beauté qui les a séduits et faire retentir son nom au loin. Quel crime d'attendre un salaire des doctes poètes ! Mais, hélas ! c'est un crime dont une belle ne craint pas de se rendre coupable ! »

N° 4. — Ne soyez pas jaloux.

Ovide, livre II. « Ne cherchez point à surprendre votre maîtresse. Qu'elle croie que ses infidélités vous sont inconnues. Ne remarquez point les signes qu'elle fait à votre rival, ni ses tablettes, si elle lui écrit. Laissez-la vous cacher ses larcins amoureux. Combien est habile celui qui permet à d'autres de fréquenter sa maîtresse et qui veut tout ignorer ! Que de maris ont cette complaisance pour leurs épouses légitimes ! »

N° 5. — Hommes à éviter.

Art d'aimer, livre III.

« Femmes, fuyez ces hommes vains de leur parure et de leur beauté, qui portent toujours les cheveux retroussés. Les douceurs qu'ils vous content, ils les répètent à mille autres. Leur amour ne se fixe nulle part.

« Il en est qui s'insinuent près des femmes sous les dehors d'un amour mensonger, empruntant cette voie pour en tirer un bénéfice honteux. Leur chevelure parfumée d'essence, leur robe de l'étoffe la plus fine, les bagues qui surchargent leurs doigts ne doivent pas vous en imposer. Le mieux paré n'est souvent qu'un escroc. Rendez-moi mes bijoux, s'écrient souvent, devant les juges, les belles qu'on a ainsi trompées. Femmes, tenez votre porte fermée à tout suborneur. »

N° 6. — Ovide, livre III. « Quand un amant vous aura sondée par quelques mots tracés sur des tablettes qu'une adroite suivante vous aura remises, méditez-les, pesez-en les termes et tâchez de deviner par le style et les expressions si cet amour est un artifice. S'il est véritable, ne vous pressez pas de répondre. Un peu de dédain, s'il n'est pas trop prolongé, aiguillonne la passion.

« Cependant ne repoussez pas avec dureté un amant, laissez-le flotter entre la crainte et l'espérance.

« Si vos amants vous font de belles promesses, amusez-les aussi par de belles paroles ; s'ils donnent, accordez leur les faveurs convenues. Je la crois capable des crimes les plus noirs celle qui, après avoir reçu des présents d'un amant, se refuse à ses désirs passionnés. »

CHAPITRE III

Différentes sortes de gains des courtisanes.

Si une courtisane peut gagner chaque jour beaucoup d'argent avec plusieurs hommes, elle ne se bornera pas à un seulement; dans ce cas, elle fixera un prix par nuit, suivant le lieu, la saison et les gens, et par comparaison avec les prix des autres courtisanes, en se rendant compte de ses propres avantages (*App.* 2).

Elle informera ses amants, ses amis et connaissances de ses tarifs variés ou successifs (App. 3).

Les anciens sages sont d'avis que quand une courtisane décidée à vivre avec un seul homme a des chances égales de gain avec deux amants qui se présentent, elle doit prendre celui des deux qui lui donnera l'espèce d'objets qu'elle préfère.

Mais Vatsyayana déclare qu'elle doit choisir celui qui lui donnera de l'or, parce que l'or ne peut être repris et qu'avec lui on se procure tout ce que l'on veut.

Si tout est égal pour les dons à recevoir des deux poursuivants, la courtisane doit se décider d'après l'avis d'un ami ou d'après les qualités personnelles et les signes heureux ou malheureux de chacun d'eux.

Quand, de deux amants, l'un n'est que généreux, tandis que l'autre a de l'attachement, les sages (anciens casuistes) donnent la préférence au premier et Vatsyayana au second, parce que celui-ci ne rappellera dans aucune occasion l'argent donné, tandis que l'autre invoquera, pour donner moins, le souvenir des largesses faites. Là encore, il faut considérer le plus grand profit probable.

Quand une courtisane est sollicitée à la fois par un ami et par un homme libéral, Vatsyayana dit qu'elle doit les contenter tous deux en obtenant de l'un un ajournement à la satisfaction de ses désirs.

Lorsqu'elle a à choisir entre un gain à réaliser et un danger à éviter, Vatsyayana, contrairement aux sages (anciens casuistes), est d'avis qu'il faut avant tout conjurer le mal. Il faut d'ailleurs bien peser les chances et l'importance du gain et du mal probables.

Une courtisane ne demandera que peu et d'une manière tout à fait amicale à un homme dans les cas suivants :

— Elle veut l'empêcher de s'attacher à une autre femme, ou bien l'en détacher, où bien faire perdre à cette femme le profit qu'elle en tire ;

— Elle pense qu'il élèvera sa situation ou que, par lui, elle obtiendra quelque grand avantage, où sera mise en relief vis-à-vis des autres hommes ;

— Elle a besoin de lui pour écarter quelque malheur ;

— Elle lui est réellement attachée et elle l'aime ;

— Elle désire son aide pour se venger ;

— Elle veut reconnaître quelque ancien service ;

— Enfin elle éprouve simplement pour lui un caprice charnel.

Une courtisane doit s'efforcer de tirer d'un amant, au plus vite, tout l'argent qu'elle peut : — quand elle est décidée à le congédier ;

— Quand elle a lieu de penser qu'il veut la quitter ;

— Quand, étant complètement à sec, il va être emmené par son tuteur, son gourou ou son père ;

— Quand il est sur le point de perdre sa position, ou simplement quand il est volage.

Elle doit, au contraire, se lier à un homme pour vivre avec lui quand elle sait : qu'il va hériter ou recevoir de riches présents, ou obtenir un emploi élevé de l'État ; qu'il possède de grands magasins de blé et autres denrées ; — qu'il reconnaît généreusement tout ce qu'on fait pour lui ; qu'il tient toujours ses promesses.

Voici deux aphorismes en vers sur le sujet :

« En considérant ses gains présents et futurs, une courtisane évitera les hommes qui ont gagné péniblement leur fortune et ceux que la faveur des rois a rendus égoïstes et durs de cœur. »

« Elle doit s'unir avec les gens fortunés et bienfaisants et avec ceux qu'il est dangereux de repousser ou de blesser en quoi que ce soit. Qu'elle ne recule pas même devant quelques sacrifices pour s'attacher des hommes énergiques et généreux qui lui feront de grandes largesses, en retour de quelques services ou légers présents. »

Les courtisanes les plus riches et du premier rang doivent employer leurs gains :

A bâtir des temples et faire exécuter des étangs et des jardins publics, *à donner mille vaches aux brahmes* ; à faire des sacrifices et des offrandes aux dieux et à célébrer des fêtes en leur honneur, et enfin à accomplir les vœux qu'il leur est possible de faire (App. 1).

Les autres courtisanes doivent, avec les ressources qu'elles ont pu se créer : avoir chaque jour des vêtements blancs et différents de ceux de la veille ; boire et manger suivant leur besoin ; consommer chaque jour un tamboula parfumé, c'est-à-dire un mélange de noix et de feuilles de bétel, et porter des ornements dorés (*a*).

(*a*) La ceinture des bayadères est formée par une épaisse lame d'or pur repliée, d'un très bel effet et d'un grand prix.

APPENDICE AU CHAPITRE III

N° 1. — Dons des courtisanes aux brahmes.

Sauf les jardins et étangs publics qui sont œuvres d'utilité à la fois publique et religieuse, tous les gains des courtisanes ont, d'après la prescription de Vatsyayana, une destination religieuse qui les met aux mains des brahmes, soit directement comme don personnel, soit indirectement comme offrande aux dieux.

Cette conclusion dernière du traité des courtisanes ne laisse aucun doute sur son caractère religieux et obligatoire ; c'est un véritable catéchisme.

Les étangs et jardins publics sont souvent placés à proximité des pagodes et concourent à leur richesse et à leur salubrité, car alors ils servent exclusivement pour le bain. Il y a aussi un grand nombre d'étangs situés au milieu des campagnes ; ce sont les plus grands. Ils servent uniquement à l'agriculture. Beaucoup ont été creusés par des personnes pieuses. Les brahmes, possédant une grande partie des terres, étaient eux-mêmes intéressés directement à la prospérité de l'agriculture.

L'étang de Moutrapaléon, dont les sources alimentent d'une eau excellente la ville de Pondichéry, a été établi par une courtisane célèbre ; ce fait est rappelé sur les bas-reliefs de la fontaine publique qui est surmontée de la statue de Dupleix, au milieu de la place Dupleix, la grande place de Pondichéry.

La prostitution sacrée (Maspero) a existé en Assyrie, en Syrie, en Phénicie et dans l'Asie-Mineure, mais c'était une sorte d'hospitalité offerte aux étrangers de passage ; il ne paraît pas qu'une caste sacerdotale en ait tiré profit comme les brahmes l'ont fait de la prostitution publique dans l'Inde.

N° 2. — L'avidité.

D'après l'auteur indien, la courtisane ne doit se préoccuper que du gain. C'est le langage qu'Ovide prête à une proxénète corrompant sa maîtresse : *les Amours*, livre I.

« La pudeur pour être utile doit être feinte. Habile à tenir les yeux modestement baissés, ne les porte sur un homme qu'à proportion des offrandes qu'il te fera.

« Amusez-vous, jeunes beautés ; il n'est de chaste que celle qu'aucun amant ne sollicite et si elle n'est point trop novice, elle provoque la première. La beauté se fane quand on ne l'entretient pas par la jouissance. Et ce n'est pas assez d'un ou deux amants ; avec plusieurs le profit est plus sûr, la recette plus abondante. Que celui qui donne soit plus grand à tes yeux que le grand Homère. On a de l'esprit quand on donne. Ne dédaigne point l'affranchi ni celui qui a les pieds poudreux. Ne te laisse point éblouir par une naissance illustre. Allez trouver vos aïeux nobles vous qui n'êtes pas riche ! Cet autre, parce qu'il est beau garçon, te demande une de tes nuits sans la payer, qu'il aille chercher de l'or chez celui dont il est le mignon. »

Dans l'élégie 10 du livre I des *Amours*, Ovide répond lui-même à cettre proxénète :

« Pourquoi vouloir que l'enfant de Vénus nous fasse payer ses faveurs. Il n'a point de robe pour en serrer le prix. »

« Une prostituée se vend à tel prix au premier venu ; mais elle abhorre le despotime d'un avare corrupteur et elle ne fait qu'à regrets ce qu'une amie fait de plein gré.

« Gardez-vous, jeunes beautés, de mettre à prix la faveur d'une nuit. Il n'est pas défendu d'exiger d'un riche quelques présents. Il est en état de les faire. Services, soins, fidélité, voilà la monnaie du pauvre. Je ne refuse pas de donner, mais je m'indigne qu'on me demande. Sourd à tes sollicitations, si tu cesses d'exiger, je donnerai. »

A Rome, les courtisanes de tout ordre étaient très avides et beaucoup d'hommes se ruinaient pour elles ; de ce nombre fut Tibulle.

Il avoue avoir eu à la fois quatre maîtresses, Delie, Sulpice, Néera et Némesis, toutes quatre courtisanes, sans doute de premier ordre, sans compter beaucoup de distractions.

La prostitution publique généralement volontaire forme, en Afrique, le principal revenu de quelques roitelets nègres. En Chine et au Japon, le gouvernement met d'office *aux bateaux fleuris* les femmes et même les filles vierges qui ne peuvent payer l'impôt de capitation. Cela est sans conséquence pour leur futur mariage ; des personnages de distinction viennent souvent prendre femme dans ces lieux de plaisir.

CHAPITRE IV

De la courtisane qui vit avec un homme comme une épouse.

Quand une courtisane vit avec son amant, elle doit avoir la conduite d'une femme honnête et tout faire pour lui plaire. En deux mots, il faut qu'elle lui donne le plaisir *sans s'attacher à lui*, tout en paraissant lui être attachée.

Voici comment elle s'y prendra pour arriver à ses fins.

Elle aura à sa charge sa mère qu'elle dépeindra comme violente et avide ; au cas où elle n'aurait pas de mère, une nourrice pourrait jouer ce rôle. La mère ou la nourrice témoignera de l'aversion pour l'amant et le désir que la courtisane se sépare de lui. Celle-ci simulera toujours du chagrin, de la tristesse, de la crainte, de la honte à ce sujet, mais en déclarant qu'elle ne saurait désobéir à sa mère.

Elle dira encore qu'elle a persuadé à sa mère qu'il est malade et qu'elle a pris ce prétexte pour le venir voir.

Pour le captiver, elle enverra sa suivante chercher les fleurs qu'il a portées la veille pour les porter à son tour à titre de marque d'affection ; elle demandera aussi les restes du mélange de noix et de feuilles de bétel qu'il a laissé sans le manger ; elle admirera son habileté dans les rapports sexuels et les moyens variés qu'il emploie pour procurer la jouissance ; elle apprendra de lui les soixante-quatre espèces de plaisir décrits par Babravya ; elle appliquera continuellement les leçons reçues, en se conformant à son goût.

Elle gardera ses secrets, lui dira elle-même ses propres secrets et désirs ; elle lui cachera sa mauvaise humeur.

Dans le lit, elle se montrera toujours bien disposée. Quand il se tournera de son côté, elle touchera toutes les parties de son corps à son souhait; elle le baisera et l'embrassera pendant son sommeil; elle le regardera avec une inquiétude apparente quand il sera absorbé dans ses pensées ou quand il s'occupera d'autre chose que d'elle; quand elle le rencontre ou bien quand, de la rue, il la regarde se tenant sur la terrasse de sa maison, elle n'aura ni une absence complète de honte, ni un excès de timidité; elle partagera ses amitiés et ses haines, ses goûts, sa gaieté ou sa tristesse; elle témoignera la curiosité de voir son épouse, ne le boudera jamais longtemps; elle simulera de la jalousie au sujet des marques qu'elle-même lui a faites avec les ongles et les dents, lui parlera peu de son amour, mais le lui témoignera par des faits, des signes et des insinuations; elle gardera le silence quand il sera endormi, ivre ou malade; elle prêtera beaucoup d'attention au récit de ses bonnes actions et les contera ensuite elle-même pour son honneur et ses intérêts; s'il lui est assez attaché, elle lui fera des réparties spirituelles, écoutera tout de lui, excepté ce qui concerne ses rivales; se montrera triste, chagrine, quand il soupire, baille ou s'affaisse; prononcera les mots : « Longue vie », quand il éternue; se dira malade ou désireuse de grossesse quand elle éprouvera de l'abattement, ne louera aucun homme que son amant et s'abstiendra de blâmer chez d'autres les défauts qu'il a; portera tout ce qu'il lui aura donné; ne se parera ni ne mangera quand il est chagrin, malade, abattu; dans sa mauvaise fortune, se lamentera avec lui, feindra le désir de l'accompagner quand il quitte le pays volontairement ou banni par le roi; elle exprimera le souhait de cesser de vivre s'il est éloigné, dira qu'elle ne vit que pour être unie avec lui; elle offrira à la divinité (*a*) des sacrifices en accomplissement des vœux qu'elle aura faits, pour les cas où il acquiert de la richesse ou réussit dans ses desseins, ou lorsqu'il a recouvré la santé; elle se parera tous les

---

(*a*) Il n'est question ici que de la divinité et non des dieux; comme cela est général dans l'ouvrage, on peut en conclure que Vatsyayana et les brahmes de son époque étaient des monothéistes sivaïstes.

jours; elle ne sera pas trop familière avec lui; dans ses chants elle introduira son nom et celui de la famille; elle lui prendra la main et la placera sur ses reins, son sein et son front, et se pâmera de plaisir à son attouchement; elle s'assoiera sur ses genoux et s'y endormira; elle voudra avoir un enfant de lui, ne pas lui survivre; elle le dissuadera de faire des vœux et des jeûnes, en lui disant : « Que tout le péché tombe sur moi! » Quand elle n'aura pu l'en empêcher, elle accomplira ces vœux avec lui; elle lui dira qu'il est difficile, même pour elle, d'observer les vœux et les jeûnes, si elle a quelque discussion avec lui à ce sujet; elle confondra ses biens avec les siens; elle n'ira point sans lui dans les réunions et l'y accompagnera quand il le voudra; elle prendra plaisir à se servir des choses dont il s'est déjà servi, à achever ce qu'il a commencé de manger; elle vénérera sa famille, ses dons naturels, ses talents, sa science, sa caste, sa couleur, son pays natal, ses amis, ses bonnes qualités, son âge et son bon caractère; elle le priera de chanter s'il le sait, et d'autres choses semblables.

Pour se rendre près de lui, elle ne craindra ni la chaleur, ni le froid, ni la pluie, ni le danger. Elle voudra rester son amante jusque dans une autre vie; elle conformera son humeur, ses goûts et ses actions à son inclination; elle s'abtiendra de sorcellerie (magie) (*a*); elle se querellera constamment avec sa propre mère pour le venir trouver, et quand celle-ci voudra la forcer d'aller ailleurs, elle essaiera de s'empoisonner, de se laisser mourir de faim, de se poignarder, de se pendre; enfin elle lui fera certifier sa fidélité et son amour par des intermédiaires dévoués et en recevant elle-même l'argent et en évitant de se disputer avec sa mère pour la question pécuniaire devant lui.

Lorsque son amant part pour un voyage, elle le fera jurer de revenir promptement et, pendant son absence, elle n'accomplira pas de vœux en l'honneur de la divinité et ne se parera pas de ses or-

---

(*a*) Cette prescription est remarquable; elle prouve que le bouddhisme avait profondément modifié les idées de l'Inde sur la magie qui était si fort en faveur avant lui; on y croyait encore, mais comme à une science de maléfices.

nements, à l'exception de ceux qui portent bonheur. Si son absence se prolonge au delà de l'époque fixée, elle s'efforcera de déterminer le moment de son retour par des présages, par les nouvelles et les bruits qui courent, par la position des planètes, de la lune et des étoiles.

Lorsqu'elle aura de la gaieté et des songes propices, elle s'écriera : « Sans doute je vais bientôt être réunie avec lui. » Si, au contraire, elle tombe dans la tristesse et voit de fâcheux présages, elle accomplira quelques-uns des rites qui apaisent les dieux.

Lorsqu'enfin le retour aura lieu, elle adorera le dieu Kama et fera des offrandes aux autres divinités ; puis elle fera apporter par des amies un pot d'eau et fera des libations d'adoration à la corneille qui se nourrit des offrandes faites aux mânes des ancêtres (a). Après la première visite, elle priera, elle aussi, son amant d'accomplir certains rites, ce qu'il fera s'il a pour elle un attachement suffisant, lequel consiste dans un amour désintéressé, dans la communauté d'objectif (par exemple, le goût des mêmes plaisirs), dans l'absence de tout soupçon jaloux et dans une libéralité sans limite pour tout ce qui concerne la maîtresse.

Telle est la conduite que doit tenir une courtisane qui vit avec un homme comme sa femme ; ces leçons ont été tracées d'après les règles de Dattaka. Pour tout ce qui n'est point prévu ici, la courtisane se conformera à la coutume et à la nature particulière de son amant. (b)

Il y a deux aphorismes en vers sur le sujet.

« A cause de la duplicité, de l'avidité et de l'esprit naturels au sexe, on ne connaît jamais le degré d'amour d'une femme, même quand on est son amant. »

« Il est toujours difficile de savoir les vrais sentiments d'une femme, soit qu'elle aime ou reste indifférente, soit qu'elle fasse le bonheur d'un homme ou l'abandonne ou le ruine ».

(a) Les Hindous croient que les corneilles sont chargées des péchés des morts.
(b) Comme tous les hommes lisent ces leçons, il doivent penser que les courtisanes ne s'attachent jamais et que, toujours, elles répètent un rôle appris.

APPENDICE AU CHAPITRE IV

Périclès et Aspasie.

La longueur de ce chapitre dénote la fréquence des unions du genre dont il est question.

Les courtisanes de premier ordre étaient à peu près sur le même pied dans l'Inde et dans la Grèce. On voit le Bouddha témoigner les plus grands égards à la courtisane Apalika, mère de son médecin, accepter d'elle pour sa communauté (l'église Bouddhique) d'immenses richesses et donner à son invitation le pas sur l'invitation des princes du pays.

Périclès et Aspasie nous offrent le modèle des ménages entre un homme éminent et une courtisane de renom.

Aspasie de Millet était, à Athènes, propriétaire d'un établissement de courtisanes de premier ordre, à la fois lieu de plaisir et cercle réunissant l'élite des citoyens.

Une fois séparé de sa femme, qui se remaria, Périclès la reçut dans sa maison comme une épouse.

C'était une nature élevée, sans artifice, admirablement douée. Sentant vivement le beau sous toutes ses formes, elle captivait par son esprit aimable et sa haute raison ; elle possédait toutes les connaissances et tous les talents.

Elle parlait si bien de la politique, de la philosophie et des arts, que les plus grands personnages d'Athènes recherchaient son entretien, Socrate tout le premier.

Liée avec tous les hommes éminents, à Athènes et hors d'Athènes, elle seconda puissamment la politique de Périclès.

Comme étrangère, elle ne put l'épouser, mais ils vécurent toujours dans une union parfaite que la calomnie, si puissante alors à Athènes, ne put jamais atteindre et que la mort seule put rompre.

CHAPITRE V

Manière de se faire donner beaucoup d'argent par l'amant.

Les courtisanes se font donner par leur amant de l'argent, soit par les moyens naturels, soit par des artifices. Les anciens casuistes sont d'avis que, quand l'amant donne à la courtisane tout l'argent dont elle a besoin, elle doit s'en contenter. Mais Vatsyayana pense qu'en usant d'artifices, elle tirera de lui deux fois autant et que, en conséquence, elle doit le faire, afin d'avoir de lui finalement le plus possible, quoi qu'il arrive.

Voici, selon lui, les artifices dont elle doit user.

Lui demander de l'argent pour diverses emplètes : ornements, aliments, fleurs, parfums, habits ; ne point faire ces achats ou en exagérer les prix ;

Le louer en face de son intelligence ;

Prétexter l'obligation de faire des dons dans les fêtes des arbres, des jardins, des temples, ou votives ;

Dire que, pendant qu'elle se rendait chez lui, ses bijoux lui ont été pris, soit par les gardes du roi, soit par des voleurs (a) ; qu'elle a perdu les ornements de son amant en même temps que les siens propres, que sa propriété a été détruite par un accident quelconque ;

(a) On voit que, à cette époque, les gardes du roi agissaient comme les voleurs ; dans les États asiatiques, la police est généralement de connivence avec eux.

Lui faire parler par des intermédiaires des dépenses qu'elle fait pour le venir voir, contracter des dettes à cause de lui ;

Se quereller avec sa mère au sujet de quelque dépense faite par elle pour l'amant et blâmée par sa mère ;

S'abstenir de paraître aux fêtes données par des amis qui lui ont fait de beaux présents, faute de pouvoir les rendre ;

Ne point accomplir, faute d'argent, certains rites religieux obligatoires ;

Engager des artistes à faire quelque chose pour l'amant ;

Donner de l'argent à des médecins ou des *ministres* dans le même but (a) ;

Assister des amis ou d'anciens bienfaiteurs, soit dans la détresse, soit pour des fêtes obligatoires ;

Accomplir des rites domestiques ;

Avoir à payer les dépenses du mariage du fils d'une amie ;

Avoir des envies de femme enceinte ;

Charger les frais du traitement de maladies réelles ou simulées ;

Avoir à tirer un ami d'embarras ;

Avoir vendu une partie de ses ornements pour faire présent à l'amant ;

Prétendre qu'elle a vendu des parures, des meubles, de la batterie de cuisine à un marchand qui sert de compère pour l'occasion ;

Nécessité d'avoir de la vaisselle plus belle que celle du commun, pour qu'on ne puisse pas la changer ;

Rappeler à son amant, soit directement, soit par des intermédiaires, sa libéralité passée ;

L'entretenir des grandes largesses qui sont faites à d'autres courtisanes ; vanter à celles-ci, en présence de son amant, sa générosité comme supérieure à celle de leurs amis, quand même cela ne serait pas ;

Résister avec éclat à sa mère qui lui persuade de reprendre un ancien amant plus généreux ;

(a) On voit que là, comme dans tout l'Orient, les ministres n'étaient point désintéressés.

Enfin, faire remarquer à son amant la libéralité de ses rivaux.

Une courtisane doit toujours reconnaître les sentiments et dispositions de son amant : à son humeur, à ses manières, dans ses yeux, à l'expression de ses traits, aux impressions de son visage. Voici la manière d'agir d'un amant qui se détache.

Il donne à la femme moins ou autre chose que ce qu'elle a demandé ; il la leurre de promesses ; il dit qu'il fera une chose et en fait une autre ; il ne satisfait point ses désirs ; il parle en secret à ses propres serviteurs ; il découche fréquemment sous prétexte de service à rendre à un ami ; enfin, il est dans l'intimité des serviteurs d'une ancienne maîtresse.

Quand une courtisane s'aperçoit du refroidissement de son amant, elle doit mettre en sûreté tout ce qu'elle possède de précieux, en le faisant saisir par un créancier supposé. Cela fait, si son amant est riche et s'est toujours bien comporté avec elle, elle continuera à le traiter avec respect ; mais s'il est pauvre et sans ressources, elle s'en débarassera comme si elle n'avait jamais eu aucuns rapports avec lui.

APPENDICE AU CHAPITRE V

Ovide, sur le même sujet, Martial, Lucien.
Pour la matière de ce chapitre, il y a une grande ressemblance entre Vatsyayana et Ovide :
Ovide, *les Amours*, livre I. Conseils d'une proxénète à une belle.
« Ne sois pas trop exigeante pendant que tu tiens tes filets tendus ; ta proie t'échapperait. Est-elle prise, fais la loi, pressure. Prends à ton service un garçon et une fille habiles qui sachent faire connaître à propos ce qu'il conviendrait de t'acheter. Quelque peu qu'ils demandent, en demandant à plusieurs, ils t'auront bientôt acquis un trésor. Que ta sœur, que ta mère, que ta nourrice attaquent la bourse de ton amant. Le butin est bientôt enlevé quand plusieurs mains y travaillent. Manques-tu de prétextes pour demander un cadeau, montre par un gâteau qu'on fête ta naissance.

Stimule par la jalousie la libéralité de ton amant. Qu'il voie sur ta couche les traces d'un rival et sur ton cou bleui les marques de ses caresses; qu'il voie surtout les dons que tu en as reçus. Si ses mains sont vides, mets la conversation sur les objets que l'on vend dans la voie sacrée. Quand tu auras tiré de lui beaucoup de présents, dis-lui que tu ne veux pas le dépouiller tout à fait; prie-le seulement de te prêter de l'argent que tu ne lui rendras jamais. Amuse-le de belles paroles pour cacher tes projets; caresse et tue en même temps. »

Art d'aimer, livre I. « Tu auras beau te défendre, ta maîtresse t'arrachera toujours ce qu'elle désire. Un marchand bien fourni viendra chez elle, étalera ses marchandises en ta présence; elle te dira de les examiner pour avoir ton goût, puis, elle te donnera des baisers, te priera d'acheter, jurant de se contenter de cette emplète pour une année. « Elle en a besoin aujourd'hui, tu ne saurais jamais lui être agréable plus à propos. » Si tu prétends n'avoir pas d'argent, elle te demandera un billet. Que sera-ce lorsqu'elle sollicitera des présents, te dira tous les jours qu'elle a besoin de quelque chose, s'affligera d'une perte supposée, feignant qu'un diamant est tombé de son oreille, te demandera quantité de choses qu'elle promettra de te rendre. — Non, quand j'aurais cent bouches, je ne saurais raconter toutes les ruses perfides des belles. »

Martial, livre XI, 50. Sur Phyllis.

« Il n'est pas de jour, Phyllis, où tu ne me dépouilles. Tantôt, c'est ta soubrette qui s'en vient pleurer la perte de ton miroir, de ta bague ou de ta boucle d'oreille; tantôt se sont des soies de contrebande qu'on peut acheter à vil prix; tantôt des parfums dont il me faut remplir ta cassolette. Puis c'est une amphore de Falerne vieux et un mulet de deux livres pour le souper que tu donnes à une opulente amie. Je ne te refuse rien, Phyllis, ne me refuse pas davantage. »

Lucien fait parler des courtisanes dans un grand nombre de ses dialogues, et il semble qu'il a presque tout emprunté à Vatsyayana. De son temps, l'Inde était fort connue à Rome. J'engage fort le lecteur à se reporter à ces dialogues et à les comparer successivement avec les divers chapitres du présent catéchisme.

CHAPITRE VI

Moyens de se débarrasser d'un amant.

Blâmer et railler ses habitudes et ses défauts en lui riant au nez et en frappant du pied;

Parler de sujets qui lui sont étrangers, rabaisser ses connaissances, l'humilier dans son amour-propre, rechercher la société d'hommes auxquels il est inférieur en science et en intelligence;

Lui témoigner du dédain en toute occasion, faire la critique des hommes qui ont ses défauts;

Se montrer non satisfaite des moyens qu'il emploie pour la jouissance; ne pas lui donner sa bouche à baiser, lui refuser l'accès de son jadgana; montrer du mépris pour les morsures et les égratignures qu'il lui a faites, ne point le serrer quand il l'embrasse de quelque manière; ne faire aucun mouvement pendant la connexion;

Lui demander l'union sexuelle quand il est fatigué;

Se moquer de son attachement pour elle;

Ne pas lui rendre ses embrassements, s'en détourner quand il les commence;

Avoir envie de dormir ou bien de sortir pour quelque visite ou quelque réunion quand il désire la posséder pendant le jour;

Parodier ses paroles et ses gestes;

Rire sans qu'il plaisante ou, quand il plaisante, rire de quelque autre chose;

Jeter à ses propres serviteurs des regards de côté et se tordre les mains chaque fois qu'il ouvre la bouche ;

L'interrompre au milieu de ses récits et en commencer d'autres elle-même ;

Énumérer ses travers et ses vices en les déclarant incurables ;

Dire devant lui à ses suivantes des paroles destinées à le mordre au vif ;

Affecter de ne point le regarder quand il vient à elle ;

Lui demander ce qu'il ne peut donner ou accorder ;

Et finalement le congédier (a).

Il y a un aphorisme en vers sur la conduite à tenir pour une courtisane.

Le devoir professionnel d'une courtisane est de se lier après examen complet et mûre réflexion à un homme pourvu de ce qu'elle doit désirer ; puis de s'attacher l'homme avec lequel elle vit, de se faire donner par lui tout ce qu'elle peut et, quand elle lui a tout pris, de le congédier. Une courtisane qui vit de la sorte comme une femme mariée devient riche sans être fatiguée par le nombre de ses amants (b).

(a) Vatsyayana ne dit rien de la manière de se débarrasser d'une amante. Dans l'Inde, cela ne souffre aucune difficulté. En France il en est souvent autrement, témoin celles qui se vengent avec le vitriol. Un vieux beau du premier empire (de France) nous disait : « Avec les femmes, le difficile, ce n'est point de se lier, mais de se délier. Au quartier Latin d'autrefois, on s'en tirait en écrivant : Malheureuse, j'ai tout appris ! »

(b) Voir à l'Appendice Properce, livre IV, élégie V : « La corruptrice Achantis. »

APPENDICE AU CHAPITRE VI

La corruptrice Achantis.

L'aphorisme qui termine le chapitre VI semble résumer les conseils de la corruptrice Achantis, Properce, livre IV, élégie V :

« Qu'Achantis ait mêlé dans une fosse les herbes des tombeaux et soudain un torrent ravagerait la campagne. Par son art elle dévie la lune et rôde pendant la nuit sous la forme d'un loup. Par ses intrigues, elle pourrait aveugler le plus vigilant des époux.

Par ses insinuations perfides, elle enflammait un jeune cœur et frayait à l'innocence la route du vice. « Dorania, disait-elle, si tu veux les trésors de l'Orient si tu désires les tissus de Cos ou les raretés célèbres de Thèbes aux cent portes, ou les vases magnifiques que prépare le Parthe, dédaigne la constance, méprise les dieux, cultive le mensonge et brave les lois importunes de la pudeur. Faire croire à un mari te fera rechercher davantage. Diffère sous mille prétextes la nuit qu'on sollicite, et l'amour n'en sera que plus empressé. »

« Si un amant a dérangé ta chevelure dans sa colère, fais-lui acheter la paix à force de présents. »

« Quand ton amant est à tes genoux, écris un rien sur ta toilette ; s'il tremble, il est ta proie. Que ton cou lui offre toujours la trace récente de quelque morsure. »

« Surtout n'imite point Médée enchaînée à son amant ; prends pour modèle Thaïs qui trompe, dans Ménandre, jusqu'aux valets les plus fripons. »

« Adopte les mœurs de ton amant. Partage son ivresse ; s'il chante, marie ta voix à la sienne. »

« Que ton portier ne t'éveille que pour les prodigues, qu'il soit sourd pour celui qui frappe les mains vides. Ne rejette ni le soldat grossier, ni le matelot aux mains caleuses, s'ils t'apportent de l'or, ni l'esclave étranger qu'on a vu dans le Forum courir les pieds blanchis avec de la craie. Ne regarde jamais la main qui donne l'or. Ferme l'oreille aux chants d'un poète qui ne t'offre que ses vers. »

« Profite de ta jeunesse, de la fraîcheur, de tes belles années et crains toujours le lendemain. J'ai vu la rose de Pestum se flétrir en une matinée, lorsqu'elle promettait encore de longs parfums. »

J'ai vu s'exhaler l'âme d'Achantis, de cette chienne trop vigilante pour mon malheur quand j'essayais de soulever furtivement un odieux verrou. Vous qui aimez, n'épargnez pas les pierres à sa tombe et les malédictions à ses cendres.

CHAPITRE VII

De l'opportunité de reprendre un ancien amant.

Quand une femme se sépare d'un amant qu'elle a ruiné, elle peut songer à reprendre un ancien amant qui sera resté riche ou qui le sera redevenu.

Vatsyayana indique le parti qu'une courtisane doit prendre à cet égard dans chacun des cas qui peuvent se présenter et qu'il détaille longuement. Parmi les motifs déterminants, il mentionne le désir de se venger d'une rivale.

Les Acharias (anciens sages) conseillent à une courtisane de renouer, si elle peut, avec un ancien amant parce que son caractère lui est connu. Vatsyayana opine qu'elle fait mieux d'en prendre un nouveau, il sera toujours plus riche et plus libéral, car l'ancien est appauvri, ou bien il a appris par son expérience à ne pas se laisser dépouiller. Toutefois cet auteur ne pose là qu'une règle générale sujette à beaucoup d'exceptions motivées par les circonstances.

Voici quelques aphorismes en vers sur ce sujet délicat:

« Une courtisane peut manifester son intention de reprendre un ancien amant, soit pour le brouiller avec la femme avec laquelle il vit dans le moment, soit pour produire un effet voulu sur l'amant qu'elle-même a actuellement ».

« L'homme enchaîné à une femme a grand peur qu'elle ne s'attache à un autre; il souffre tout d'elle et la comble de largesses ».

« Si, pendant qu'une courtisane vit avec un amant, un messager d'amour vient la trouver de la part d'un autre homme, elle doit ou le renvoyer sans l'écouter, ou bien fixer une heure pour recevoir la visite de celui qui la recherche, mais elle ne doit jamais abandonner l'amant qui lui est attaché (*a*).

Une femme prudente ne renoue avec un ancien amant que si elle a toute chance de trouver, dans ce retour, sort heureux, profit, amour et amitié (*b*).

(*a*) Tibulle, livre I, élégie vi. « Celle qui n'a été fidèle à aucun amant, réduite à l'indigence dans ses vieux jours, n'a d'autre ressource que de tourner un fuseau d'une main tremblante, de noircir les fils d'une trame pour un infime salaire et de peigner une blanche toison ; les jeunes gens se rient de sa misère et se disent qu'elle a mérité son triste sort. »
(*b*) Voir l'appendice.

APPENDICE AU CHAPITRE VII.

Conseils d'Ovide.

Ovide donne dans le livre III de *l'Art d'aimer* quelques conseils qui complètent le chapitre vii.

« Vous ne suivrez pas la même voie pour séduire un jeune cœur et un homme mûr.

« Le novice qui vient, innocente proie, se prendre dans vos filets, ne doit connaître que vous. C'est une plante qu'il faut entourer de hautes palissades. Craignez une rivale, vous ne serez sûre de votre conquête qu'autant que vous règnerez seule. Cueillez promptement ce fruit éphémère.

« L'amour de l'homme mûr sera plus durable et plus tolérant. Il supportera, sans rompre ses liens, les plus cruelles blessures.

« Pour stimuler votre amant, entremêlez vos faveurs de quelques refus.

« Qu'un amant nouvellement pris se flatte d'abord de partager seul votre couche, mais que, bientôt après, il craigne un rival, qu'il le croie aussi heureux que lui.

« Que la surveillance d'un gardien supposé pique son amour ; qu'il redoute la jalousie d'un mari sévère. Le danger aiguillonnera le plaisir.

« Feignez d'être dans les alarmes ; faites, sans nécessité, entrer votre amant par la fenêtre. Qu'au milieu de vos ébats, votre suivante, bien stylée, s'élance vers la porte en s'écriant : Nous sommes perdues.

« Cachez alors le jeune homme tremblant. Puis, au milieu de ses émotions, doublez la douceur de vos caresses ; qu'il ne les trouve pas chèrement achetées. »

CHAPITRE VIII

Profits et pertes des courtisanes.

Quelquefois nos efforts pour réaliser un gain aboutissent à une perte ou un dommage; cela peut provenir du manque d'intelligence et de jugement, de l'orgueil, de l'excès de l'amour, de la naïveté, de la confiance, de l'entêtement, de l'emportement, de la négligence, de l'influence des mauvais génies, du hasard.

Ces causes peuvent occasionner des dépenses stériles; la perte de gains réalisés ou sur le point de l'être et de chances de fortune pour l'avenir; l'altération du caractère, une mauvaise humeur insupportable, la maladie, la perte des cheveux et autres accidents.

Il y a trois sortes de profits et trois sortes de pertes.

Quand une courtisane vit avec un grand et acquiert ainsi, outre la richesse présente, des chances de fortune pour l'avenir au moyen des relations qu'elle se crée, on dit qu'elle fait un gain accompagné d'autres avantages.

Quand elle reçoit de l'argent de mains autres que celles de son amant, elle court le risque d'une brouille : on dit que cet argent est un profit avec chances de perte.

Le gain simple est celui qui se fait sans chances d'avantages ou de désavantages.

Quand une courtisane, sans rien recevoir, vit avec un grand ou un ministre avare pour conjurer quelque malheur, cela s'appelle perdre pour gagner.

Quand, sans en tirer aucun profit, une courtisane se donne à un ladre, à un bellâtre ou à un homme à bonnes fortunes, c'est une perte sèche.

Quand ces sortes d'amants sont en même temps favoris du roi, puissants, cruels et capables de la chasser au premier instant, on dit que la courtisane perd pour perdre encore.

De ses rapports avec les hommes qui lui plaisent une courtisane doit tirer à la fois profit et plaisir. A certaines époques, par exemple aux fêtes du printemps, sa mère annoncera à différents hommes qu'un certain jour désigné la courtisane restera avec l'homme qui satisfera tel ou tel de ses désirs ; quand des jeunes gens sont épris d'elle, elle doit s'efforcer de tirer parti d'eux pour ses intérêts.

DOUTE SUR LE MÉRITE RELIGIEUX (a).

Le doute sur le mérite religieux se produit quand une courtisane hésite à congédier un amant qu'elle a ruiné, ou bien à se montrer tout à fait cruelle à un homme qui l'aime et dont les refus feront le malheur dans ce monde et dans un autre (b).

Une courtisane est poussée par un ami ou par la compassion à avoir des rapports charnels avec un brahme savant, un étudiant en religion, un sacrificateur, un dévot ou un ascète qui est en danger de mourir d'amour pour elle ; elle se demande si en y consentant elle acquerra ou perdra du mérite religieux. Dans ce cas, on dit que son doute est double parce qu'il porte à la fois sur le gain et sur le mérite religieux.

Conclusion du chapitre. Une courtisane doit peser sur tout ce qui est à son avantage ou à son détriment, à la fois en ce qui concerne l'argent, le mérite religieux et le plaisir.

(a) Ce que nous appellerions un scrupule ou cas de conscience.
(b) La *Théologie morale* a un doute semblable :
« La femme enlevée peut-elle tuer son ravisseur ? »
Quelques théologiens le nient, disant que la pudicité est un moindre bien que la vie temporelle et la vie éternelle que l'agresseur perdrait, s'il était tué.
L'opinion la plus probable est l'affirmative pour le cas où la femme ne peut autrement empêcher l'attentat de se perpétrer.

CHAPITRE IX

De l'établissement d'une fille de courtisane.

Quand la fille d'une courtisane atteint l'âge de puberté, sa mère doit réunir un certain nombre de jeunes gens ayant, à quelques années près, même âge qu'elle, même caractère et même éducation, et leur faire part de son intention de la donner pour un mariage d'un an à celui qui lui fera des présents qu'elle indiquera.

Ensuite, pour enflammer leurs désirs par la difficulté et l'inconnu, elle tiendra sa fille en charte privée jusqu'à ce qu'il se présente un preneur aux conditions spécifiées.

Si le plus offrant reste au-dessous de ses demandes, elle fait elle-même l'appoint, en secret, de telle sorte que le fiancé paraisse avoir donné tout ce qui était demandé.

Ou bien elle peut laisser sa fille se marier elle-même dans le privé et comme à son insu et dire ensuite que, l'ayant appris après coup, elle n'a pu consentir.

La fille doit aussi attirer à elle les fils des habitants riches qui ne sont point de la connaissance de sa mère ; elle se rencontrera avec eux aux cours de chant, aux concerts et chez des particuliers ; puis elle fera demander à sa mère par une amie ou une suivante l'autorisation de s'unir à l'homme qu'elle préfère.

Quand la fille d'une courtisane est ainsi donnée à un homme, elle reste avec lui une année au bout de laquelle le mariage cesse et la femme devient libre.

Mais si, dans la suite, quand elle est engagée avec d'autres hommes, son premier mari la prie de temps en temps de le venir voir, elle doit, sans avoir égard au gain qu'autrement elle ferait dans le moment, aller passer la nuit avec lui.

Ce qui précède s'applique également aux filles des bayadères ; leur mère doit leur donner pour premier mari un homme qui pourra lui être utile de plusieurs manières (*a*).

Quand une jeune fille attachée depuis l'enfance au service d'une maison devient pubère (*b*), son maître doit la tenir renfermée loin de tous les yeux, et quand des hommes qui l'ont connue auparavant s'enflammeront de désirs pour elle à cause de la difficulté de la voir, il l'accordera en mariage à l'un d'eux qui pourra lui donner bonheur et richesse.

(*a*) Il est d'usage dans l'Orient que les courtisanes donnent ou plutôt vendent ainsi leurs filles pour un mariage temporaire au moment où elles deviennent nubiles. Sur la côte de Coromandel, dans les villes anglaises et françaises, les femmes des pariahs vendent ainsi leurs filles au moment de la puberté, le prix varie de 50 à 100 francs; l'acheteur les garde aussi longtemps qu'il le veut. Le plus souvent c'est un capitaine au long cours qui fait un court séjour; quelquefois c'est un célibataire fixé dans le pays et auquel la femme donne des enfants et s'attache.

(*b*) Sans doute la fille d'un domestique indigène, née dans la maison et adoptée. En général, en Orient, le mariage affranchit une jeune fille; en Chine, le maître a l'obligation de la marier quand le moment est venu.

CONCLUSION

I. — Érotisme sacré chez les hindous, les grecs et les sémites

La connaissance de l'œuvre de Vatsyayana permettra de classer sûrement les poèmes hindous que les uns considèrent comme mystiques et les autres comme purement érotiques. Le modèle le plus parfait de ces écrits est le *Gita Govinda* ou le *Chant du Berger*, par Jahadéva. Chose remarquable, on y retrouve l'application des règles tracées par notre auteur. La confidente de Radha déploie les qualités exigées des intermédiaires et des messagers d'amour, et agit suivant les principes du titre X, rôle de l'Entremetteuse. De même Radha se comporte comme il est dit au sujet des disputes entre amants et des raccommodements au chapitre vi du titre III, et au chapitre iii du titre XI. Il n'y a pas jusqu'aux points tracés par les dents (chapitre iii du titre III) qui ne se voient dans le poème. Cette remarque historique et l'abondance des images naturalistes dans le *Gita Govinda*, à l'exclusion des comparaisons empruntées à la nature morale qui se lisent fréquemment dans le *Ramayana*, ne peuvent laisser aucun doute sur son caractère exclusivement érotique; c'est, plutôt que du mysticisme, un érotisme sacré destiné à faire du dieu le favori, l'idole d'un peuple sensualiste; c'est évidemment le caractère de toute la poésie krishnaïste; et comme, dans l'Inde, la poésie se confond avec la doctrine et avec le culte, on peut déjà en tirer une conséquence essentielle sur la nature du krishnaïsme : celle-ci est évidemment tout l'opposé du bouddhisme, son frère ennemi, et plus encore du christianisme qui, sous le rapport des mœurs, a gardé la tradition sémitique conforme à la sévérité mazdéenne. Cette considération conduit à une autre conséquence, c'est qu'il est presque superflu de discuter sur la priorité des deux religions krishnaïque et chrétienne, comme l'ont fait Jacolliot et Mgr Laouénan, puisque ces deux religions diffèrent radicalement pour le fond de la doctrine, pour les mœurs de leurs adeptes et pour la vie et les exemples de leurs fondateurs. C'est là un point de la plus haute importance et qui nous conduit à donner comme complément obligé de notre travail une traduction des chants de Jahadéva. Pour continuer notre comparaison de la morale des Brahmes avec celle des Payens et des Mazdéens ou Sémites, nous y ajouterons un parallèle du chant du *Gita Govinda* avec le récit poétique de la *Mort d'Adonis* et avec le *Cantique des Cantiques*. Indiquer les contrastes entre les poésies sacrées correspondantes des trois races est le meilleur moyen de faire ressortir les différences entre leurs génies, leurs tempéraments et leurs tendances.

Ce qui domine dans le *Gita Govinda*, c'est le naturalisme, la grâce et la grandeur, voire même l'exubérance des images; c'est le reflet d'un climat et d'une contrée où les règnes végétal et animal sont tout puissants. C'est l'absence presque complète de spiritualisme et même d'idéalisme. Sous ce dernier rapport la poésie du *Gita Govinda* est inférieure à celle des Védas. On y sent l'abaissement du génie aryen déjà alourdi par l'action séculaire du climat torride de l'Inde et abatardi par les compromissions matérialistes et idolâtriques des brahmes aryens avec les indigènes de civilisations inférieures. La grande physiolâtrie des Védas est altérée au point d'être méconnaissable. Le rôle honorable de la femme dans la famille aryenne primitive s'est perdu, elle n'est plus que l'instrument du plaisir. C'est le rôle de Radha dans ses rapports avec Govinda; celui-ci est en réalité le seul héros du poème; tout s'y rapporte à lui, à son plaisir, à sa glorification.

C'est jusqu'à un certain point l'inverse dans l'érotisme sacré des

Grecs. Les mythes de Psyché et d'Adonis exaltent plutôt les déesses, reines de la beauté. Le culte d'Adonis n'est qu'une partie, un épisode de celui de Vénus. Il devait être double en raison de sa provenance syrienne, car les Assyriens confondaient dans leur adoration les énergies mâle et femelle et quelquefois donnaient la prééminence à la dernière. De là l'union de Vénus et d'Adonis dans des hymnes mythologiques où les Grecs ont apporté leur idéal de grâce et de légèreté. Ces qualités du génie aryen sont le charme du petit poème de Bion, comme en général de toute la littérature grecque.

La littérature sémitique a un caractère tout différent. Ce qui y domine, c'est la beauté morale et la conception sévère. Sans doute elle emprunte de fortes images à la grande nature, aux montagnes, aux fleuves, à la mer, au ciel; mais son idéal est plutôt la justice, la bienfaisance, la sagesse, Dieu; ce qui, malgré un patriotisme exclusif et même haineux, fait la supériorité de sa poésie, même sur les Védas. Ses principales qualités sont la sobriété, la vigueur et la passion. Elles se trouvent jusque dans le *Cantique des Cantiques*, le seul poème érotique des Sémites. Contrairement à ce qui a lieu pour le *Gita Govinda* et l'*Hymne à Adonis*, ce poème est l'exaltation d'une femme. Et, bien que par ses termes elle ne se lie en rien à la religion et qu'elle soit plus réellement passionnée que le poème indien et le poème grec, cette composition est tellement chaste par l'expression qu'on a pu, sans parti pris, la prendre pour un entretien mystique de Salomon avec la sagesse, ou du Christ avec l'Église.

A la suite de ces appréciations nous donnons les traductions du *Gita Govinda*, de l'*Hymne à Adonis* et du *Cantique des Cantiques*. Après les avoir lus, on pourra se reporter à ces réflexions préliminaires pour en vérifier la justesse et peut-être même pour en étendre la portée.

II. — Gita Govinda (le chant du berger), poème de Jayadéva

« Des nuages obscurcissent le ciel, les noirs Tamalas assombrissent les bois; le jeune homme perdu dans la forêt doit prendre peur des ténèbres de la nuit. Va, ma fille, amène sous notre toit hospitalier le voyageur qui peut s'égarer. »

Tel fut l'ordre de Nanda, le pasteur riche en troupeaux; c'est ainsi que naquit l'amour de Radha et de Ma'dhava (a) qui tantôt folâtrait sur les rives de la Yamuna (b), tantôt se retirait sous le berceau mystérieux de verdure, son asile favori.

Si ton âme est charmée par l'aimable souvenir d'Heri (c), ou sensible aux ravissements de l'amour, écoute la voix de Jayadéva dont les accents sont pleins à la fois de douceur et d'éclat.

O toi qui reposes sur le sein de Camala (d), dont les oreilles étincellent des feux des pierres précieuses, dont les cheveux sont bouclés avec des fleurs sylvestres; toi à qui l'astre du jour emprunte son éclat, qui as échappé au souffle empoisonné de Caliga (e), qui as rayonné comme le soleil sur la tribu de Yadu florissante comme le lotus (f), qui as traversé les airs porté sur le plumage resplendissant de Garuda (g), dont la victoire sur les démons combla de joie l'assemblée des immortels; toi pour qui la fille de Janaka se para magnifiquement; qui triomphas de Dushana; dont l'œil brille comme le lys aquatique; qui as donné l'existence aux trois mondes; qui as sucé le nectar des lèvres radieuses de Pedma, comme

---

(a) Un des noms de Krischna qui signifie le Grand Dieu.
(b) La Yamuna, aujourd'hui la Jumma, affluent sacré du Gange, qui longtemps a fait la limite de la patrie Aryenne dans l'Inde.
(c) Nom de Vichnou dont Krischna est une incarnation. Krischna, proscrit, fut, tout enfant, porté secrètement à Nanda, qui l'éleva dans sa cabane.
(d) Déesse d'amour.
(e) Serpent, sorte d'Hydre de Lerne que Krischna châtia.
(f) Tous les frères et cousins de Krischna.
(g) Garuda, oiseau céleste, messager des dieux.

le Chacora qui se balance boit les rayons de la lune; victoire à toi, ô Heri, seigneur de la conquête!

Radha le cherchait en vain depuis longtemps, hors d'elle-même, en proie à la fièvre du désir; pendant la matinée printanière, elle errait entre les Vasantis entrelacés et fleuris, quand sa confidente lui parla ainsi avec la gaieté du jeune âge :

« Le vent qui se jouait entre les beaux girofliers souffle maintenant des Himalayas ; les voûtes de la forêt retentissent des chants du cocila et du bourdonnement des essaims d'abeilles. C'est le moment où les jeunes filles dont les amants sont en voyage ont le cœur percé de douleur, tandis que les fleurs du bacul s'épanouissent dans les touffes pleines d'abeilles. Le tamala, avec ses feuilles noires et odorantes, prélève un tribut sur le porte-musk qu'il écrase, et les fleurs en grappe du palasa ressemblent aux ongles de Kama qui déchirent les jeunes cœurs. Le césara pleinement épanoui resplendit comme le sceptre de l'Amour roi du monde ; et le thyrse à pointe acérée du cétaka rappelle les traits qui blessent les amants. Regardez les touffes de fleur de patali couvertes d'abeilles et semblables au carquois de Smara (a) plein de dards, tandis que la tendre fleur du caruna sourit de voir tout l'univers dépouillant la honte (s'abandonnant ouvertement à l'amour). Le modhavi qui embellit de ses fleurs odorantes au loin les arbres qu'il enlace, et les riches parfums de la fraîche mallika énamourent jusqu'aux cœurs des ermites. Les gaies lianes du grimpeur Atimuckta enserrent l'arbre d'Amra aux tresses flamboyantes et la Yamuna aux flots bleus entoure de ses circuits les bosquets fleuris de *Vrindavans*. Dans cette saison enivrante qui rend la séparation si cruelle aux amants, le jeune Heri folâtre et danse avec une troupe de jouvencelles. Une brise pareille au souffle de l'amour venant des fleurs odorantes du cétaka enflamme tous les cœurs en parsemant les bois de la poussière féconde qu'elle arrache aux boutons demi-ouverts de Malika ; et le cocila redouble les accords de

---

(a) Dieu d'amour.

sa voix, lorsqu'il voit les fleurs briller sur l'aimable Rasala (*a*).

Radha, piquée de jalousie, resta muette.

Peu après, son officieuse amie, apercevant l'ennemi de Mura (*b*) dans le bois, enflammé par les caresses et les baisers que lui prodiguaient les filles des bergers avec lesquelles il dansait, s'adressa de nouveau à l'amante qu'il oubliait.

Avec une guirlande de fleurs sylvestres descendant jusqu'au manteau jaune qui couvre ses membres azurés, le sourire aux lèvres, les joues brillantes, les oreilles étincelantes de l'éclat de leurs pendants agités, Hery est transporté de joie au milieu de ces filles.

L'une le presse contre ses seins dressés, en chantant d'une voix exquise; l'autre, fascinée par un seul de ses regards, reste immobile en contemplation devant le lotus de sa face. Une troisième, sous prétexte de lui dire un secret à l'oreille, touche ses tempes et les baise avec ardeur. Une autre le tire par son manteau et l'entraîne vers un berceau d'élégants vanjulas qui étendent leurs bras au-dessus des eaux de la Yamuna. Il en applaudit une qui danse au milieu du cercle folâtre, en faisant résonner ses bracelets et battant la mesure avec ses mains. Tantôt il distribue en même temps des caresses à une jeune fille, des baisers à une autre et de gracieux sourires à une troisième; tantôt il s'attache passionnément à une seule dont la beauté l'a entièrement subjugué. Ainsi le folâtre Hery s'ébat, dans la saison des fleurs et des parfums, avec les filles de Vraja qui se précipitent avides de ses embrassements, comme s'il était le plaisir lui-même sous une forme humaine. Et l'une d'elles, sous prétexte de chanter ses divines perfections, lui murmure à l'oreille: « Tes lèvres, ô mon bien aimé, sont du nectar. »

(*a*) Pour cette entrée en scène, le poète a emprunté son tableau à l'action de la nature végétale sur nos sens, action très puissante dans l'Inde à cause de l'éclat des couleurs et de l'énergie des odeurs et des parfums. La même idée a été appliquée par plusieurs poètes et romanciers et tout particulièrement par Emile Zola dans: *La faute de l'abbé Gérard.*

(*b*) Krischna triompha de Mura, gigantesque Assoura.

Radha reste dans la forêt; mais irritée de ce que Krischna cède ainsi à toutes les séductions et oublie sa beauté naguère pour lui sans rivale, elle se retire sous une voûte de plantes entrelacées, animée par la musique des essaims dérobant leur doux butin; là elle tombe défaillante et adresse cette plainte à sa compagne:

Bien que loin de moi il s'égare en caprices divers et qu'il sourie à toutes les belles, mon âme est pleine de lui; lui dont le chalumeau enchanteur module des accords qu'adoucit encore le nectar de ses lèvres tremblantes, tandis qu'à ses oreilles pendent des pierres précieuses du plus bel éclat et que son œil lance la flamme amoureuse; lui dont la chevelure porte entre ses tresses des plumes de paon qui resplendissent de lunes multicolores; dont le manteau resplendit comme un nuage d'un bleu sombre illuminé par l'arc-en-ciel; lui dont le gracieux sourire donne une rougeur plus vive à ses lèvres brillantes et douces comme la feuille humide de rosée, tendres et vermeilles comme la fleur du Bandhujiva (a); qui tressaille sous les ardents baisers des jeunes bergères; lui qui éclaire les ténèbres par les rayons que dardent les bijoux qui ornent sa poitrine, ses poignets et ses chevilles; au front duquel brille un petit cercle de bois de sandal qui éclipse même la lune perçant entre les nuages irradiés; lui dont les pendants d'oreilles sont formés chacun d'une seule pierre précieuse présentant la forme qu'a le poisson Macar sur l'étendard de l'amour (b); lui, le dieu à la robe jaune, auquel font cortège les chefs des dieux, des hommes saints et des esprits (démons); lui qui repose étendu à l'ombre d'un beau adamba; qui naguère me ravissait par la cadence harmonieuse de sa danse gracieuse alors que toute son âme rayonnait dans ses yeux. Mon faible esprit énumère ainsi ses qualités et, quoique offensé, s'efforce d'oublier son injure. Comment ferait-il autrement? Il ne peut se détacher de sa passion pour Krischna dont d'autres jeunes filles provoquent l'amour et qui s'ébat avec elles en l'absence de Radha. O mon amie! amène ce vainqueur du

---

(a) Bandhujiva, l'ère mystique du monde actuel.
(b) L'étendard de l'amour porte ce poisson.

démon Césí, pour se divertir avec moi ; je ne pense qu'au berceau de verdure, notre asile secret ; je regarde anxieuse de tous les côtés et mon imagination amoureuse est toute pleine de sa divine transfiguration ; lui qui naguère m'adressait les paroles les plus tendres, amène-le ici pour converser avec moi qui, timide et rougissante, lui parle avec un sourire doux comme le miel. Lui qui naguère était sur mon sein, amène-le pour reposer sur un frais lit de feuilles vertes où, l'enlaçant de mes bras, je boirai la rosée de ses lèvres ; lui qui a une habileté consommée dans l'art de l'amour, qui avait coutume de presser de sa main ces appas fermes et délicats, amène-le pour partager les jeux de son amante dont la voix rivalise avec celle du cocila et dont les tresses de cheveux sont liées avec des fleurs qui ondulent ; lui qui autrefois entourait autour de son bras les tresses de mes cheveux pour m'étreindre plus étroitement, amène-le vers moi dont les pieds, dans leurs mouvements, retentissent harmonieusement du son de leurs anneaux, dont la ceinture résonne quand elle s'élève et s'abaisse tour à tour, dont les membres sont délicats et souples comme des lianes. Ce dieu dont les joues sont embellies par le nectar de ses sourires, dont le tendre chalumeau distille le miel, je l'ai vu dans le bosquet, entouré des filles de Vraja qui le guignaient du coin de l'œil, et en faisaient leurs délices ; malgré mon dépit, sa vue me charmait. Doux est le zéphir qui près de lui ride cet étang pur, et fait éclore les fleurs tremblantes de l'Asoka tournant. Il est doux aussi pour moi quoiqu'il m'apporte aussi le chagrin de l'absence de l'ennemi de Madhu. Délicieuses sont les fleurs de l'arbre Amra au sommet d'un mamelon alors que les abeilles poursuivent avec un doux murmure leur tâche voluptueuse ; elles sont délicieuses aussi pour moi quoiqu'elles m'apportent le chagrin, ô mon amie, en l'absence du jeune *Césara* (a).

A ce moment, l'exterminateur de Cansa (b), ayant rappelé à son souvenir l'aimable Radha, oublia les belles filles de Vraja ; il la

---

(a) Césara, nom de Krischna.
(b) Cansa (ou Concha ou Lança), oncle de Krischna, couvert de crimes.

rechercha dans toutes les parties de la forêt; l'ancienne blessure que lui avait faite la flèche de l'amour se rouvrit; il se repentit de sa légèreté et, assis dans un bosquet sur le bord de la Yamuna, la fille bleue du soleil, il y exprima ainsi ses regrets :

« Elle est partie ; — sans doute elle m'a vu entouré des folâtres bergères; maintenant, pénétré de ma faute, je n'ose pas m'opposer à sa fuite. Blessée de l'affront reçu, elle est partie en colère. Vers quel lieu a-t-elle dirigé ses pas? Quel cours donnera-t-elle à son ressentiment d'une aussi longue séparation. A quoi me servent les richesses? Que me fait une armée de serviteurs? De quel prix sont pour moi tous les plaisirs de ce monde? Quelle joie peut me donner ma demeure céleste?

Je crois la voir les sourcils contractés par un juste courroux. Son visage ressemble à un frais lotus sur lequel s'agitent deux noires abeilles. Son image est si vive dans mon esprit que maintenant même je la caresse avec ardeur. »

« Pourquoi la chercher dans ce bois? Pourquoi proférer des plaintes stériles? O fille svelte, la douleur, je le sais, a détourné de moi ton tendre sein; mais j'ignore où tu as fui. Comment t'inviter au retour? Tu m'apparais dans une vision; tu sembles venir à moi. Mais pourquoi ne te jettes-tu pas, comme autrefois, dans mes bras?

« Pardonne-moi ; je ne te ferai plus jamais pareille injure. Accorde-moi seulement un soupir, ô aimable Rhadica; car je succombe à mon tourment. Ne vois pas en moi le terrible Mahésa (*a*). Une guirlande de lys aquatiques orne mes épaules de ses tours délicats; les bleues pétales de lotus des champs brillent sur mon cou; ce n'est point la tache bleue d'un poison (*b*). Mes membres sont frottés de poudre de sandal et non de cendres funéraires.

« O dieu de l'amour, ne me prends pas pour Mahadéva (*c*). Ne me fais pas une nouvelle blessure; ne viens pas vers moi irrité. Je

---

(*a*) Mahesa, nom de Siva, que l'Amour prenait pour but de ses flèches.
(*b*) Allusion au poison qu'avait avalé Siva.
(*c*) *Grand dieu*, nom de Siva, qui était frotté de cendres funéraires.

n'aime déjà qu'avec trop de passion, et cependant j'ai perdu ma bien-aimée !

« Ne prends pas dans ta main cette flèche empennée avec une fleur de l'arbre Amra! Ne bande pas ton arc vainqueur du monde. Mon cœur est déjà percé de traits que décochent les yeux de Radha noirs et fendus comme ceux de l'Antilope. Cependant je ne jouis point de sa présence. Ses yeux sont des carquois pleins de dards, ses sourcils des arcs et les pointes de ses oreilles des cordes de soie (pour lier). Ainsi armée par Ananga, le dieu du désir, elle marche, déesse elle-même, à la conquête de l'univers (a). Tout entier à elle, je ne rêve qu'à sa délicieuse étreinte, à l'éclair éblouissant de ses yeux, à l'odorant lotus de sa bouche, au nectar de son doux parler, à ses lèvres rouges comme les baies du Bimba ; cet ensemble de merveilles qui remplit mon esprit, loin de calmer ma douleur de son absence, la rend plus vive.

« La messagère de Radha trouva le dieu désolé, sous des vaniras qui ombrageaient la rive de la Yamuna. Se présentant à lui avec grâce, elle lui décrivit en ces termes l'affliction de sa bien-aimée :

« Elle rejette loin d'elle l'essence du bois de sandal ; jour et nuit, et même pendant le clair de lune, gisant morne et immobile, elle couve son noir chagrin ; elle dit que le zéphyr de l'Himalaya est empesté et que les bois de sandal sur lesquels il a passé sont le repaire des serpents venimeux.

« Ainsi, ô Mahadéva, en ton absence, elle ne peut supporter la cuisante douleur de la blessure que lui a faite le trait de l'amour. Son âme est fixée sur toi. Le désir la transperce sans cesse de nouvelles flèches ; entrelaçant des feuilles de lotus, elle compose une armure pour son cœur dont tu devrais être la seule cuirasse. Elle forme sa couche des fragments des flèches décochées contre elle par Kama ; ils ont remplacé les douces fleurs sur lesquelles elle aimait à reposer entre tes bras. Son visage est comme un lys aquatique voilé par une rosée de larmes, et ses yeux paraissent comme

---

(a) Incessu patuit dea (Virgile).

les lunes qui laissent tomber leurs flots de nectar quand, dans l'éclipse, elles se débattent sous la dent du dragon furieux.

« Avec du musc elle te peint avec les attributs du dieu aux cinq flèches qui vient de vaincre le Makar, ou bien sous la forme du requin armé d'une corne aiguë et d'une flèche ayant pour pointe une fleur d'Amra ; quand elle a tracé ainsi ton image, elle l'adore.

« O Madhéva, s'écrie-t elle, je suis gisante à tes pieds, et en ton absence, la lune même, quoiqu'elle soit un vase plein de nectar, embrase mes membres. » Alors, par la force de l'imagination, elle te voit devant elle, toi qu'il est si difficile de posséder. Tour à tour, elle soupire, sourit, se désole, pleure, marche successivement de tous les côtés, passe de la joie aux larmes, et des larmes à la joie. Elle a pour abri la forêt ; pour filets de défense, le cordon de ses suivantes ; ses soupirs sont la flamme d'un fourré auquel on a mis le feu ; elle-même, hélas ! par l'effet de ton absence, est devenue un timide faon (femelle du chevreuil), et l'amour est un tigre qui bondit sur elle comme Yama, le dieu de la mort. Son beau corps est si affaibli que, même la légère guirlande qui ondule sur sa gorge est pour elle un fardeau. Tel est, ô dieu à la brillante chevelure, l'état auquel ton absence a réduit Radha. Quand on répand sur son sein la plus fine poudre de sandal mouillée, elle tressaille comme si un poison la déchirait. Ses soupirs sans trêve forment un souffle ininterrompu et la brûlent comme la flamme qui réduisit en cendres Candarpa. Elle jette tout autour d'elle les regards de ses yeux pareils à des lys d'eau bleus aux tiges brisées qui épanchent des rayons de lumière. Même son lit frais de tendres feuilles est pour elle un brasier. La paume de sa main soutient sa tempe brûlante et sans battement comme le croissant qui se lève à la chute du jour. « Heri, Heri », ton nom seul interrompt le silence dans lequel elle est plongée, comme si son destin était accompli, comme si elle mourait avec bonheur de ton absence. Elle dénoue les tresses de ses cheveux ; son cœur palpite avec violence ; elle profère des plaintes inarticulées ; elle tremble, elle languit, elle rêve ; elle ne peut rester en place; elle ferme les yeux, elle tombe, elle se relève, elle s'évanouit dans sa fièvre d'amour; elle peut vivre, ô céleste médecin, si tu appliques le remède; mais si tu es cruel, elle succombera à son mal. Ainsi, divin guérisseur, le nectar de ton amour rendra la vie à Radha. Tu ne peux le refuser à moins que tu ne sois plus dur que la pierre de la foudre. Son âme a longtemps souffert; le bois de sandal, le clair de lune (*a*) et le lys aquatique qui rafraîchissent tous les autres, ont été pour elle comme des charbons ardents. Cependant elle médite (*b*) patiemment et en secret sur toi qui seul peux la soulager. Si tu es inconstant, comment pourra-t-elle, maintenant qu'elle n'est plus qu'une ombre, prolonger sa vie, même d'un seul moment? elle que je viens de voir ne pouvant supporter ton absence, même pour un instant, comment ne sera-t-elle pas brisée par ses soupirs, aujourd'hui que de ses yeux déjà presque fermés, elle regarde les branches empourprées du Kasala qui lui rappellent le printemps, cette saison qui a couronné ton amour pour elle.

« C'est ici que j'ai fixé ma demeure; va promptement vers Radha; apaise-la par mon tendre message et amène-la vers moi. »

Telle fut la réponse de l'ennemi de Madhu à la confidente qui attendait anxieusement; elle s'empressa de retourner vers Radha et lui dit:

« Pendant que le tiède zéphyr souffle de l'Himalaya, portant sur ses ailes le jeune dieu du désir; pendant que de nombreuses fleurs inclinent leurs pétales épanouies pour pénétrer le sein des amants séparés, le Dieu couronné de fleurs sylvestres, ô mon amie, se désespère de ton absence.

(*a*) Le froid produit par la réverbération des rayons de la lune pendant les nuits claires était un fait d'expérience déjà acquis à l'époque où écrivait Jahadéva.
 Arago en a donné le premier la théorie ou explication scientifique.
(*b*) Nous employons le mot méditer ici et ailleurs dans un sens différent de celui qu'il a généralement en français, parce nous ne pourrions sans périphrase rendre autrement le sens du mot indien qui veut dire: être en extase, ou en contemplation devant un objet qu'on voit ou qu'on se représente par la pensée. Les Indiens méditent (sont en extase), par exemple, sur le nombril de Vichnou qu'ils se figurent par l'imagination.

« Même les rayons de la lune, qui font naître la rosée, le brûlent ; et à mesure que le dard de l'amour s'enfonce dans son sein, il pousse des gémissements inarticulés, sa douleur ne connaît plus de bornes. Il ferme les oreilles au doux murmure des abeilles ; son cœur est noyé de chagrin et chaque retour de la nuit double son tourment. Il abandonne son palais radieux pour la sauvage forêt où il a pour couche la terre humide, et balbutie continuellement ton nom sous le lointain berceau de verdure, but des pèlerins de l'amour. Il médite sur ta beauté, dans un profond silence qu'il n'interrompt que pour répéter quelque délicieuse parole qui autrefois coula de tes lèvres, source unique du nectar dont il est altéré. N'hésite pas, ô la plus aimable des femmes ; suis le seigneur de ton cœur. Vois-le avec les magnifiques ornements de l'amour, assoiffé d'un regard favorable de tes yeux, chercher l'asile ombreux désigné. Les cheveux noués avec des fleurs sylvestres, il se hâte vers le bosquet caressé par un doux zéphir sur la rive de la Yamuna ; là, prononçant ton nom, il joue de son divin chalumeau. Oh ! avec quel ravissement il regarde la poussière dorée qu'arrache aux fleurs épanouies le zéphir qui a baisé tes joues ! L'esprit abattu comme une aile qu'on traîne et faible comme une feuille qui tremble, il attend sans doute ton arrivée, les yeux anxieusement fixés sur le sentier que tu dois fouler. Quitte, ô mon amie, les anneaux qui résonnent à tes chevilles délicates dans ta danse légère ; jette rapidement sur tes épaules ton manteau azuré et cours au sombre berceau de verdure.

« Pour prix de ton empressement, ô toi qui luis comme l'éclair, tu brilleras sur la poitrine bleue de Murari semblable à un nuage printanier orné d'un cordon de perles pareilles à une volée de cygnes blancs fendant l'air. Belle aux yeux de lotus, ne trompe pas l'espoir du vainqueur de Madhu ; satisfais son désir ; mais va promptement. La nuit déjà venue passera elle-même rapidement. Il soupire sans cesse ; il tourne de tous les côtés ses regards impatients ; il rentre dans le bocage ; il peut à peine articuler ton doux nom ; il arrange de nouveau sa couche de fleurs ; il a l'œil hagard ;

il délire; ton bien-aimé va mourir du désir. Le dieu aux rayons éclatants disparaît dans l'Occident; ta douleur de la séparation doit disparaître également. Les ténèbres de la nuit ont encore assombri les tristes pensées où se perd l'imagination passionnée de Govinda (a).

« Le discours que je t'ai adressé égale en longueur et en douceur le chant du Cocita. Si tu diffères, tu sentiras une souffrance insupportable. Saisis le moment pour goûter le plaisir délicieux en répondant à l'appel du fils de Devaci qui est descendu du ciel pour délivrer l'univers de ses maux ; c'est une pierre précieuse bleue brillant au front des trois mondes. Il est avide de sucer comme une abeille, le miel du lotus odorant de ta joue.

Alors la jeune amie attentive voyant que, trahie pas ses forces, Radha ne peut quitter le bouquet d'arbres enlacé de lianes fleuries, retourne vers Govinda qu'elle trouve affolé par l'amour et lui peint ainsi l'état dans lequel elle a laissé Radha :

« Elle se désespère, ô souverain du monde, dans son asile verdoyant ; elle regarde avidement de tous côtés dans l'espoir de ton arrivée ; alors empruntant de la force à la douce idée de la réunion promise, elle avance de quelques pas, puis tombe défaillante à terre. Quand elle s'est relevée, elle fait des bracelets avec des feuilles fraîches qu'elle entrelace ; elle revêt un habillement et des ornements pareils à ceux du bien-aimé, puis elle se regarde en riant et s'écrie : Voilà le vainqueur de Madhu ! Alors elle répète sans se lasser le nom de Heri et, avisant un sombre nuage bleu, elle lui tend les bras en disant : C'est le bien-aimé qui approche.

Ainsi, pendant que tu diffères, elle s'éteint dans l'attente, désolée, pleurant, mettant ses plus beaux ornements pour recevoir son seigneur, refoulant dans son sein ses violents soupirs ; puis, à force d'avoir l'esprit fixé sur toi, elle se noie dans une mer de décevantes chimères. Le froissement d'une feuille lui paraît le bruit de ton arrivée. Elle arrange sa couche, imaginant dans son esprit mille

---

(a) Govinda ; le pasteur, Krischna.

modes de plaisir ; si tu ne te rends pas près d'elle, elle mourra cette nuit de désespoir.

A ce moment la lune versait un filet argenté sur les bosquets de Vrindavan et paraissait une goutte de sandal liquide sur la face du ciel qui souriait comme une jeune beauté ; les nombreuses taches qui noircissent sa surface semblaient accuser ses remords d'avoir aidé les jeunes filles amoureuses à perdre l'honneur de leurs familles. Avec l'image d'un faon noir couché sur son disque, elle avançait dans sa course nocturne ; mais Mahadéva n'avait point encore dirigé ses pas vers la retraite de Radha ; éplorée, elle exhala cette plainte :

« Le moment assigné est venu et Heri, hélas ! ne se rend point au bosquet. Le printemps de ma jeunesse, à peine commencé, doit donc se passer ainsi dans l'abandon ! Où me réfugier, trompée comme je le suis par l'artifice de ma messagère? Le dieu aux cinq flèches a blessé mon cœur et je suis délaissée par l'ami pour qui j'ai cherché, la nuit, les réduits les plus mystérieux de la forêt. Depuis que mes meilleurs amis m'ont trompée, je n'aspire plus qu'à mourir ; mes sens sont bouleversés et mon sein en feu ; pourquoi, dès lors, rester en ce monde ? Le froid de la nuit printanière m'endolorit au lieu de me rafraîchir et de me soulager ; des jeunes filles plus heureuses que moi jouissent de mon bien-aimé, et moi, hélas ! je regarde tristement les pierres précieuses de mes bracelets noircis par la flamme de ma passion. Mon cou, plus délicat que la fleur la plus tendre, est meurtri par la guirlande qui l'entoure, car les fleurs sont les flèches de l'amour et il se fait un jeu cruel de les décocher. J'ai pris ce bois pour ma demeure, malgré la rudesse des arbres Vetas ; mais le destructeur de Madhu a perdu mon souvenir ! Pourquoi ne vient-il point au berceau des flamboyants Vanjulas désigné pour notre rendez-vous ? Sans doute, quelque ardente rivale l'enlace dans ses bras, ou bien des amis le retiennent par de joyeux divertissements. Sinon, pourquoi ne se glisse-t-il pas dans le bosquet à la faveur des ténèbres de la froide nuit ? Peut-être, à cause de la blessure reçue au cœur, est-il trop faible pour faire même un seul pas ! »

À ces mots, levant les yeux, elle voit sa messagère revenir silencieuse et triste, sans Madhava ; la crainte l'affolle, elle se le représente au bras d'une rivale et elle décrit ainsi la vision qui l'obsède :

« Vois, en déshabillé galant, les tresses de ses cheveux flottants comme des bannières de fleurs, une beauté plus attrayante que Radha, qui jouit du vainqueur de Madhu. Son corps est transfiguré par le contact de son divin amant ; sa guirlande s'agite sur sa gorge palpitante. Sa figure, semblable à la lune, est sillonnée par les nuages de sa noire chevelure, et tremble de plaisir pendant qu'elle suce le nectar de ses lèvres ; ses pendants d'oreille étincelants dansent sur ses joues qu'ils illuminent, et les clochettes de sa ceinture tintent dans ses mouvements. D'abord pudiquement timide, elle sourit bientôt au dieu qui l'entoure de ses bras et la volupté lui arrache des sons inarticulés, pendant qu'elle nage sur les flots du désir, fermant ses yeux éblouis par la flamme de Kama qui la consume. Et voici que cette héroïne des combats amoureux tombe épuisée et réduite à merci par l'irrésistible Mahadéva. Mais, hélas ! le feu de la jalousie me dévore et la lune lointaine qui dissipe les chagrins des autres mortels double le mien.

« Vois encore là-bas l'ennemi de Mura, tout entier au plaisir dans le bosquet que baigne la Yamuna ! Vois-le baiser la lèvre de ma rivale et coller à son front un ornement de musc pur, noir comme la jeune Antilope qui se dessine sur le disque de la lune. Maintenant, comme l'époux de Reti, il entremêle à sa chevelure des fleurs blanches qui brillent entre les tresses comme les éclairs entre les nuages ondulés. Sur les globes de ses appas, il place un cordon de pierres précieuses qui y brillent comme de radieuses constellations sur deux firmaments. A ses bras arrondis et gracieux comme les tiges du lys aquatique et ornées de mains luisantes comme les pétales de sa fleur, il met un bracelet de saphyrs semblable à une grappe d'abeilles. Ah ! vois comme il attache autour de sa taille une riche ceinture illuminée par des clochettes d'or qui, lorsqu'elles résonnent, semblent se rire de l'éclat bien inférieur des guirlandes de feuilles que les amants suspendent aux berceaux mystérieux pour se rendre propice le dieu du désir. Couché à son côté, il place le pied de cette belle sur sa poitrine brûlante et la teint de la rouge couleur du Yavaca. Vois-le, mon amie ! Et moi, qu'ai-je fait pour passer ainsi mes nuits sans joie dans la forêt impénétrable, pendant que l'infidèle frère de Haladhera étreint ma rivale ?

« Pourtant, ô ma compagne, ne va pas te désoler de la perfidie de mon jeune infidèle ! Est-ce ta faute s'il se livre à l'amour avec une troupe de jeunes filles plus heureuses que moi ? Vois comme mon âme, subjuguée par ses charmes irrésistibles, brise son enveloppe mortelle et se précipite pour s'unir au bien-aimé ! Celle dont jouit le dieu couronné de fleurs s'abandonne sur un lit de fleurs à *lui*, dont les yeux folâtres ressemblent aux lys d'eau agités par la brise. Près de lui, dont les paroles sont plus douces que l'eau de la source de vie, elle ne ressent point la chaleur du vent brûlant de l'Himalaya. Elle ne souffre point des blessures faites par Kama quand elle est près de lui, dont les lèvres sont des lotus d'un rouge éblouissant. Elle est rafraîchie par la rosée des rayons de la lune lorsqu'elle est couchée avec lui, dont les mains et les pieds brillent comme des fleurs printanières. Aucune rivale ne la trompe, pendant qu'elle joute avec lui, dont les ornements étincellent comme l'or le plus éprouvé. Elle ne s'évanouit pas par l'excès du plaisir en caressant ce jeune dieu qui surpasse en beauté les habitants de tous les mondes. O zéphir, qui viens des régions du sud saturé de poussière de sandal souffler l'amour, sois-moi propice, ne fût-ce qu'un instant ; apporte-moi sur tes ailes mon bien-aimé et ensuite prends ma vie. L'amour me perce de nouveau des traits de ses yeux pareils aux bleus lys d'eau et me tue ; et en même temps que la trahison de mon bien-aimé me déchire le cœur, mon amie devient l'ennemi (pour m'avoir trompée) ; le frais zéphir qui rafraîchit me brûle comme du feu et la lune qui distille le nectar me verse le poison. Apporte-moi la peste et la mort, ô vent de l'Himalaya ! Prends ma vie avec tes cinq flèches ! ne m'épargne point; je ne veux plus habiter sous le toit paternel. Reçois-moi dans tes flots d'azur, ô sœur de Yama (la Yamuna), pour éteindre l'incendie de mon cœur. »

Transpercée des flèches de l'amour, elle passa la nuit dans l'agonie du désespoir. A l'aube matinale, quand elle vit son amant à ses pieds implorant son pardon, elle le repoussa par ces reproches :

« Hélas! hélas! va-t'en Madhava! éloigne-toi, ô Cesara ; ne tiens point un langage menteur! retourne vers celle qui te captive, ô dieu à l'œil de lotus! Te voilà, les yeux abattus, rouges de la veillée prolongée sans repos pendant toute une nuit de plaisir et souriant encore de ton amour pour ma rivale. Tes dents, ô jeune dieu aux membres azurés, sont devenus bleues comme ton corps dans les baisers que tu as imprimés sur les yeux de ta favorite teints d'un lustre de bleu sombre, et tes membres, dans le combat amoureux, ont été marqués de points dont l'ensemble forme une lettre de conquête écrite sur des saphirs polis avec de l'or liquide (a). Ta puissante poitrine, sur laquelle est imprimé le large lotus de son pied, revêt de ses parois intérieures, comme d'une enveloppe de feuilles rouges, l'arbre agité de ton cœur. La pression de ses lèvres sur les tiennes me déchire jusqu'au fond de l'âme. Ah! comment peux-tu dire que nous ne faisons qu'un, quand nos cœurs diffèrent si étrangement. Ton âme, ô dieu à la couleur sombre, trahit au dehors sa noirceur. Comment as-tu pu tromper une jeune fille qui, en se fiant à toi, brûlait de la fièvre de l'amour. Tu erres dans les forêts comme les fauves et les femmes sont ta proie. Quoi d'étonnant! Dès l'enfance tu fus méchant et tu donnas la mort à la nourrice qui t'avait allaité. Puisque ta tendresse pour moi, dont ces forêts même s'entretenaient, s'est maintenant évanouie, et puisque ta poitrine marquée de lignes rouges est embrasée par ton ardente passion pour elle et menace d'éclater, ta vue, ô trompeur, me fait, dois-je l'avouer, rougir de ma tendresse pour toi. »

(a) Ce monologue rappelle les règles de Vatsyayana sur les pressions, les marques des dents, etc.

Après avoir ainsi invectivé son amant, elle s'était assise, noyée de larmes, et, silencieusement, elle méditait sur ses attraits divins ; alors sa compagne la reprit doucement :

« Il est parti ! l'air léger l'a emporté. Quelle satisfaction, ô mon amie, goûteras-tu maintenant dans ta demeure ? Cesse, femme rancuneuse, ton courroux contre le beau Ma'dhava. Pourquoi porter tes mains égarées sur ces beaux vases ronds, amples et murs comme le doux fruit de l'arbre Ta'a ? Que de fois, jusqu'à ce dernier instant, ne t'ai-je pas répété : « N'oublie pas Heri au teint resplendissant ! » Pourquoi te désoler ainsi ? Pourquoi pleurer affolée, alors que tu es entourée de jeunes filles qui rient joyeusement. Tu as composé ta couche de tendres fleurs de lotus ; que ton amant vienne charmer ta vue en s'y reposant ! Que ton âme ne s'abîme point dans la douleur ; écoute mes conseils qui ne cachent aucune tromperie. Laisse Cesara venir près de toi. Parle-lui avec une douceur délicieuse et oublie tous tes griefs. Si tu réponds par des duretés à sa tendresse ; si tu opposes un orgueilleux silence à ses supplications quand il s'efforce de conjurer ta colère par les plus humbles prostrations ; si tu lui témoignes de la haine alors qu'il t'exprime un amour passionné ; si, quand il est à genoux devant toi, tu détournes de lui avec mépris ton visage, les causes cesseront de produire leurs effets ordinaires ; la poussière de sandal dont tu te saupoudres sera pour toi un poison ; la lune aux frais rayons, un soleil brûlant ; l'humide rosée, un feu qui consume ; et les transports de l'amour, les spasmes de l'agonie.

L'absence de Ma'dhava fut courte ; il retourna vers sa bien-aimée dont les joues étaient enflammées par le souffle brûlant de ses soupirs ; sa colère avait diminué sans cesser entièrement ; elle éprouva toutefois une joie secrète de son retour. Les premières ombres de la nuit cachant sa confusion, elle tenait les yeux pudiquement fixés sur ses compagnes pendant qu'il implorait son pardon avec les accents du repentir :

« Dis seulement un mot de bonté et les éclairs de tes dents étincelantes dissiperont la nuit de mes craintes. Mes lèvres tremblantes sont, comme le *Chacora* altéré, avides de boire les rayons de lune de tes joues. O ma bien-aimée, naturellement si bonne, renonce à ton injuste ressentiment. A ce moment le feu du désir me consume. Oh! accorde-moi de sucer avec ardeur le miel du lotus de ta bouche. Ou, si tu es inexorable, donne-moi la mort en me perçant des dards de tes yeux effilés ; enchaîne-moi de tes bras et assouvis sur moi ta vengeance. Tu es ma vie, ma parure, la perle de l'océan de ma naissance mortelle. Oh! rends-moi ton amour et ma reconnaissance sera éternelle. Tes yeux que la nature a faits semblables aux bleus lys d'eau sont devenus dans ta colère pareils aux pétales du lotus écarlate; teins de leur rougeur qui disparaîtra ainsi, mes membres sombres afin qu'ils reluisent comme les flèches de Kama qui ont pour pointe une fleur. Pose ton pied sur mon cœur comme une large feuille qui l'ombrage contre le soleil de ma passion dont je ne puis supporter les rayons de feu.

« Étends un cordon de pierres précieuses sur tes tendres appas; fais retentir les clochettes d'or de ta ceinture pour proclamer (comme le tambour qui bat pour une annonce) le doux édit de l'amour. Invite-moi par d'aimables paroles, ô jeune fille, à teindre en rose avec le jus de l'Alakbaka ces beaux pieds qui doivent faire rougir de honte jalouse l'éblouissant lotus des champs. Ne doute plus de mon cœur qui, tout tremblant, ne bat plus que pour t'être éternellement attaché. Ton visage est brillant comme la lune quoiqu'il distille le poison du désir qui affole; que tes lèvres de nectar soient le charmeur qui seul peut endormir le serpent ou fournir un antidote contre son venin. Ton silence m'afflige; oh! fais-moi entendre la musique de ta voix et étanche mon ardeur par ses doux accents.

« Renonce à ta colère, mais non à un amant qui surpasse en beauté les fils des hommes et qui est à tes pieds.

« O toi, souverainement belle entre toutes les femmes, tes lèvres sont une fleur du bandhujiva; la pourpre du madhura flamboyant rayonne sur ta joue; ton œil éclipse le lotus bleu; ton nez est un bouton de tila. L'ivoire de tes dents surpasse en blancheur la fleur du chanda. C'est à toi que le dieu aux flèches de fleurs emprunte les pointes de ses traits pour subjuguer l'univers. Assurément tu es descendue du ciel, ô beauté idéale, avec une suite de jeunes déesses dont tu réunis dans ta personne tous les charmes divers. »

Quand il eut parlé ainsi, la voyant apaisée par ses hommages soumis, il se rendit à la hâte dans un galant costume au vert berceau. La nuit couvrait de son voile tous les objets et l'amie de Radha, en la parant de ses ornements radieux, l'encourageait ainsi :

« Obéis, aimable Radha, obéis à l'appel de l'ennemi de Madhu ; son discours était élégamment composé de douces phrases ; il s'est prosterné à tes pieds, et maintenant il se hâte vers sa couche délicieuse sous la voûte des vanjulas entrelacés. Attache à tes chevilles tes anneaux étincelants et va-t'en d'un pas léger comme Marala qui se nourrit de perles. Enivre ton oreille ravie des doux accents de Heri, fête l'amour pendant que les tendres cocilas, chantant harmonieusement, obéissent aux douces lois du dieu aux flèches de fleurs. Ne diffère plus ; vois toutes les tribus de plantes élancées qui inclinent du côté du mystérieux berceau leurs doigts formés de feuilles nouvelles agitées par le vent ; elles te donnent le signal du départ. Interroge ces deux mamelons qui palpitent mouillés par les pures gouttes coulant de la guirlande de ton cou et les boutons qui, sur leur sommet, se dressent à la pensée du bien-aimé ; ils te disent que ton âme s'élance aux combats de l'amour ; marche, ardent guerrier, marche vaillamment au son des clochettes de ta parure qui retentissent comme une musique belliqueuse. Emmène avec toi ta suivante favorite, croise avec sa main tes doigts longs et doux comme les flèches de l'amour ; hâte tes pas et, par le bruit de tes bracelets, annonce ton arrivée à ce jeune dieu, ton esclave, qui s'écrie :

« Elle vient ; elle va s'élancer vers moi avec transport, prononcer les accents entrecoupés du bonheur, me serrer étroitement dans ses bras, se fondre d'amour. »

« Telles sont ses pensées en ce moment, et dans ces pensées, il regarde jusqu'à l'extrémité de la longue avenue ; il tremble, il se réjouit, il brûle, il va et vient fiévreusement ; il est pris de défaillance quand il voit que tu ne viens pas et tombe à terre sous son berceau ténébreux. Voici maintenant que al nuit revêt d'atours faits pour l'amoureux mystère les nombreuses jouvencelles qui se hâtent vers le rendez-vous ; elle met du noir à leurs beaux yeux ; elle fixe les feuilles du noir tamala derrière leurs oreilles ; elle entremêle à l'ébène de leurs cheveux l'azur foncé du lys d'eau et saupoudre de musc leurs seins palpitants. Le ciel de la nuit, noir comme la pierre de touche, éprouve maintenant l'or de leur amour et est sillonné de lignes lumineuses par les éclairs de leur beauté qui surpassent ceux de la beauté des cachemiriennes les plus éblouissantes (a). Ainsi excitée, Radha perça à travers l'épaisse forêt, mais elle défaillit d'émotion et de honte quand, à la lumière de l'éclat des innombrables pierres précieuses qui étincelaient aux bras, aux pieds et au cou de son bien-aimé, elle le vit sur le seuil de sa demeure fleurie ; alors sa compagne l'encouragea de nouveau et l'entraîna par ces paroles passionnées :

« Entre, ô tendre Radha, sous le berceau de verdure de Heri ; goûte le bonheur, ô toi dont les appas rient de l'avant-goût de la félicité. Pénètre, ô Radha, dans ce berceau tapissé d'une fraîche couche de feuilles d'Asola qu'égaient des fleurs radieuses. Sois heureuse, ô toi dont la guirlande s'agite joyeusement sur ta gorge palpitante. Savoure la volupté, ô toi dont les membres surpassent beaucoup en douceur les gaies fleurs du berceau. Entre, ô Radha, dans le vert asile rafraîchi et parfumé par les vents qui soufflent des forêts de l'Himalaya.

« Puises-y le plaisir, ô toi dont les accents amoureux sont plus doux que les zéphyrs. — Entre, ô Radha, sous le berceau que constellent les vertes feuilles des lianes grimpantes, et qui résonnent du doux bourdonnement des abeilles butinant le miel. Sois

---

(a) Les femmes du Cachemire, blanches comme des Européennes et d'une remarquable beauté, étaient très recherchées pour les sérails des princes de l'Inde.

heureuse, ô toi dont l'étreinte donne la jouissance la plus exquise. Repose, ô Radha, sous ce berceau où t'appellent les accords harmonieux des cocilas ; trouves-y les délices, ô toi dont les lèvres plus rouges que les grains de la grenade, font ressortir la blancheur de tes dents d'ivoire. Son cœur où il t'a si longtemps portée palpite jusqu'à se briser par la violence du désir; la soif du nectar de tes lèvres le brûle. Daigne accorder la vie à ton captif qui s'agenouille devant le lotus de ton pied ; imprime ce pied sur sa poitrine étincelante, car ton esclave se reconnaît lui-même payé au-dessus de son prix par la faveur d'un seul de tes regards, d'un seul ploiement encourageant de tes fiers sourcils.

Elle finit, et Radha, avec une joie timide, dardant ses yeux sur Govinda, pendant qu'harmonieusement retentissaient les anneaux de ses chevilles et les clochettes de sa ceinture, entra sous le berceau mystique du bien-aimé qui pour elle était l'univers. Alors elle contempla Madhava qui mettait en elle seule tout son bonheur, qui avait si longtemps soupiré pour son étreinte et dont la figure rayonnait alors d'un ravissement infini. Le cœur du dieu était enlevé par sa vue, comme les flots de la mer le sont par le disque lunaire. Sa poitrine azurée étincelait de l'éclat de perles sans taches, comme la surface de la Yamuna gonflée étincelle des traînées de blanche écume qui couronnent ses ondes bleues. De sa taille svelte tombaient les plis de sa robe d'un jaune pâle qui semblait la poussière dorée parsemant les pétales bleues du lys d'eau. Sa passion était allumée par l'éclair des prunelles de Radha qui jouaient comme un couple de cygnes au plumage azuré, s'ébattant près d'un lotus en fleur sur un étang dans la saison des pluies. Des pendants d'oreille étincelants comme deux soleils faisaient éclater le plein épanouissement de ses joues et de ses lèvres qui brillaient de l'humide rayonnement de ses sourires. Les tresses de sa chevelure entremêlées de fleurs étaient comme un nuage resplendissant la nuit des couleurs de l'arc-en-ciel lunaire. A son front, un cercle d'huile odorante extraite du sandal de l'Himalaya brillait comme la lune qui vient de se lever sur l'horizon. Tout son corps, illuminé par l'éclat d'innombrables pierres précieuses, resplendissait comme une flamme. La honte qui, naguère, avait pris pour demeure les larges pupilles de Radha avait eu honte elle-même et avait fui. Cette beauté à l'œil de faon, contemplait avec ravissement la face resplendissante de Krischna ; elle passait tendrement sur le côté de sa couche et l'essaim des nymphes ses suivantes s'éloignait à petits pas du vert berceau en s'éventant pour cacher ses sourires.

Govinda, voyant sa bien-aimée gaie et sereine, le sourire aux lèvres et les flammes du désir dans les yeux, lui dit avec transport pendant qu'elle reposait sur le lit de feuilles entremêlées de tendres fleurs :

« Mets le lotus de ton pied sur mon sein azuré (a) et que cette couche soit mon triomphe sur tous ceux qui sont rebelles à l'amour. Accorde un moment de transport passionné, ô douce Radha, à ton Narayana (b), ton adorateur. Je te rends hommage. Je presse de mes mains potelées tes pieds fatigués d'une longue marche. Oh! que ne suis-je l'anneau d'or qui joue autour de ta cheville! Dis un seul mot d'amour ; fais couler le nectar de l'éclatante lune de ta bouche. Puisque ta douleur de l'absence s'est enfin dissipée, laisse-moi écarter le voile jaloux qui me dérobe tes charmes. C'est pour mon bonheur suprême que ces deux pics pénètrent mon sein et qu'ils étouffent ma flamme. Oh! laisse-moi boire d'ardents baisers à tes lèvres humides. Avec leur eau vivifiante ressuscite ton esclave consumé par l'incendie de la séparation. Longtemps les chants du cocila au lieu de charmer ses oreilles ont fait son tourment ; réjouis-les maintenant par le tintement des clochettes suspendues autour de ta taille, musique qui égale presque la mélodie de ta voix. Pourquoi tes yeux sont-ils demi-clos? rougissent-ils à la vue d'un jeune amant qu'a désespéré ton cruel ressentiment? Oh! trêve au chagrin et que nos transports en chassent jusqu'au souvenir. »

(a) Cela rappelle les Athéniennes qui levaient les jambes pour leurs maris (Aristophane, Lysistrata).
(b) Nom de Vichnou sur la mer de lait.

Le matin, elle se leva tout en désordre, ses yeux trahissant une nuit sans sommeil; alors le dieu à la robe jaune, considérant ses charmes, se disait dans son esprit divin :

« Les boucles de ses cheveux sont éparses au hasard, l'éclat de ses lèvres est terni, sa guirlande et sa ceinture ont quitté leurs sièges charmants qu'elle regarde dans un pudique silence, et cependant dans cet état sa vue me ravit. »

Mais Radha, avant de réparer son désordre qu'elle voulait dérober au cortège de ses suivantes, adressa à son amant qui s'empressait près d'elle ces tendres paroles :

« Mets, ô fils de Yadu, mets avec tes doigts plus frais que le bois de sandal, un petit cercle de musc sur ma gorge qui ressemble à un vase d'eau consacrée (bénitier hindou en forme d'une valve allongée) couronné de feuilles fraîches et placé à demeure près d'un bouquet d'arbres printaniers pour rendre propice le dieu de l'amour. Frotte, ô mon bien-aimé, avec la poudre noire dont le lustre ferait envie aux plus noires abeilles, ces yeux dont les traits sont plus perçants que les flèches lancées par l'époux de Reti.

« Attache à mes oreilles, ô dieu d'une beauté merveilleuse, ces deux pierres précieuses empruntées à la chaîne de l'amour pour que les antilopes de tes yeux puissent se précipiter vers elles et y jouer à plaisir. Mets maintenant un frais rond de musc, noir comme les taches lunaires, sur la lune de mon front et entremêle aux tresses de mes cheveux de gaies fleurs avec des plumes de paon adroitement arrangées pour qu'elles flottent gracieusement comme la bannière de Kama. Maintenant, ô mon tendre cœur, rajuste mes ornements qui ont glissé et rattache les clochettes d'or à ma ceinture pour qu'elles reposent sur leur siège semblable aux collines où le dieu à cinq flèches qui vainquit Sampar (a) garde son éléphant pour le combat (b). »

Yadava exultait dans son cœur en écoutant sa maîtresse. Il

(a) Kama qui triompha de Sampar.
(b) Cet alinéa rappelle les soins que l'amant doit donner à sa maîtresse qui va le quitter, chapitre I du livre II, « la Vie élégante », de Vatsyayana.

s'empresse d'accomplir ses désirs folâtres ; il place les disques de musc sur ses appas et sur son front, teint ses tempes de couleurs éclatantes ; donne à ses yeux un nouveau lustre en les encadrant d'un noir plus foncé; orne les torsades de sa chevelure et son cou de guirlandes fraîches, resserre à ses poignets ses bracelets relâchés, à ses chevilles ses bracelets étincelants et autour de sa taille les clochettes de sa ceinture au son harmonieux.

Tout ce qu'il y a de délicieux dans les accords de la musique, tout ce qu'il y a de divin dans les méditations de Vichnou, tout ce qu'il y a d'exquis dans le doux art de l'amour, tout ce qu'il y a de gracieux dans les rythmes de la poésie, puissent les heureux et les sages le puiser aux chants de Jayadéva dont l'âme est unie au pied de Vichnou.

Puissiez-vous avoir pour soutien Hery qui se partagea en une infinité de formes brillantes, quand, avide de contempler avec des myriades d'yeux la fille de l'Océan, il déploya sa nature de divinité pénétrant tout, pour refléter sa personne séparément sur chacune des innombrables pierres précieuses qui constellent les têtes nombreuses du roi des serpents (a) choisi pour son siège ; ce Heri qui, écartant de la gorge de Petma ses voiles transparents pour contempler les délicieux boutons qui la couronnent, l'a subjuguée en lui déclarant que quand elle l'a choisi pour son fiancé sur la mer de lait, l'époux de Parvati (Siva) a, de désespoir, avalé le poison qui a noirci son cou azuré.

(a) Le serpent Capelle aux têtes multiples forme comme un capuchon sur la tête de Vichnou.

III. — LA MORT D'ADONIS.

Enceinte par un inceste, Myrrha a été changée en un arbre dont le tronc s'entr'ouve par le travail de Lucine. Il en sort un enfant dans la gracieuse nudité que le pinceau prête aux amours. C'est Adonis, le plus beau des enfants. Il parvient à l'adolescence et, jeune homme, est plus beau que jamais. Il plaît même à Vénus et venge ainsi les infortunes de sa mère. Éprise d'un mortel, la déesse de la beauté oublie Cythère et ses rivages sacrés, elle abandonne le ciel lui-même. Le ciel ne vaut pas Adonis. Elle s'attache à ses pas, elle est sa compagne assidue. Elle dédaigne les soins de sa beauté et les frais ombrages ; les monts, les bois, les roches buissonneuses la voient errer la jambe nue, la robe relevée à la manière de Diane ; elle anime les chiens, mais contre de douces et innocentes proies.

Elle évite le sanglier féroce, le loup ravisseur, l'ours armé de griffes cruelles, le lion qui se gorge du sang des troupeaux.

Elle veut qu'Adonis imite sa prudence. Reposant avec lui sur le vert gazon, leur tendre couche, elle appuie sur le sein du jeune homme sa tête gracieuse et lui adresse ces paroles souvent interrompues par des baisers :

« De grâce, ô mon amant, ne sois pas téméraire au péril de mon bonheur. Ta gloire pourrait me coûter trop cher. Ni ton âge, ni ta beauté, ni rien de ce qui sut toucher Vénus, ne saurait attendrir les monstres de la forêt. Fuis-les, cher Adonis ; fuis cette race féroce qui fait toujours front à l'attaque du chasseur. Crains que ta valeur ne nous soit fatale à tous deux. »

Attelant les cygnes de son char, la déesse s'élève dans les airs. Mais les conseils timides révoltent la valeur ; forcé dans sa retraite, un sanglier dont les chiens ont suivi la trace s'apprête à sortir du bois, lorsqu'un dard oblique lancé par la main d'Adonis l'atteint. Il secoue le javelot ensanglanté, se retourne furieux contre le jeune homme, lui plonge dans l'aîne ses défenses tout entières et le jette mourant sur la terre rougie.

Les coursiers à l'aile d'albâtre qui emportaient le char de Cythérée n'avaient pas encore atteint les rivages de Chypre; de loin, elle a reconnu les plaintes de son Adonis expirant; elle descend du ciel vers lui : quel spectacle! Adonis glacé nage dans son sang! Elle déchire ses voiles, s'arrache les cheveux, se meurtrit le sein :

« Ah! cruels destins, s'écrie-t-elle, je saurai vaincre la rigueur de vos lois; ma douleur donnera à mon Adonis l'immortalité. Chaque année des solennités funèbres rappelleront sa mort et mes regrets; une fleur délicate naîtra de son sang. » Elle dit et sa main verse un nectar embaumé sur le sang qui d'abord frémit et bouillonne, comme la surface des eaux que fouette une pluie violente. Une heure ne s'est pas écoulée et de la mare de sang s'est élevée une fleur rouge comme les grains de l'éblouissante grenade. Mais son éclat est éphémère; trop frêle, elle tombe et le vent qui lui donne son nom (anémone de ανεμος) la brise et la détruit.

A chaque anniversaire de la mort d'Adonis on chantait l'hymne suivant :

« Je pleurs Adonis; le bel Adonis est mort. Il est mort, le bel Adonis et les Amours sont en larmes. Quitte, ô Vénus, la pourpre éclatante; bannis le sommeil; lève-toi, malheureuse amante, frappe ta poitrine et dis à tous : Le bel Adonis est mort!

« Je pleure Adonis; les amours sont en larmes. Le bel Adonis gît sur le mont, la cuisse blanche ouverte par une dent blanche, et en expirant doucement il remplit Vénus de douleur; un sang noir teint ses membres plus blancs que la neige; ses yeux sont fermés sous ses sourcils et les roses de ses lèvres ont disparu ; avec elles a fui le baiser dont Vénus ne se détachera jamais. Car Vénus aimera toujours le baiser de l'amant qu'elle a perdu; mais Adonis ignore le baiser que, mort, il a reçu de Vénus.

« Je pleure Adonis; les amours sont en larmes. Cruelle, trois fois cruelle est la plaie béante de l'aîne d'Adonis, mais plus cruelle encore est la blessure faite au cœur de Vénus ! les cheveux épars, à peine vêtue, les pieds nus, elle erre dans les bois; les buissons la déchirent et boivent son sang sacré; les larges vallées retentissent au loin de ses cris perçants qui appellent son époux syrien, *ses délices*.

« Des flots de sang baignent le corps inanimé d'Adonis jusqu'à la poitrine et rougissent son sein d'albâtre.

« Hélas, hélas (a)! gémit sur Vénus le chœur des amours! En même temps que son merveilleux amant, elle a perdu sa beauté sacrée. Car Vénus était belle quand Adonis vivait, et sa beauté est morte avec lui. Hélas, hélas! Tous les monts et tous les arbres répètent : Hélas, Adonis! Les cours d'eau sacrés s'associent au deuil de Vénus; les sources pures des montagnes pleurent aussi Adonis; les fleurs elles-mêmes se dessèchent de douleur; pendant ce temps Vénus, sur toutes les collines, dans toutes les vallées, fait entendre cette plainte : Malheur, malheur à Vénus! Le bel Adonis est mort. L'écho répète : le bel Adonis est mort.

« Pourquoi une chasse téméraire? Beau, comme tu l'étais, pourquoi combattre un monstre? » C'est ainsi que Vénus exhalait sa douleur et les amours se joignaient à sa plainte. Hélas, hélas, Vénus! le bel Adonis est mort. Vénus verse autant de larmes qu'Adonis répand de sang. Des fleurs s'élèvent de la terre ainsi abreuvée, — une rose naît de chaque goutte de sang, une anémone de chaque larme.

« Je pleure Adonis; le bel Adonis est mort. Cesse, ô Vénus, d'errer désespérée dans la forêt. Voici une tendre couche; voici un lit préparé pour Adonis. Il est à Vénus, mais, toi, tu es mort, ô Adonis! et quoique mort, tu es beau, beau comme dans le sommeil. Dépose-le vêtu du léger habillement avec lequel il dormait près de toi d'un sommeil divin sur un lit d'or; ce lit lui-même tend les bras à Adonis tout sanglant. Quand il y sera couché, couronne-le d'or et de fleurs; à sa mort, toutes les fleurs

---

(a) Nous n'avons pu traduire que par le mot : hélas, le cri que poussaient les pleureuses et le cortège du mort. Le mot grec ou latin n'a pas d'équivalent en français.

se sont flétries avec lui. Oins ses membres de l'huile la plus précieuse, des plus riches essences. Périssent tous les parfums ; puisque ton parfum, Adonis, a péri. Hélas! hélas! qui pourrait refuser ses pleurs au malheur de Vénus blessée dans son amour.

Dès qu'elle vit, qu'elle connut la blessure mortelle d'Adonis, dès qu'elle vit le sang rougir sa cuisse entr'ouverte, lui tendant les bras, elle s'écria : « Vis, Adonis, vis, infortuné, pour que je t'étreigne jusqu'au dernier moment, que je te serre dans mes bras et que je confonde mes lèvres avec les tiennes. Relève-toi, Adonis, pour me donner un baiser suprême, pendant le temps seulement que dure un baiser, un baiser par lequel le souffle de ta vie s'écoulera dans ma bouche et ton âme dans mon cœur; un doux baiser que j'épuiserai en buvant ton amour; un baiser que je garderai en moi comme Adonis lui-même, puisque toi, infortuné, tu fuis loin de moi, pour toujours, vers le sombre Achéron, vers le roi terrible et inexorable ; et *moi*, malheureuse, je vis ! déesse, je ne puis mourir pour te suivre.

« Reçois mon époux, ô Proserpine!

« Tu es bien plus puissante que moi, car tout ce qui est beau va vers toi. Hélas, mon désespoir est sans bornes et ma douleur inconsolable !

« Et je pleure Adonis que j'ai perdu et le chagrin me dévore! Tu meurs, ô trois fois regretté ! mon bien-aimé a passé comme un rêve! Maintenant, Vénus est veuve et les amours sont en deuil. Son baudrier n'existe plus.

« Adonis est étendu couché sur la pourpre; autour de lui gémissent les amours éplorés, les cheveux rasés pour son deuil; l'un d'eux brise du pied ses flèches, l'autre son arc, un troisième son carquois empenné ; un quatrième le déchausse ; d'autres apportent de l'eau dans des bassins d'or, un amour lave sa blessure, un autre évente Adonis de ses ailes.

« Hélas! hélas! gémit sur Cythérée le chœur des Amours.

« L'hyménée a éteint sa torche tout entière au seuil de son temple. L'hymen refuse de développer la couronne nuptiale aujourd'hui, car la sienne est brisée. Le chant des épousailles ne répète plus hymen! hymen! il gémit : hélas, hélas! hélas, hélas, Adonis! bien plus encore hélas, hyménée !

« Les grâces pleurent le fils de Cinyre, s'écriant de concert : Hélas, hélas ! Il est mort le bel Adonis ! Et leurs cris sont encore plus perçants que les tiens, ô Dioné.

Les muses elles-mêmes pleurent Adonis ; elles appellent Adonis par leur chant ; mais lui reste sourd à leur appel. Ce n'est point qu'Adonis dédaigne d'y répondre. Mais Proserpine retient dans ses liens son captif.

« Cesse ton deuil, ô Cythérée ; ne frappe plus ta poitrine, fais taire les cris plaintifs ; au prochain anniversaire il faudra reprendre le deuil et les larmes. »

LE CANTIQUE DES CANTIQUES

1ᵉʳ *Acte.*   CHAPITRE I

<small>SALOMON</small>

1. Donne moi un baiser de ta bouche ; tes mamelles sont meilleures que le vin.
2. Elles sont parfumées des onguents les plus suaves. Ton nom est de l'huile limpide. Sa douceur t'a gagné le cœur de tes compagnes.
3. Laisse moi te suivre. L'odeur de tes parfums nous guidera. Nous tressaillerons et nous nous réjouirons en toi, en nous rappelant tes mamelles plus douces que le vin : tu es l'amour des justes.

2ᵉ *Acte.*   L'ÉPOUSE

4. Je suis noire, ô filles de Jérusalem, mais je suis belle, comme les tentes sur le Cedar, comme les pavillons de Salomon.
5. Ne faites pas attention à ma couleur, car le soleil m'a noircie.
Les fils de ma mère se sont armés contre moi et m'ont forcé de garder les vignes. Mais je n'ai pas gardé ma propre vigne.
6. Apprends-moi, ô toi que mon âme chérit, le lieu où paît ton troupeau et celui où tu reposes à midi, afin que je ne m'égare pas vers les troupeaux de tes compagnons.

Salomon

7. Si tu t'es perdue, ô la plus belle des femmes, va, suis les traces des troupeaux et fais paître tes boucs près des tentes des bergers.

8. O mon amie, tu ressembles à mes chevaux de guerre qui ont brillé aux chars de Pharaon.

9. Tes joues sont belles comme celles de la tourterelle; ton cou est comme un filet de perles.

10. Nous te ferons des colliers d'or marquetés d'argent.

L'Épouse

11. Pendant que le roi était dans son divan, mon nard a exhalé son parfum.

12. Mon bien aimé est pour moi comme un sachet de myrrhe, il reposera entre mes seins.

13. Mon bien aimé est pour moi comme une grappe de cypre dans les vignes d'Engaddi.

Salomon

14. Tu es belle, ô mon amie! tu es belle! Tes yeux sont ceux des colombes.

L'Épouse

15. Tu es beau, ô mon ami, et plein d'éclat. Notre lit est de fleurs.

16. Les poutres de notre palais sont de cèdre et nos lambris de cyprès.

CHAPITRE II

L'Épouse

1. Je suis la fleur des champs et le lys de la vallée.

Salomon

2. Tel le lys entre les épines, telle mon amie entre les jeunes filles.

L'Épouse

3. Tel l'oranger par rapport aux arbres sylvestres, tel mon bien aimé entre les jeunes hommes. Je me suis assise à l'ombre de celui que mon cœur désirait, et son fruit a été doux à mon palais.

4. Il m'a fait entrer dans son cellier à vin; il a rangé son amour pour moi comme des guerriers pour le combat.

5. Ceignez moi de fleurs odorantes ; enguirlandez moi des feuilles et des fruits de l'oranger, fortifiez moi de toutes leurs senteurs, car je languis d'amour.

6. Il mettra sa main gauche sous ma tête et m'enlacera au-dessous des épaules de son bras droit.

Salomon

7. Je vous adjure, ô filles de Jérusalem, par les gazelles et les biches des champs, de ne pas troubler son repos, de ne pas éveiller ma bien aimée contre son gré.

3ᵉ *Acte*.   L'Épouse

8. J'entends la voix de mon bien aimé; le voici qui bondit dans la montagne et qui franchit les collines.

9. Comme le petit de la gazelle et le faon; le voici derrière notre mur; il regarde par les ouvertures de l'habitation; il s'efforce de voir à travers les grillages (a).

10. Voici que mon bien aimé me dit: Lève-toi, mon amie, ma colombe, ma toute belle et viens!

11. Car déjà la mauvaise saison est passée, les pluies ont cessé, les beaux jours sont revenus.

12. Les fleurs reparaissent dans notre terre; on va commencer la taille; on a entendu roucouler la tourterelle.

13. Le figuier forme ses fruits; les vignes en fleurs répandent leur odeur. Lève-toi, mon amie, ma belle, et viens.

Salomon

14. Ma colombe est dans les cavités de la pierre, dans les retraits de la clôture; montre-moi ton visage, fais entendre ta voix; car ta voix est douce et ta figure charmante.

15. Qu'on prenne les petits renards qui dévorent les vignes; car notre vigne est en fleurs.

L'Épouse

16. Mon bien aimé est à moi et je suis à mon bien aimé qui se repaît au milieu des lys.

17. Jusqu'à ce que le jour ramène le zéphir et que les ombres se dissipent. Reviens, ô mon bien aimé, semblable à la gazelle et au faon, sur la montagne de Bether.

(a) En Orient les habitations n'ont pas de fenêtres, mais des ouvertures fermées seulement par des persiennes ou des treillis.

4ᵉ *Acte*.   CHAPITRE III

L'Épouse

1. Pendant des nuits, j'ai cherché sur ma couche, celui qu'aime mon âme et je ne l'ai pas trouvé.
2. Je me lèverai et je parcourrai la ville; dans les bourgs et les carrefours, je chercherai celui qu'aime mon âme. — Je l'ai cherché et je ne l'ai pas trouvé.
3. Les gardiens de la ville qui font la ronde de nuit m'ont rencontrée. « Avez-vous vu celui que mon âme chérit? »
4. Un peu plus loin, j'ai trouvé celui que mon âme chérit. Je l'ai pris avec moi et je ne le laisserai point aller que je ne l'aie fait entrer dans notre maison et amené dans l'appartement de ma mère.

Salomon

5. Je vous adjure, ô filles de Jérusalem, par les gazelles et les biches des champs, de ne pas troubler son repos, de ne pas éveiller ma bien aimée avant la fin de son sommeil.

5ᵉ *Acte*

6. Quelle est cette beauté qui s'avance du désert, semblable à une colonne de fumée issue des aromates de la myrrhe, et de toutes les poudres du parfumeur?
7. Autour du lit de Salomon veillent soixante vaillants entre les plus vaillants d'Israël.
8. Tous très aguerris, l'épée nue, appuyée à la cuisse, prêts contre tout danger nocturne.
9. Le roi Salomon s'est fait construire avec du bois du Liban un palanquin semblable à un trône.

10. Les colonnes sont d'argent, l'appui pour la tête est d'or, le baldaquin est de pourpre et le fond est une marqueterie qui charme les yeux des filles d'Israël.

Sortez de vos maisons, ô filles de Sion, pour voir le roi Salomon avec le diadème dont l'a ceint sa mère, le jour de ses noces, jour de joie pour son cœur.

CHAPITRE IV

Salomon

1. Que tu es belle, ô mon amie, que tu es belle! Tu as des yeux de colombe, sans parler de tes traits qu'on ne voit pas (a). Tes cheveux sont comme les troupeaux de chèvres aux flancs du mont Galaad.

2. Tes dents sont comme des brebis fraîchement tondues qui montent du lavoir chacune d'elles ayant sa gemelle et aucune n'étant stérile.

3. Tes lèvres sont une écharpe écarlate et ton parler est doux. Tes joues sont comme des moitiés de grenades, et ton voile cache d'autres attraits.

4. Ton cou est comme la tour de David munie de créneaux et à laquelle sont suspendus mille boucliers, toute l'armure des vaillants.

5. Tes seins sont deux faons gémeaux qui paissent entre les lys.

6. Jusqu'à ce que l'aube ramène le zéphyr et que les ombres

(a) On suppose ici qu'une partie de la figure était voilée comme aujourd'hui celle des femmes arabes.

disparaissent, j'irai à la montagne de myrrhe et à la colline d'encens.

7. Tu es parfaitement belle, ô mon amie, il n'y a sur toi aucune tache.

8. Viens du Liban, ô mon épouse, viens du Liban, viens ! Laisse ton regard tomber sur moi du front de l'Amana, des sommets de Samit et d'Hermon, des demeures des lions, des montagnes des léopards.

9. Tu as fait à mon cœur une blessure incurable, ma sœur, mon épouse, avec un seul regard de tes yeux, avec une boucle de tes cheveux sur ton cou.

10. Que tes seins sont beaux ô ma sœur, mon épouse ! ils sont plus beaux que le vin, et ton parfum surpasse tous les aromates.

11. Tes lèvres sont des rayons de miel ; ta langue distille le lait et le miel ; tes vêtements exhalent l'odeur de l'encens.

12. Ma sœur, mon épouse est un jardin fermé, une fontaine réservée, une source d'eau scellée (*a*).

13. Ta terre est un paradis (jardin délicieux) de grenadiers, de pommiers, de cypre et de nard.

14. Qui abonde en nard, en crocus, en cynemone, en tous les bois odorants du Liban ; la myrrhe, l'aloès et tous les meilleurs aromates y sont en profusion.

15. Fontaine des jardins ; puits avivé par les eaux qui se précipitent du Liban.

16. Lève toi Aquilon ; accours Auster : soufflez sur mon jardin et faites en exhaler les parfums.

(*a*) Dans les versets 12 et 13, l'épouse est désignée comme la terre, le jardin, la fontaine de l'époux. Cette comparaison se continue au chapitre V, jusqu'au 6ᵉ acte, dans un langage figuré. Précédemment la vigne, le lys, etc., paraissent aussi désigner métaphoriquement l'épouse ou s'y rapporter. — Le dernier alinéa du 5ᵉ acte semble une manière d'exprimer la joie en la faisant partager aux amis.

CHAPITRE V

L'ÉPOUSE

1. Que mon bien aimé descende à son jardin, goûter l'orange et la grenade (*Appel de l'épouse*).

SALOMON

Je suis venu dans mon jardin, ma sœur, mon épouse; j'ai mélangé ma myrrhe et mes aromates dans les proportions voulues; j'ai goûté les rayons de mon miel; j'ai bu mon vin et mon lait; amis mangez et buvez! très chers enivrez-vous!

6ᵉ *Acte*.   L'ÉPOUSE

2. Je dors et mon cœur veille: c'est la voix du bien aimé qui frappe à ma porte: « Ouvre-moi, ma sœur, mon amie; ma colombe, mon immaculée; car ma tête est trempée de rosée et mes cheveux degouttent mouillés par la nuit. »

3. J'ai oté ma tunique; comment pourrais-je la remettre? Je me suis lavé les pieds, comment les souillerais-je?

4. Mon bien aimé a introduit sa main par une fente et mon ventre a tressailli à son toucher.

5. Je me suis levée pour ouvrir à mon bien aimé, la myrrhe coulait de mes mains et de mes doigts courbés en globe.

6. J'ai tiré le verrou de ma porte. Mais le bien aimé n'avait pas attendu. Il était parti. Mon âme s'était fondue à ses paroles. Je l'ai cherché et ne l'ai pas trouvé; je l'ai appelé et il n'a pas répondu.

7. Les gardiens de ronde m'ont rencontrée; ils m'ont frappée et blessée. Ils ont emporté mon voile.

8. Je vous en conjure, ô filles de Jérusalem, si vous trouvez mon bien aimé, dites lui que je languis d'amour.

Les jeunes filles

9. Quel est ton bien aimé entre les aimés, ô la plus belle des femmes? Quel peut être ton bien aimé entre les aimés, pour que tu nous implores ainsi?

L'Épouse

10. Mon bien aimé est blanc et vermeil. Il brille entre des milliers.

11. Sa tête est l'or le plus pur, ses cheveux, souples comme des palmiers, sont noirs comme des corbeaux.

12. Ses yeux sont des colombes au bord de l'eau, qui ont été baignées avec du lait et se tiennent près des ruisseaux pleins.

13. Ses joues sont comme de beaux gâteaux d'aromates. Ses lèvres sont des lys qui distillent la myrrhe la plus excellente.

14. Ses mains sont des coupes d'or constellées de rubis.

Son ventre est de l'ivoire parsemé de saphirs.

15. Ses jambes sont des colonnes de marbre montées sur des bases d'or.

Son aspect est celui du Liban et son port celui du cèdre.

16. Sa voix est des plus suaves, tout en lui séduit.

Tel est celui que j'aime et qui m'aime, ô filles de Jérusalem.

Les jeunes filles

Où s'en est allé ton bien aimé? De quel côté s'est-il dirigé? Nous voulons le chercher avec toi.

CHAPITRE VI

L'Épouse retrouvant son bien aimé

1. Mon bien aimé est descendu vers le plant des aromates, pour jouir des délices de ses jardins et cueillir des lys.
2. Je suis à mon bien aimé et mon bien aimé est à moi, lui qui se repaît entre les lys.

Salomon

3. Tu es belle, mon amie, douce et radieuse comme Jérusalem, imposante comme un front d'armée.
4. Détourne tes yeux de moi; car ils m'ont ravi hors de moi. Tes cheveux sont comme des troupeaux de chèvres qui pendent du Galaad.
5. Tes dents sont comme un troupeau de brebis au sortir du lavoir, dont chacune à sa jumelle et dont aucune n'est stérile.
6. Tes joues sont comme des moitiés de grenades sous le voile qui dérobe tes autres attraits.
7. J'ai soixante reines, quatre-vingts concubines et des jeunes filles sans nombre.
8. Mais ma colombe, ma parfaite est unique; elle est l'unique de sa mère, sa préférée, son tout.

Les jeunes filles l'ont vue et l'ont proclamée heureuse entre toutes. Les reines et les concubines l'ont elles-mêmes applaudie (en s'écriant):

9. Quelle est celle-ci qui apparaît comme l'aurore à son lever, belle comme la lune, resplendissante comme le soleil, terrible comme un front d'armée.
10. Je suis descendu au verger pour voir les fruits de la vallée et savoir si la vigne a fleuri et si les orangers et les grenadiers ont ébauché leurs fruits.

11. Et je n'ai rien su, car mon âme était effarée et emportée bien loin comme les quadriges d'Aminadab.

12. Reviens, reviens, ô Sulamite, nous ne pouvons nous passer de ta vue.

CHAPITRE VII

1. N'admire-t-on pas en elle tout un chœur de danse? Que tes pas sont gracieux et que tes pieds sont beaux dans tes riches chaussures, fille de roi. Les jointures de tes jambes avec tes flancs ressemblent à des colliers d'un travail achevé.

2. Ton nombril est comme une coupe ciselée toujours pleine; ton ventre comme un tas de froment entouré de lys.

3. Tes seins sont comme un couple de faons gémeaux.

4. Ton cou est une tour d'ivoire. Tes yeux sont comme les piscines d'Hésebon aux portes de Beth-rabbim. Ton nez est comme la tour du Liban en face de Damas.

5. Ta tête est comme le mont Carmel et tes cheveux l'encadrent, comme de noires bordures la pourpre royale.

6. Que tu es belle! que tu es ravissante, ô la plus aimée des femmes.

7. Pour le port et l'élégance de la taille tu es un palmier; tes appas sont deux grappes.

8. J'ai dit: Je monterai sur le palmier et je cueillerai ses fruits. Tes seins seront pour moi les grappes de la vigne et l'odeur de ta bouche le parfum des oranges.

9. Ton gosier harmonieux est un vin excellent; c'est le vin favori du bien aimé; il fait les délices de ses lèvres et de ses dents.

L'ÉPOUSE

10. Je suis toute à mon bien aimé et il est tout à moi.

7ᵉ *Acte*

11. Viens, ô mon bien aimé, errons à l'aventure dans la campagne, reposons sous des toits rustiques.

12. Levons-nous le matin pour parcourir les vignes; regardons si elles sont en fleurs, si les fleurs donneront des fruits; si les orangers ont fleuri; Là je t'abandonnerai mes appas.

13. Les mandragores répandent leurs parfums. Nos arbres ont tous leurs fruits; anciens et nouveaux je les ai tous conservés pour toi, mon bien aimé (*a*).

CHAPITRE VIII

1. Que n'es-tu mon frère! que n'as-tu sucé les mamelles de ma mère! pour que, en tout lieu où je te rencontre, je puisse te couvrir de baisers sans que personne me regarde avec mépris.

2. Je te prendrai par la main et je te conduirai dans la maison de ma mère; j'écouterai tes leçons; je te préparerai pour breuvage un vin délicieux, et le jus des grenades et autres fruits semblables que j'exprimerai pour toi.

3. Sa main gauche sous ma tête, il m'enlacera au-dessous des épaules de son bras droit.

4. Je vous en conjure, ô filles de Jérusalem, ne troublez pas son repos, ne l'éveillez pas contre son gré.

(*a*) Cela paraît encore une métaphore.

8ᵉ *Acte*

SALOMON

5. Quelle est celle-ci qui s'avance du désert, éblouissante d'attraits, s'appuyant sur son bien aimé? — Je t'ai éveillée sous un arbre fruitier : Là ta mère a été fécondée, là elle t'a conçue.

L'ÉPOUSE

6. Mets-moi sur ton cœur comme un sceau (talisman), place-moi sur ton bras comme une amulette, car l'amour est fort comme la mort et la jalousie cruelle comme l'enfer; ses flambeaux sont les torches de l'incendie (le feu et la flamme).

7. Des torrents d'eau ne peuvent éteindre l'amour et la violence des flots ne saurait le ruiner. Si un homme donne toute sa richesse au lieu d'amour, c'est comme s'il ne donnait rien.

8. Notre sœur est petite et n'a pas encore de seins. Que ferons-nous à notre sœur lorsqu'on traitera pour elle?

9. Si c'est un mur couronnons le de défenses (créneaux) en argent; si c'est une porte, fermons la solidement avec des ais de cèdre étroitement assemblés.

10. Je suis un mur. Ma gorge est une tour. Je suis donc à ses yeux comme ayant trouvé le repos.

11. Salomon possède une vigne à Baal-Hamon; il y a préposé des hommes qui la gardent et donnent chacun mille pièces d'argent pour ses fruits.

12. Ma vigne à moi, c'est moi-même. Qu'il y ait mille pièces d'argent pour toi et deux cents pour ceux qui gardent les fruits.

13. Toi qui te repais dans les jardins, nos amis écoutent, fais-moi entendre ta voix.

14. Fuis, ô mon bien aimé! bondis comme la gazelle et le faon sur les montagnes embaumées par les aromates (*a*).

(*a*) Ce verset, le dernier, semble indiquer la fin brusque d'une scène amoureuse.

DERNIÈRES RÉFLEXIONS

Quelle simplicité ! quelle sobriété ! quelle noblesse d'expression ! Et, par comparaison avec le Govinda Gita, quelle chasteté dans les images avec une passion plus vraie et plus forte !

Ce n'est pas sans doute l'éblouissante splendeur de la toute puissante nature de l'Inde immense ; mais c'est la grande poésie de la mer et du désert qui entourent la terre promise et des montagnes qui la dominent ou accidentent son relief paré de la riche végétation des rives de la Méditerranée, au moins dans les parties citées.

C'est encore la vigueur de la nature animée, mélange de la force encore indomptée et de la douceur pastorale.

Le cantique lui emprunte des images tantôt suaves, tantôt sévères, toujours frappantes. Il en emprunte aussi au caractère viril de la population à la fois agricole et guerrière au temps des juges et des Rois. L'esclavage était une exception. Sous l'autorité du père, les membres des deux sexes de la famille, presque sur un pied d'égalité et tous menant une vie pure, travaillaient ensemble à faire fructifier l'héritage échu en partage à leurs pères. Ces traits ressortent dans la mise en scène et dans les actes du poëme

Depuis le Cantique des Cantiques, l'envahissement des mœurs orientales, grecques et romaines, et l'oppression constante de la nation à la suite de malheurs inouïs, ont abaissé successivement de plus en plus le niveau moral de la femme juive. La lettre a tué l'esprit et les rabbins ont jeté ce cri patriotique : « Depuis la ruine du Temple, l'amour n'a plus de saveur. »

- Selon eux, les aspirations naturelles de la femme juive se réduisent aux deux satisfactions suivantes que leur assure la Loi :

1° Le droit à la parure, pour qu'elle soit toujours séduisante. C'est le principe des Brahmes. — Il est prescrit aux juives de s'habiller magnifiquement le jour du sabbat. Aussi, dans tous les pays où les juifs ont conservé leur costume, voit-on, les jours de fête, leurs femmes surchargées d'étoffes brodées d'or ou de couleurs éclatantes, de bijoux, etc.

2° Le droit conjugal — le mari se doit incessament. C'est à peine si, par exception, il peut faire une trêve de huit jours. La femme du peuple peut l'empêcher de prendre la mer, d'aller à la guerre, de choisir tel métier ou telle profession antipathique à l'amour conjugal, par exemple celle de savant. A ce titre le docteur de la loi, par une immunité unique, n'est obligé envers sa femme qu'une fois par mois (Voir A. Castaing : Condition de la femme mariée chez les juifs au premier siècle avant Jésus-Christ).

Pour le précepte écrit à ce sujet, aussi bien que pour le Kamashastra il n'y a ni mystère ni oubli. Comme lui, il expose et dirige les choses par compas et mesures. Il va plus loin, il marque les inconvénients des méthodes vicieuses, les agréments des bons procédés.

L'Erotologie hindoue est au moins égalée par le texte officiel de l'Hébraïsme traditionnel.

Excellente ménagère, bonne mère de famille, admise à la synagogue à certains anniversaires, fêtes à la fois de la nation et des familles, la femme juive se relève à mesure que l'esprit moderne pénètre et réhabilite sa race.

Depuis Salomon jusqu'à Esdras, sauf pendant des intervalles plus ou moins longs et fréquents de retour au Dieu unique, un grand nombre de Juifs pratiquèrent les cultes des divinités mâles et femelles de l'Assyrie, d'Adonis et même de Priape.

On lit au livre III des Rois, Chap. XV, 12 et 13.

« Asa, arrière petit-fils de Salomon, fit mettre à mort les efféminés et interdit à sa mère Mancha la présidence du culte de Priape et du bois (Lucus) qu'elle lui avait consacré; il détruisit la grotte de ce dieu, brisa son idole obscène et en jetta les cendres dans le torrent du Cédron. »

Le prophète Ezéchiel rend compte d'une vision où lui apparurent : des femmes qui pleuraient Adonis dans le temple de Jérusalem, des animaux sacrés de l'Egypte figurés sur ses murs, et, devant le sanctuaire, des Juifs sacrifiant par le feu leurs enfants sur l'autel de Moloch.

Dans le livre IV nous voyons :

1° Au chap. XVII qui concerne Israël.

21. Après Salomon, les dix tribus d'Israël se séparèrent de la maison de David (qui continua de règner à Jérusalem sur la tribu de Juda et les lévites) et se donnèrent pour roi Jéroboam qui leur fit abjurer la loi de Moïse.

22. Israël persévéra dans ce péché, adorant les dieux étrangers et se livrant à toutes les abominations (impudicités).

24. Après la prise de Samarie leur capitale, le roi d'Assyrie emmena les dix tribus dans la Médie et les remplaça par un certain nombre de ses sujets de diverses provinces. Ceux-ci adorèrent à la fois leurs propres dieux et celui des Juifs.

2° Aux chap. XXI et XXIII qui concernent le royaume de Juda :

XXI. Manassé adopta les idoles des nations, rétablit sur les hauts lieux le culte qu'avait proscrit son père Ezéchias, consacra à Baal des autels et des bois sacrés (lucos), affecta deux parties du temple de Jérusalem à toute la milice du ciel (dieux Sidéraux des Chaldéens), sacrifia son fils par le feu à Moloch, établit des oracles, des pythonesses, des augures, etc.

XXIII. Josias détruisit tout ce que Salomon et ses successeurs avaient consacré au culte idolatrique; dans la maison du Seigneur il fit raser les chambres des *efféminés* et le bois sacré (lucus) où des femmes se tenaient sous des abris à la disposition de ceux-ci. Il brûla le char et les chevaux du soleil qu'on avait placés à l'entrée du temple. Il pollua et ruina tout ce que Salomon avait élevé sur le mont de l'offense (*a*) à Jérusalem en l'honneur d'Astaroth (d'où Astarté) idole de Sidon, de Chamos (Kama) dieu de Moab et de Melchon Ammon. »

A travers toutes les chûtes et tous les scandales, les familles sa-

---

(*a*) (Mons offensionis). On avait ainsi nommé le lieu où Salomon avait élevé des autels aux dieux des peuples voisins, sans doute pour les concilier après les avoir assujettis. Ce fut un grand scandale pour les Juifs.

cerdotales de Jérusalem et les sectes zélatrices maintinrent toujours vivace, au moins dans une élite, la foi dans le Seigneur avec une constance invincible et une passion, dont Jérémie fût l'interprète sublime dans ses lamentations et surtout dans le psaume CXXXVI.

Nous qui, après Béranger, avons eu encore à pleurer sur la France, nous ne pouvons nous empêcher d'être émus par son chant patriotique :

1. Assis sur la rive du fleuve de Babylone, nous pleurions, nous rappelant les souvenirs de Sion.

2. Nous avons suspendu nos lyres aux saules que baignent ses eaux.

3. Ceux qui nous emmenaient captifs voulurent connaître nos chants sacrés. Chantez-nous, nous dirent-ils, un des hymnes de Sion.

4. Comment pourrions-nous chanter le cantique du Seigneur sur la terre étrangère ?

5. Plutôt que de t'oublier, ô Jérusalem, que j'oublie l'usage de ma main droite !

6. Que ma langue reste fixée à mon palais, si je cesse de me souvenir de toi, si jamais tu cesses d'être pour moi la source de toute joie, ô Jérusalem !

7. N'oublie pas, Seigneur, les fils d'Edom qui, au jour suprême de Jérusalem, criaient : Anéantissez, anéantissez-la jusqu'aux fondements.

8. Et toi, misérable fille de Babylone : heureux qui te rendra les maux que tu nous as faits, les coups que tu nous as portés !

9. Heureux qui prendra tes enfants pour les écraser contre la pierre !

Reine du monde, ô France, ô ma patrie,
Relève enfin ton front cicatrisé.

TABLE DES MATIÈRES

INTRODUCTION

Des règles concernant les mœurs dans les trois branches principales de la race arienne : les Indiens, les Grecs et les Romains.
Du naturalisme et de l'érotisme dans les religions et le culte de l'Inde brahmanique.
Du lingam, de l'Yoni, du lingam-yoni.
Expansion du culte naturaliste en dehors de l'Inde et notamment dans l'Asie-Mineure.

AVANT-PROPOS

LITTÉRATURE ÉROTIQUE DE L'INDE
SON ORIGINE ET SON ROLE RELIGIEUX ET POLITIQUE
LE KAMA-SOUTRA. PLAN DU LIVRE

TITRE PREMIER

PRÉLIMINAIRES DU KAMA-SOUTRA

Chapitre I. — Invocation au Dharma, à l'Artha et au Kama. Des mérites relatifs à ceux-ci.	1
Appendice au chapitre premier.	
1. Hymne à Kama.	4
2. Invocations du poème de Lucrèce, de *l'Art d'aimer* d'Ovide et de la Callipédie.	6
Chapitre II. — De la possession des soixante-quatre arts libéraux.	8
Appendice au chapitre II.	
1. Énumération des arts libéraux donnée par le Lalita-Vistara.	11
2. Quatre classes de femme. Leurs qualités distinctives, tableau.	12
— III. — De la possession des soixante-quatre talents de volupté enseignés par le *Kama-Soutra*.	16
Appendice.	
1. Éducation sensuelle dans l'Inde.	18
2. Sévère en Occident.	18
3. Éducation selon Ovide.	19

TABLE DES MATIÈRES

TITRE II

LA VIE ÉLÉGANTE. — LES DIVERSES SORTES D'UNIONS SEXUELLES, L'AMOUR PERMIS ET L'AMOUR DÉFENDU

Chapitre I. — La vie élégante ou d'un homme fortuné 21
    § 1. L'intérieur, les amis et la maîtresse. 21
    Appendice au § 1. 1° Barthriari, les amours d'un homme fortuné selon les saisons. 23
    2° Visite de Corine à Ovide; une nuit de Cinthie donnée à Properce. 24
    § 2. Fêtes religieuses; réunions de société; promenades aux jardins et aux bains publics. 25
    Appendice au § 2. 26
    1. Dialogue ou conversation indienne composée de citations des poètes; une citation de Pétrone. 26
    2. La jeune vierge; Catulle, l'Arioste, naïvetés gauloises. . 30
— II. — Différentes sortes d'unions sexuelles. 32
    Appendice. — Deux notes dont une citation du P. Gury. 33
— III. — De l'amour permis et de l'amour défendu. 35
    Appendice. — 1° Les veuves; 2° l'avortement dans l'Inde; à Rome, au temps d'Ovide; 3° décence extérieure dans l'Inde. 38
    N° 4. De l'empêchement à l'union pour alliance dans l'Inde. Doctrine de l'Église, le P. Gury. 39

TITRE III

DES CARESSES ET MIGNARDISES QUI PRÉCÈDENT OU ACCOMPAGNENT L'UNION SEXUELLE.

Chapitre I. — Les baisers. Sept sortes de baisers et leur description. . . 41
    Appendice. — 1° Bathriari; 2° Ovide; 3° des attouchements permis et défendus. Le P. Gury. 44
— II. — Des embrassements ou étreintes, classification et description. 46
— III. — Pressions et frictions; marques avec les ongles, égratignures. 48
    Appendice. — 1° Ovide, frictions; 2° danger des égratignures 50
— IV. — Des morsures. Classification des morsures; comment elles doivent être faites et reçues. 51
    Appendice : Ovide — Properce, livre III, élégie VIII. . . 53
— V. — Des diverses manières de frapper, et des petits cris qui répondent aux coups donnés. 54
    Appendice. — 1° Contenance des femmes dans les jeux amoureux; 2° Ovide, coups; Tibulle, scène violente; 3° Properce, lutte des filles de Sparte; Lucien : Lucius et Palestra. 56
— VI. — Querelles entre amants. 58
    Appendice. — Ovide, *Art d'aimer*, livre II. Properce, livre IV, élégie VIII, l'Infidélité. 60

TABLE DES MATIÈRES

— VII. — Goûts sexuels divers des femmes des différentes contrées de l'Inde. 62
Appendice. — 1° Quelques renseignements sur les femmes de l'Inde. 2° Goûts sexuels des dames romaines sous les Césars. 3° Ce qui en Europe plaît aux femmes, suivant leur nationalité. 63

TITRE IV

DES DIFFÉRENTES MANIÈRES DE SE TENIR ET D'AGIR DANS L'UNION SEXUELLE.

CHAPITRE I. — Classification des hommes et des femmes d'après les dimensions de leurs organes sexuels ; l'intensité de leur passion (génésique) ; la durée de l'acte sexuel 67
Appendice. — 1° Ovide et Martial ; 2° Intensité de la passion ; 3° Durée de l'acte charnel ; 4° Simultanéité des spasmes. 69

— II. — Positions et attitudes diverses dans l'accomplissement de l'acte sexuel qui favorisent la fécondation. 72
Appendice. — 1° Ovide, *Art d'aimer*, livre III ; 2° Théologiens ; 3° Médecins 75

— III. — Attitudes qui ont pour but unique la volupté 77
Appendice. — 1° De la sodomie imparfaite dans l'Inde, de de la sodomie parfaite dans l'Inde, chez les Musulmans, en Grèce et à Rome. 2° Catulle, extrait. 3° Tibulle, extrait. 4° Juvénal, extrait. 5° Chez les Arabes, algériens. 79

— IV — Rôle de l'homme dans l'union, actes divers. — Signes de la satisfaction de la femme. 84
Appendice. — Plaisir de la femme dans l'union. . . . 86

— V. — Ce qui se passe quand la femme prend le rôle actif. . . 89
Appendice. — 1° Pétrone, le vieillard Eumolpe. 2° Ovide, *l'Art d'aimer*, livre III. 90

— VI. — De l'Auparishtaka, ou de l'hyménée avec la bouche. — Nomenclature des degrés divers. Des eunuques et autres personnes qui sont les instruments de cette union. Amours Lesbiennes, opinions diverses des casuistes de l'Inde. 91
Appendice. — 1° Pratique ancienne et actuelle de l'Auparishtaka. 2° Rôle des eunuques dans l'Inde. 3° Autre emploi. 94
Note 4. Représentation de l'Auparishtaka et autres obscénités. N° 5 Martial. Note 6. Talents intimes de quelques hommes et de quelques femmes. N° 7 Docteur Garnier . 95

TABLE DES MATIÈRES

TITRE V

COMMENT, POUR L'ACTE SEXUEL, ON VIENT EN AIDE A LA NATURE

Chapitre I. — Attouchements. — Appendice. — 1° Opinion des théologiens. 2° Opinion des médecins, Ambroise Paré, Jules Guyot, Gauthier 99

— II. — Les Apadravyas ou moyen d'augmenter et de diminuer les organes sexuels. 102
Appendice. — 1° Préparations astringentes pour les femmes. 2° Ennemis de la virilité. 3° Onanisme mécanique. 4° Scènes d'aphrodysie. Ovide, Properce, l'Arioste 104

— III. — Aphrodisiaques. — Appendice. 1° Ovide. 2° Les aphrodisiaques actuels en Europe, chez les Chinois, chez les Arabes. 3° Principales affections qui mettent en jeu le système génital. 108

— IV. — De l'embellissement artificiel. 111
Appendice. — 1° Conseils d'Ovide aux belles. 2° Filtres et magie 112

TITRE VI

DES DIVERSES SORTES DE MARIAGES

Chapitre I. — Préceptes généraux conformes aux lois de Manou. . . . 115
Appendice. — 1° Hermaphrodisme. N° 2. Causes d'empêchement au mariage aux yeux de l'église. N° 3° Croisements. N° 4. Anomalies sexuelles. 117

— II. — Mode de mariage ordinaire entre gens honorables. . . . 120
Appendice. — 1° Conditions matrimoniales. 2° Fêtes du mariage chez les Hindous. 3° Idem chez les Romains, Épithalame de Catulle. 121

— III. — La lune de miel. 126
Appendice. — 1. Ovide. 2. Docteur Guyot 128

— IV. — Séduction d'une fille en vue du mariage; Moyens de séduction; Signes du consentement de la jeune fille. . . . 130
Appendice. — 6° Les sœurs de lait. 7° La séduction autorisée par les brahmanes. 8° Conseils d'Ovide pour la séduction. 133

— V. — De la jeune fille qui fait la conquête d'un époux. . . . 137
Appendice. — 1° Chant des bayadères, entretien d'un homme et d'une femme en route. 2° La jeune chinoise . 138

— VI. — Formes du mariage. 143
Appendice. — Ce qui constitue le lien ou le sacrement d'après les Brahmes et d'après l'église. 145

TITRE VII

LE HAREM ROYAL

Chapitre I. —	Rapports du roi avec ses épouses.	147
	Appendice. — 1° Devoirs que l'usage imposait au roi envers ses épouses. 2° Les bayadères.	148
— II. —	Intrigues du roi.	151
	Appendice. — 1° Les amours du roi Agnivarna. 2° Luxe et débauche des empereurs romains	153
— III. —	Intrigues des femmes du harem.	157
	Appendice. Description des bâtiments du harem d'Agra. .	160

TITRE VIII

DEVOIRS DES ÉPOUSES

Chapitre I. —	Devoirs d'une femme quand elle est la seule épouse. . .	163
	Appendice. — N°ˢ 1,2,3,4 et 5. La femme d'après Manou, d'après Hésiode (Mythe de Pandore). Situation actuelle de la femme dans l'Inde.	165
	Note 5. Sa situation chez les chrétiens. Devoir conjugal. .	167
— II. —	Devoirs de l'épouse la plus âgée envers les épouses jeunes de son mari.	169
— III. —	Devoirs de la plus jeune épouse	170
— IV. —	Devoirs d'une veuve laissée vierge et remariée.	171
	Appendice. — 1° Veuves indiennes. 2° Properce, les Sultys en Orient.	172
— V. —	Devoirs d'une femme qui ne compte plus pour son mari. .	175
— VI. —	De l'homme qui a plusieurs épouses.	176
	Appendice. — 1° Galanterie obligatoire; douceur envers les femmes. 2° Travaux et Habillements des femmes . . .	177

TITRE IX

RAPPORTS AVEC LES FEMMES DES AUTRES

Chapitre I. —	Obstacles aux rapports avec une femme mariée.	179
	Appendice. — 1° L'érotomanie. 2° Juvénal. Conseils d'Ovide. 3° Dans l'Inde : l'amitié exclut l'amour.	181
— II. —	Hommes heureux auprès des femmes.	183
— III. —	Femmes qui se donnent facilement.	185
	Appendice. — 1° Ovide. 2° Catulle. 3° Juvénal. 4° Pétrone, le Satyricon. 5° Cruauté des dames romaines. 6° Ovide. Juvénal.	187

TABLE DES MATIÈRES

— IV. — Manière de faire la connaissance d'une femme que l'on désire. 191
  Appendice. — Conseils d'Ovide, Properce. 193
— V. — Comment on reconnaît la disposition d'esprit d'une femme. 195
  Appendice. — Ovide, *Art d'aimer*. 197
— VI. — Conclusion au Titre IX. 198
  Appendice. — Properce et éloges de Cynthie, plaintes contre elle. 200

TITRE X

COURTAGE D'AMOUR

CHAPITRE I. — Des gens avec lesquels on peut se lier en vue de leur utilité pour l'amour, bien qu'ils soient d'une condition inférieure. 203
  Appendice. 205

TITRE XI

CATÉCHISME DES COURTISANES.

CHAPITRE I. — Des différentes classes de courtisanes. 209
  Appendice. — N° 1. Bathriari. N° 2. Properce. N° 3. La tour des regrets. 210
— II. — Des mobiles qui doivent les diriger. 212
  Appendice. — Note 1. Ovide demande que les belles soient faciles aux poètes. — Note 2. Tibulle conseille à Chloé d'accorder à un adolescent des faveurs gratuites. — Note 3. Les poètes. — Note 4. Ne soyez point jaloux. — Note 9. Il les engage à fuir les bellâtres. 216
— III. — Différentes sortes de gains des courtisanes, emploi qu'elles doivent en faire. 218
  Appendice. — 1° Dons aux Brahmes à faire par les courtisanes de premier ordre. 2° Conseils d'une proxénète à la maîtresse d'Ovide et réponse d'Ovide. 3° Les quatre maîtresses de Tibulle. 221
— IV. — De la courtisane qui vit avec un homme comme son épouse. 223
  Appendice. — Périclès et Aspasie. 227
— V. — Manière de se faire donner beaucoup d'argent par l'amant, de le congédier et de le reprendre. 228
  Appendice. — Martial. Lucien 220
— VI. — Moyens de se débarrasser d'un amant. 232
  Appendice. — 1° Properce, la corruptrice Acbantis. . . 234
— VII. — De l'opportunité de reprendre un ancien amant 235
  Appendice. — Conseils d'Ovide.. 236

— VIII.— 1° Profits et pertes des courtisanes. 2° Profits mêlés de pertes. 3° Pertes en vue d'un profit futur. 4° Pertes sèches. 5° Pertes en entraînant d'autres pertes. 6° Doute sur le mérite religieux 237
— IX. — 1° Établissement d'une fille de courtisane. 2° Une courtisane marie sa fille pour un an quand elle devient pubère. 3° Mariage des jeunes filles de la domesticité. 239

CONCLUSION

LE MYSTICISME ÉROTIQUE DANS L'ANTIQUITÉ

I. — L'Érotisme sacré chez les Hindous, les Grecs et les Sémites . . . 241
II. — Le Gita Govinda 244
III. — La mort d'Adonis 267
IV. — Le Cantique des Cantiques. 273

www.ingramcontent.com/pod-product-compliance
Lightning Source LLC
Chambersburg PA
CBHW060514170426
43199CB00011B/1448